安徽省哲学社会科学规划项目研究成果（项目批准号：AHSKHQ2019D001）

中华法文化中天人合一教育理念的重构

余　俊◎著

ZHONGHUA FAWENHUA ZHONG TIANRENHEYI
JIAOYU LINIAN DE CHONGGOU

安徽师范大学出版社
ANHUI NORMAL UNIVERSITY PRESS
·芜湖·

图书在版编目(CIP)数据

中华法文化中天人合一教育理念的重构 / 余俊著.— 芜湖：安徽师范大学出版社，2021.1
ISBN 978-7-5676-3578-4

Ⅰ.①中… Ⅱ.①余… Ⅲ.①社会主义法制－研究－中国 Ⅳ.①D920.0

中国版本图书馆CIP数据核字(2020)第127890号

中华法文化中天人合一教育理念的重构　　　　余 俊◎著

责任编辑：陈 艳 李晴晴　　责任校对：刘 翠
装帧设计：张 玲　　责任印制：桑国磊
出版发行：安徽师范大学出版社
芜湖市北京东路1号安徽师范大学赭山校区
网 址：http://www.ahnupress.com/
发 行 部：0553-3883578 5910327 5910310(传真)
印 刷：江苏凤凰数码印务有限公司
版 次：2021年1月第1版
印 次：2021年1月第1次印刷
规 格：700 mm × 1000 mm 1/16
印 张：17.25
字 数：269千字
书 号：ISBN 978-7-5676-3578-4
定 价：53.00元

目　录

导　论

2020年新春之际，一场重大突发公共卫生事件——新冠肺炎疫情席卷全国。疫情防控期间，人类在生命、经济、精神等方面付出了惨痛的代价。这次公共卫生事件发生后，充分显示了社会主义制度集中力量办大事的优势，但也暴露出相关法律执行不完善的问题。这不仅是因为法治的功效没有得到充分发挥，还因为人们的某些思想观念跟不上时代发展的要求。天人合一话语体系是中国传统文化的法哲学思想精髓，蕴含着朴素的生态环境保护思想，体现着中华法文化德法兼修的教育理念取向，但也存在一些与现代法治文化建设不适的价值观念[①]。如何发挥中华法文化中天人合一教育理念的优势，梳理并重新阐释天人合一教育理念创新在新时代背景下的法治价值，对阐释中国社会中人与自然和谐共生的法哲学内涵，以及坚持依法治国与以德治国相结合意义重大。

一、中华法文化中天人合一教育理念的核心内涵

天人合一话语源于先秦道家的“道法自然”思想。《道德经》曰：“人法地，地法天，天法道，道法自然。”所以，在道家思想中“天”与“人”有相通性，“道法自然”就是人要顺应天地自然的法则。但是，按照中国道家的“道法自然”教育理念，人类本来就是自然的一部分，人的出现是天

① 余俊.中华法文化中天人合一话语体系创新的法治价值[M]//徐显明.人权研究：第22卷.北京：社会科学文献出版社，2020：1-10.（此文曾获中国法学会第十四届“中国法学家论坛”征文奖一等奖。）

道变化所产生的结果，因此，道家教育理念忽视了人作为实践主体的主观能动性。与道家主张的“道法自然”教育理念不同，儒家、法家阐述了人相对于自然的主体性。我国先秦儒家提倡礼乐教化的“德治”，先秦法家提出刑名法术之学的“法治”，都反对“道法自然”。汉朝儒家代表人物董仲舒通过糅合道家、法家思想，提出了“天人之际，合而为一”的思想。从而，道家的“道法自然”观念和法家的刑名法术之学被改造为儒家的“天人感应”话语，并逐渐演化为汉以后“天人合德”的主流教育理念。而天人合一话语及其思想体系的明确提出，则归于宋代理学家张载。张载提出的“民胞物与”思想，是把全社会看作一体，把自然与社会看作一体的天人合一生态观和教育观。从而，儒家天人合一话语体系中的“天”逐步由实体化的“天”向理念化的“道”“德”“理”方向上发生转变，蕴含着“天理”“国法”“人情”相统一的伦理法制度体系与教育机制，体现了天人合一所指向的“天理”“人情”对“国法”的影响。

二、中华法文化中天人合一教育理念对传统制度文明的形塑

儒家天人合一教育理念的形成，促进了中国传统制度文明将山水林田湖草视为生命共同体的生态整体建构，以及礼乐教化与刑名法术之学的融合发展。改法为律、引礼入刑，就体现了以儒家天人合一思想为主流的修身齐家治国平天下教育理念制度化的发展过程，是儒家将法家的“霸道”改造为“王道”的结果。在正统的中国传统律令典章中，制度规范凸显了以“家”为法律主体单元的古代田制、水法等农耕文明特色，如《唐律疏议》中户婚、厩库、擅兴、贼盗的分类排列与罗马法中人法、物法的分类排列就不同，是一种由上至下的“王者之政”与由下至上的“修身齐家治国平天下”的规范耦合，由此，中华民族才形成了以“人法地、地法天”为特色的礼法结合的农耕文明制度体系。

三、西法东进中天人合一教育理念的危机

随着近代西方法治思想的东渡，天人合一传统思想受到了挑战。五四新文化运动时期有一些学者认为其阻碍了中国“法律科学”的产生。与中华法文化的伦理法、教育法特征不同，西方传统法律制度来源于海洋文明和商品经济，更多彰显的是人定胜天的“市民法”理性文化本色。

在西方，受古希腊罗马文化、基督教文化等自然法思想的影响，形成了以公民为法律主体的人法和以土地、水、森林为对象的物法分离的法律文化，其法律文化具有商业性、宗教性、形式理性等特征。与之相比较，中国传统制度文明以农耕文明为基础，形成了受天人合一思想影响的，具有伦理性、道统性、民族性等特色的中华法文化制度体系。

受西方法律文化的影响，人类一度对自己的理性和认识能力充满自信，从而意定法超越了自然法。然而，在改造环境的过程中，往往会产生意料不到的后果，造成对环境的污染和破坏，这迫使人类开始反思理性的负面效应，探索在生态伦理的基础上发挥法治的功能。20世纪60年代，西方国家出现了以生态伦理主义为教育导向的法学变革趋势，提出了以“自然界的权利”为本位的思想，但是西方的这种生态主义的环境法治教育范式并不符合中国国情。

中华民族传统文化中天人合一的观念揭示了中华民族与自然界发生关系的过程中形成的文化情结和制度体系，体现了中华民族传统制度文明的“教育法”特征，这与西方法律制度的“物法”特征是不同的。考察中华民族传统制度文明的发展史，不难发现，天人合一教育理念形塑了传统土地法、水法、森林法、草原法、海洋法的德性和理性精神。可以说，中国传统文化天人合一观蕴含着丰富的生态伦理价值理念。可是，在环境资源法律体系的架构中，天人合一这一理念的凸显常被忽略，没有将中华传统文化中天人合一教育理念纳入生态文明法治建设之中。法律制度与法治精神水乳交融，弘扬中华文化中人与自然和谐相处的价值理念，是有利于生态

文明法治体系建构的。

四、新时代天人合一教育理念创新的法治价值

天人合一话语体系是极具中国特色的中华法文化的构成元素，其表达的朴素生态伦理话语原义与现代生态伦理理念有相通之处，其蕴含的“修身齐家治国平天下”的教育理念与现代德法兼修的教育理念相对应。在中国社会向新时代生态文明的转型发展中，用“人与自然和谐共生”的理念重新阐释天人合一话语体系中的法治内涵，并进一步挖掘天人合一话语体系所蕴含的天理、国法、人情相协调的思想精髓，对中国特色社会主义法治体系的丰富和发展具有重要意义。

党的十九大作出新时代社会主要矛盾转化的重大政治论断，对于推进中国特色社会主义法治建设也具有极其深远的意义。随着新时代社会主要矛盾的变化，为了促进社会的平衡发展，党的十九大报告强调了“坚持人与自然和谐共生”的发展理念，这是对传统法文化中天人合一话语体系的创造性转化和创新性发展。用“人与自然和谐共生”解释天人合一观念，就是要建立文化与自然和谐之美的善法，创新天人合一传统文化的教育理念。在立法方面，应该完善环境行政法、环境教育法；在执法方面，完善“谁执法谁普法”的普法责任；在司法方面，塑造司法职业伦理观；在守法方面，重视通过环境教育培育公众树立正确的义利观和“良知”。

第一章　中华法文化中天人合一教育理念概述

天人合一是中华法文化中的一个核心话语，蕴含着朴素的生态伦理观念、王道追求的价值理念、道统主导的法学思想、引礼入刑的制度实施体系，以及“修身齐家治国平天下”的教育法理念与实施机制，这些都构成了中华法文化创新、发展的丰富话语资源，但其中也存在一些与现代法治文化建设不相适应的部分。习近平主席在中国人民对外友好协会成立60周年的讲话中谈到应该弘扬天人合一的宇宙观后，十九大报告再次明确提出了“坚持人与自然和谐共生”的基本方略，这是对天人合一话语含义创造性转化与创新性发展的体现。因此，进一步从环境教育法学角度诠释天人合一，对中华法文化的话语体系创新意义重大。

第一节　中华法文化的教育法特色

天人合一话语体系是极具中国特色的中华法文化的构成元素，其表达的朴素生态伦理话语原义与现代生态伦理理念有相通之处，其蕴含的王道追求制度实施机制与现代德法兼修的教育理念相对应。以天人合一话语体系的文化解码和当代法治价值功能再造作为研究对象，可以在生态文明转型时期重塑中华法文化的话语权。

一、传统文化的天人合一话语体系

"话语，是一种叙事方式，是文化外化的重要表现形式；同时也是一种权力结构，具有鲜明的主体意识和价值立场。"①

（一）天人合一话语考辨

在中国思想史上，天人合一的传统文化注重研究"天"和"人"的关系，也就是大自然与人类的关系，这是整个中国传统文化的核心。"易，所以会天道、人道者也"（《郭店楚简·语丛》），这是关于天人合一思想的最早记载。天人合一最早由庄子提出，《庄子·达生》曰："弃世则形不劳，遗生则精不亏。夫形全精复，与天为一。天地者，万物之父母也。"荀子在此基础上，综合儒家、道家、法家的思想，提出了"明于天人之分""制天命而用之"的思想。荀子主张"天人之分"，不是说"天人相分"，而是要求既论天道，又重人伦，通过法律定分止争②，即所谓"大天而思之，孰与物畜而制之；从天而颂之，孰与制天命而用之"（《荀子·天论》），其观点后被汉代儒学思想家、阴阳家董仲舒发展为天人合一的哲学思想体系。董仲舒在《春秋繁露·王道通三》篇中说："天，仁也。天覆育万物，既化而生之，有养而成之。事功无已，终而复始，凡举归之以奉人。察于天之意，无穷极之仁也。人之受命于天也，取仁于天而仁也。"天人合一的传统文化由此形成。

儒道互补是中国天人合一观念的重要思想基础，以孔孟为开端的儒家重视礼乐教化的思想对社会关系和政治历史所具有的实用价值；而老庄的道家学说强调的是一种自由的"心斋坐忘"境界和超功利的无为境界。儒生董仲舒在综合两者的基础上系统地提出了以儒家思想为中心而又全面吸收道家思想长处的"天人感应"的思想。但是，董仲舒的"人副天数"理

① 龙柏林.中华文化走出去的话语具象方式[N].光明日报,2018-07-16(11).

② 晁福林.论荀子的"天人之分"说[J].管子学刊,2001(2):13-18.

论还具有一种巫术色彩，后为一些谶纬之学利用。“谶”是方士把一些自然界的偶然现象作为天命的征兆编造出来的隐语或预言；“纬”相对“经”而言，是方士假托孔子用诡秘的语言解释经义的著作。王充对此进行了批驳，他在《论衡》中突出地强调真实，反对虚妄。他说：“《诗》三百，一言以蔽之，曰：思无邪。《论衡》篇以十数，亦一言也，曰：疾虚妄。”柳宗元也对这种思想进行了批评，他说：“生植与灾荒，皆天也；法制与悖乱，皆人也。二之而已，其事各行不相预。”（《答刘禹锡天论书》）

到了宋代，张载吸收佛学的一些观点，明确地提出了儒家天人合一的命题。他说：“儒者则因明致诚，因诚致明，故天人合一，致学而可以成圣，得天而未始遗人。”（《正蒙·乾称》）张载被学者们称为朴素唯物主义者，他在《西铭》中说：“乾称父，坤称母，予兹藐焉，乃混然中处。”其主要意义是肯定人类是天地的产物，即自然的产物。张载认为，“太虚无形，气之本体，其聚其散，变化之客形尔”（《正蒙·太和》），整个世界不管是无形的太虚，还是有形的万物，都统一于元气，都是元气的不同存在形式。气具有物质性的特征，它不断地聚散变化，产生出了万事万物。天由气化而成，“惟运动一气，鼓万物而生，无心以恤物”（《横渠易说·经上》）。人同样由清、浊不同之气所构成，天与人具有共同的物质基础——“气”。这样，张载就从本体论上说明了天人转化合一的基础。同时，他还通过“民胞物与”思想赋予了天人合一思想朴素的生态理念。他认为，“乾坤的交合运转形成了整个宇宙，天地赋予了每个人肉体和品性，所有人都是同一对父母（天地）所生育的儿女，而天地间的万事万物，和人类一样，也是同一对父母（天地）的儿女。因此，人与人，人与万物都是同胞和朋友，相互之间应结成和谐友善的关系，成为和谐共生的整体。当然，民胞物与思想的落脚点还是人伦关系”[①]。他还对佛学的出世思想进行剖析，认为佛学与讲求“修身齐家治国平天下”的儒家入世思想不同。他说：“释氏语实际，乃知道者所谓诚也，天德也。其语到实际，则以人生为幻妄，以有为为疣赘，以世界为阴浊，遂厌而不有，遗而弗存。就使得

① 唐眉江.“天人合一”的人文意蕴[N].光明日报,2008-11-24(12).

之，乃诚而恶明者也。”（《正蒙·乾称》）

儒、佛、道三教合一的思想初起于唐。至宋，儒生周敦颐辈援佛入儒，革新儒学，将天理推至自然法则这一定理，形成理学。在张载之后，宋代理学家朱熹也是赞同天人合一的。不过此时的“天”不是自然界的“天”，而是一种抽象的“天理”，他认为“理”先于“气”，将天人合一改造为“与理为一”。朱熹说：“本只是一太极，而万物各有禀受，又各自全具一太极尔。如月在天，只一而已，及散在江湖，则随处可见，不可谓月已分也。”（《朱子语类》卷九十四）此句揭示了自然界和人类社会共存之“太极”（运动的总规律）。“所谓天理，复是何物？仁、义、礼、智岂不是天理，君臣、父子、兄弟、夫妇、朋友岂不是天理？”（《朱文公文集》卷五十九）在这里，朱熹将“礼”与“天理”等同，“法”为天理之节文。

明朝的理学家王阳明则提出了“天下无心外之物”，说明了原本是自然的景观与人的情感发生交感，合而为一种环境概念的具象，这从另外一个层面阐释了天人合一的道理。他认为：“人者，天地万物之心也；心者，天地万物之主也。心即是天，言心则天地万物皆举之矣。”（《王文成全书》卷六《答季明德书》）王阳明在儒、佛、道三教合一观念的流衍或变迁中，起到了至关重要的作用。王阳明心学的崛起，其最重要的意义，是将玄虚的“天理”回归为人本心内的“良知”，由此带来了儒学的世俗化及通俗化。

明清之际，王夫之继承和发扬了张载天人合一的朴素唯物主义观点，修正了心学派“天人本一”的理论，提出了“天人授受之际，人受天之所命者为‘性’，故天人本自合一”的天人合一观点，将心性之学调整为人与自然的“能所”实践观念。“即‘能’‘所’之分，夫固有之，释氏以为分授之名，亦非诬也，乃以俟用者为所，则必实有其体；以用乎俟用，而以可有功者为‘能’，则必实有其用。体俟用，则因‘所’以发‘能’；用，用乎体，则‘能’必副其‘所’；体用一依其实，不背其故，而名实各相称也。”（《尚书引义》卷五）这使得天人合一再次具有了人与自然价值关系的内涵。

然而，1840年鸦片战争以来，天人合一的传统思想受到了西方文化的挑战和冲击。面对清末的“三千年未有之变局”，民族的生存成了当务之急。李鸿章、曾国藩、左宗棠、张之洞等人发起洋务运动，提出“师夷长技以制夷”，学习西方的物质文明；康有为、梁启超等人提出学习西方的政治文明、制度文明。新文化运动的倡导者选择了进化论、民约论（社会契约论）以及后来的民主、科学等西方现代思想，学习西方的精神文明。近代化、现代化成为西方化的代名词，天人合一话语似乎失去了先进性。在中华民族救国图强的历史进程中，孙中山、毛泽东、邓小平等历史伟人继承和发扬中华优秀传统文化，吸收外国的先进文化，使中国走上了民族复兴和国家富强之路。十八大以来，习近平总书记在很多场合的讲话中强调了中华优秀传统文化的重要性，赋予天人合一传统文化时代内涵，使其实现了创造性转化和创新性发展，这是在新时代语境下传统文化焕发生机的出路。

我国法学是近代以来引进西方文化的概念化产物，在关于法律、法学的概念界定上采用的多是西方话语。比如，法律常被定义为统治阶级意志的体现；法学研究人与人之间的关系，而研究人与自然之间关系的学科是自然科学。也就是说，西方法学话语体系存在着自然与人文的对立。中华传统文化的这种天人合一的思想观念，正是西方文明所缺乏的。以天人合一话语体系为中心的中国传统文化包含着丰富的生态智慧、人性教化理念和制度保障体系，它给我们提供了一个认识和解决当前全球生态困境的思路及方法，然而我们对之还不够重视。

（二）文明转型社会中礼治向法治转型的问题

文明是人类社会发展到一定阶段所创造的财富的总和，指一切具有较高文化水平的存在形式，包括物质文明、精神文明、生态文明等。西方文化词源中的文明“Civilization”一词源于拉丁文“Civis”，意思是有一定素养和政治地位的市民，这说明西方国家的文明是以古希腊罗马城邦文化为渊源的。汉语中的“文明”一词出自《周易》：“刚柔交错，天文也。

文明以止，人文也。观乎天文，以察时变，观乎人文，以化成天下。”由此可见，“文明”在中国文化语境中以农耕文明为基础，其基本意思是“人文教化”，其目的是通过教化使天下太平。德国法学家柯勒认为：“文明的实质，就法哲学而言，是人类知识的最大可能的发展以及人类对自然的最大可能的控制……文明又可再分为美学的文明和控制自然的文明。了解一切，能从事一切，因而能征服自然，这就是文明发展的最终目标。”①柯勒对文明的定义体现了西方文化扩张性的特色。由此可见，中西方对文明的理解是不同的。

从广义上讲，人类文明经历了原始文明、农业文明、工业文明三个阶段。如果说农业文明是人受制于天，工业文明是人定胜天，那生态文明就是人类文明发展的一个新的阶段，即农业文明、工业文明之后的人、自然、社会和谐发展的文明形态。从狭义上讲，如余谋昌在《生态文明是人类的第四文明》中认为生态文明是继物质文明、精神文明、政治文明之后的第四种文明②。党的十七大报告中首次提出的“生态文明”，是与精神文明、物质文明、政治文明并列的另一个建设目标。2012年11月，党的十八大首次将生态文明建设作为“五位一体”总体布局的一个重要部分。“生态兴则文明兴，生态衰则文明衰”，习近平总书记多次提到这一论断，从而将生态文明放到了事关整个人类社会文明发展的战略高度。

文化一词起源于拉丁文的动词“Colere”，英文作“Culture”，指“人类为使土地肥沃，种植树木和栽培植物所采取的耕耘和改良措施”。后引申为“人类社会历史实践过程中所创造精神财富的总和”③。因此，在西方语境中文化与文明是有区别的，而在中文语境中，文化与文明词源是同一的，后来在与西方文明的交流中，文明具有了文化进步的含义，是文化的最高形式或高等形式。因此，从词义来看，文化是中性的，文明是褒义的；从形态上来看，文化偏重于精神和规范，文明偏重于物质和技术。

---

① 张文显．二十世纪西方法哲学思潮研究[M]．北京：法律出版社，1996：173.

② 余谋昌．生态文明是人类的第四文明[J]．绿叶，2006(11)：20-21.

③ 刘作翔．法律文化理论[M]．北京：商务印书馆，1999：21.

传统文化（Traditional culture）是反映民族历史发展特质和风貌的民族文化，是民族历史上各种思想文化、观念形态的总体表征。“传统”的英文“Tradition”源自拉丁语“Traditio”，即“传承”之意。世界各地、各民族都有自己的传统文化。中国的传统文化经过几千年的沧桑岁月，是先人传承下来的价值理念和道德规范，孕育了中华民族讲仁爱、重民本、守诚信、崇正义、尚和合、求大同的价值理念和精神境界，我们要汲取其中的思想智慧，处理好继承和创造性发展的关系[①]。例如，四书五经是儒学思想的核心载体。四书指的是《论语》《孟子》《大学》《中庸》，五经指的是《诗经》《尚书》《礼记》《周易》《春秋》，简称为“诗、书、礼、易、春秋”，在之前，还有一本《乐经》，合称“诗、书、礼、乐、易、春秋”，这六本书也被称作“六经”，可惜后来《乐经》失传了。四书五经无一不体现了中华文化天人合一的精神追求。习近平总书记在许多重大场合提到“中华文明历来强调天人合一、尊重自然”[②]，这句话就说明了中华民族传统文化与生态文明的关系。

天人合一作为中国传统文化的核心思想，儒、道、释各思想流派均有阐述，出现了不同的理解和含义。中国人心里的“天”，不是人格化、修辞化的崇拜对象，在儒道释思想中有不同的主旨。儒家“以德配天”喻指“天理”；道家主张“法自然”的“天道”；释家把人看作世间万物中平等的一员，把不杀生当作修身的重要信条。儒释道天人合一的生态自然观，强调人对于“天”也就是大自然，要有敬畏之心。这些传统文化思想和当代中国生态文明建设是密切相关的，这显示了中国传统文化的活力。生态文明与工业文明的不同之处在于，生态文明是一种人与自然和谐共生的发展形态，这与中国天人合一传统文化有很大的相通性。例如，中国是世界上生物多样性最为丰富的国家之一，拥有森林、草原、湿地等陆地生态系

① 姜玮，黎康．让文化遗产都活起来——学习习近平总书记关于传承和弘扬中华优秀传统文化的重要论述[N]．光明日报，2015-11-22(7)．

② 习近平总书记在2015年11月30日气候变化巴黎大会开幕式上的讲话《携手构建合作共赢、公平合理的气候变化治理机制》，以及2018年5月18日至19日全国生态环境保护大会上的讲话中都曾提到。

统，以及黄海、东海、南海等海洋生态系统。一方水土养一方人，丰富的生态系统对提升文化的多样性产生了影响。

中国天人合一传统文化还具有“和而不同”的包容性。中华民族由56个民族构成，形成了丰富多彩的环境法律文化，少数民族还保留着许多优秀传统生态文化。例如，各少数民族在长期的生存发展中认识到了环境的重要性，于是形成了各种宗教信仰、村规民约、习惯法等来保护环境。诸如彝族、傣族、哈尼族、傈僳族等每个村寨都有自己的“神林”，这些“神林”可以起到调节小气候，涵养水源，保持水土，保护生物多样性的重要作用。这说明中华民族这种天人合一传统文化，是有利于生态文明建设的。因此，生态文明建设不是对传统文化的抛弃，而是结合文化与环境的整体化保护，从维护文化多样性的角度来保护生态环境。

同时，我们也应该深刻地认识到，中国传统文化毕竟是农业文明的产物，又受到西方工业文明的影响，传统文化与现代生态文明建设也有冲突性的一面。例如，中华民族的天人合一传统文化在历史上常被用来论证“礼治”的合理性，这是与现代社会民主法治建设的价值观念相违背的。因此，传统文化中天人合一的思想在生态文明建设时代需要注入新内涵。对于传统文化与现代文明相吻合的一面，我们应该保护和传承；对于传统文化与现代文明相冲突的一面，我们应该抛弃。

（三）天人合一传统文化的教育理念诠释

将天人合一传统文化与生态文明教育结合起来，用中国的话语体系来阐述天人合一的新理念、新思想，可为我国生态文明建设提供具有中国特色的法文化支撑和实践指导。

1.天人合一传统文化蕴含着人与自然和谐共生的生态理念

在中国哲学史上，关于天人合一主要有三种观点。第一种观点认为“天”指最高主宰，所谓“合一”就是符合；第二种观点认为“天”指自然界，天人合一就是人与自然的和谐；第三种观点认为“天”指最高原理，天人合一就是“天理”与人情的统一[①]。因此，天人合一蕴含着“人”与“自然”和谐的思想，这是一个基本的信念。在现代中国生态文明建设的语境中，季羡林先生对其解释为：天，就是大自然；人，就是人类；合，就是互相理解，结成友谊。因此，天人合一传统文化蕴含着丰富的生态理念，不仅体现了中华文化的民族精神，也与当代绿色发展的时代精神相吻合。

天人合一传统文化起源于道家文化。在道家文化中，道是万物的法则，德则是“道”在人间的法则。老子说：“道生一，一生二，二生三，三生万物。”（《道德经》第四十二章）庄子也提出：“天地与我并生，而万物与我为一。”（《庄子·齐物论》）道家认为“道”是万物之宗，天地万物和人都是从“道”产生的，天、地、人等宇宙万物也要在“道”中实现和谐统一。《道德经》讲：“万物负阴而抱阳，冲气以为和。”这些观点都反映了天人合一的追求。因此，道家的“道”“德”中，有许多生态保护的禁令。《老君说一百八十戒》规定：“不得以足踏六畜，不得渔猎伤煞众生，不得冬天发掘地中蛰藏虫物，不得妄上树探巢破卵，不得惊鸟兽，若人为己杀鸟兽鱼等皆不得食……不得妄凿地毁山川，不得竭水泽，不得妄轻入江河中浴，不得在平地燃火，不得以秽物投井中，不得塞池井，不得无故走马驰车，不得以毒药投渊池江海中。”这一系列规定都是为了保护动物。《太平经》说：“慎无烧山破石，延及草木，折华伤枝，实于市里，金刃加之，茎根俱尽。其母则怒，上白于父，不惜人年。人亦须草自给，但取枯落不滋者，是为顺常。天地生长，如人欲活，何为自恣，延及后生。有知之人，可无犯禁。”

儒家扬弃了道家的“无为”思想，将“道法自然”改造为“人”与“自然”和谐统一的天人合一思想，其理论体系中更是蕴含了一些生态保护理念。儒家思想的核心是“仁”，不仅表现在爱人上，而且也体现在爱一切有生命的“物”上。儒家经典《礼记》中有：“诸侯无故不杀牛，大夫无故不杀羊，士无故不杀犬豕，庶人无故不食珍。”孟子提出了“仁民而爱物”的主张，把“爱物”充实为“仁”的基本内涵。孟子说：“君子之于物也，

① 张岱年．中国哲学中天人合一思想的剖析[J]．北京大学学报(哲学社会科学版)，1985(1)：1–9.

爱之而弗仁；于民也，仁之而弗亲。亲亲而仁民，仁民而爱物。”（《孟子》第四十五章）孟子在告诉梁惠王治国方案时就说道：“不违农时，谷不可胜食也，数罟不入洿池，鱼鳖不可胜食也，斧斤以时入山林，材木不可胜用也……是使民养生丧死无憾也。养生丧死无憾，王道之始也。”（《孟子·梁惠王上》）在汉代，董仲舒更发展出“天人合一”“人副天数”的理论。比如他说“天有四时（春夏秋冬），王有四政（庆赏罚刑）”；他多次提到春生、夏养、秋收、冬藏。朱熹进一步发展了儒家“爱物”的生态保护思想，释“物”为“禽兽树木”，即“万物”也，就是我们所说的大自然。将“爱”释为“取之有时，用之有节”。

佛教中国化的过程也可以归于受到了道家、儒家的天人合一思想的影响。佛教起源于公元前6世纪的印度，作为世界三大宗教之一，以释迦牟尼佛为教主，主张慈悲平等，在两汉之际由西域传入中国，此后在中国生根、变化、发展，形成了中国化的佛教，并融入中国文化之中，成为中国传统文化的一部分。佛教经两千多年之传播与发展，衍生了许多学派与宗派，大体而言，后分化为大乘、小乘两派。佛家讲三藏，即《律藏》《经藏》《论藏》，具有法律的性质。佛教十戒之一的“不杀生”，也具有一定生态保护的积极价值。

中国思想史上，道、儒、释还从具象化的角度对天人合一生态理念进行了阐述。例如在水方面，老子说：“上善若水，水利万物而不争，处众人之所恶，故几于道。”（《道德经》第八章）孔子则认为：“智者乐水，仁者乐山。”（《论语·雍也》）《荀子·宥坐》一文对水的剖析更是达到了一个至高至深的境界，“子贡问于孔子曰：‘君子之所以见大水必观焉者，是何？’孔子曰：‘夫水，遍与诸生而无为也，似德。其流也埤下，裾拘必循其理，似义。其洸洸乎不淈尽，似道。若有决行之，其应佚若声响，其赴百仞之谷不惧，似勇。主量必平，似法。盈不求概，似正。淖约微达，似察。以出以入以就鲜洁，似善化。其万折也必东，似志。是故见大水必观焉’。”在禅的智慧中，菩提属于众生，若根得水。

2.天人合一传统文化蕴含着“格物致知”的教育学方法论

在中国儒家天人合一传统文化中，蕴含着“心物一体化”的辩证唯物主义的教育学思想，从“天理”洞察“人情”，可为当代社会提供“格物致知”的教育学方法论。

所谓“格物致知”，源于《礼记·大学》所论述：“欲治其国者先齐其家，欲齐其家者先修其身，欲修其身者先正其心，欲正其心者先诚其意，欲诚其意者先致其知。致知在格物。”因此，“格物致知”是指辨明事物的轻重、先后、因果、善恶等诸方面，以指导自己的言行思考。朱熹认为“格物致知”，即“格物者，穷理之谓也”，突出了“理”作为超验道德本体的普遍有效性与绝对强制性。而王守仁则认为“格物致知”应该是“致良知”，强调具体的道德主体的自我意愿在道德行为中的作用。近代以来，中国的学者用“格物致知”的概念来翻译西方的科学概念，如《现代汉语词典》进一步将“格物致知”与辩证唯物主义的实事求是方法联系起来，解释为“推究事物的原理法则而总结为理性知识”[①]。

由于先秦古籍未使用过“格物”与“致知”这两个词，但从其思维方法推测，应该源于老子、庄子天人合一思想。老子曰：“人法地，地法天，天法道，道法自然。”（《道德经》第二十五章）庄子曰：“天地者，万物之父母也。”（《庄子·达生》）天人合一就是人与天地自然的法则要结合到一起，即“夫形全精复，与天为一”（《庄子·达生》）。不过，与儒家理学的观点不同，老子、庄子阐述的“道法自然”是“无为而治”。

作为儒家思想中的一个重要概念，“格物致知”在孔子和孟子的学说中也未见到，其思维方式是“推己及人”。与道家“道法自然”的“无为而治”观念不同，早期我国儒家思想是以先王、圣人为法权依据，提倡“礼治”“人治”“德治”，反对“道法自然”。孔子主张：“道之以德、齐之以礼”（《论语·为政》）“为政在人”“文武之政，布在方策，其人存，则其政举；其人亡，则其政息”。（《礼记·中庸》）孔子还提倡“仁”，所

---

① 中国社会科学院语言研究所词典编辑室.现代汉语词典[M].7版.北京：商务印书馆，2016：440.

谓“仁”，他认为是“克己复礼为仁”（《论语·颜渊》），“仁者，亲也，从人从二”（《说文解字》）。“仁”的本意是“爱人”。“听讼，吾犹人也，必也使无讼乎。”（《论语·颜渊》）孟子继承和发展了孔子以“仁”为核心的思想，把仁、义、礼、智、信作为基本的道德规范，提出了礼为“辞让之心”“教以人伦”的儒家“德治”思想。

“格物致知”作为一种方法论在荀子的著述中可以发现一些痕迹。《荀子·礼论》中论证了“礼”的起源和社会作用，其主张的“礼治”是以“天人之分”为理论依据的，具有朴素的唯物主义思想。荀子说：“天能生物，不能辨物也；地能载人，不能治人也。”因此，天道与人道是分开的，但“从天而颂之，孰与制天命而用之？望时而待之，孰与应时而使之？”《韩非子·五蠹》记载的“守株待兔”、《吕氏春秋·察今》中的“刻舟求剑”、《淮南子·说林训》中的“削足适履”等典故，都反映了受荀子影响的法家从“天人之分”立场出发，主张“制天命而用之”的“格物致知”思维方法。可是，韩非子虽然是荀子的学生，但其继承的是法家商鞅的衣钵，并进一步提出了“以法为本”的法、术、势相结合的观点。他在《韩非子·解老》一文中，谈到宇宙、天道的本质、规律以及社会应该遵循的原则时说道：“道者，万物之所然也，万理之所稽也。理者，成物之文也；道者，万物之所以成也……夫缘道理以从事者，无不能成。无不能成者，大能成天子之势尊，而小易得卿相将军之赏禄。”

汉朝“罢黜百家，独尊儒术”以后，董仲舒通过糅合道家思想形成了带有谶纬色彩的儒家“春秋决狱”的法治方法论。董仲舒提出：“天人之际，合而为一。”（《春秋繁露·深察名号》）人是天的副本，是“化天数而成”的。所以，他提出了“循天之道”“大德而小刑”等法律原则。将孔孟之言与天命等同起来，认为：“天令之谓命，命非圣人不行；质朴之谓性，性非教化不成；人欲之谓情，情非度制不节。是故王者上谨于承天意，以顺命也；下务明教化民，以成性也；正法度之宜，别上下之序，以防欲也。”（《汉书·董仲舒传》）

西汉戴圣对秦汉以前的汉族礼仪著作加以辑录、编纂而成《礼记》，作为儒家经典之一的《礼记》中有："致知在格物，物格而后知至。""格物致知"作为正式的概念才得以确立。宋明时期，理学家朱熹、王守仁等吸收道家、释家观念将"格物致知"进一步具化为"修身齐家治国平天下"的"礼治"和"法治"结合的规则体系和思维方法，以达到人与自然和谐的理想状态。《礼记》第三十一章中讲"中也者，天下之大本也；和也者，天下之达道也。致中和，天地位焉，万物育焉"，阐述的是一种天人合一的中庸人生境界。"格物致知"则通过天人合一这种理想状态解释了"礼治"和"法治"应该结合起来的原因。

3.天人合一传统文化蕴含着儒家重视人性教化的教育观念

儒家礼乐文明的秩序构建，体现了中国传统文化天人合一价值理念追求的人性之美。法律不仅是权威的规则，还应该让人乐于遵守。《论语·学而》记载："有子曰：'礼之用，和为贵；先王之道，斯为美。'""和"被联系于"法"和"礼"（应包括"乐"），也被联系于"美"，更被联系于先王之道。《礼记·乐记》讲："礼乐之说，管乎人情矣。"这说明礼乐政治的施行不是来自外在的强制，顺应人性的教化方法是政治实践的最重要方式①。如果"礼"脱离了"乐"，而只是"隆礼重法"，那样的"礼治"和"法治"就不是建立在天人合一的人性基础上。而在西方法律文化中，其制度设计具有很强的理性崇拜和功利色彩，法律主客体呈现二元化的对立。如《旧约全书》里说上帝给人的训谕是："地上的一切昆虫并海里一切鱼类，都交付你们的手。凡活着的动物都可以作你们的食物，这一切我都赐给你们，如同蔬菜一样。"

中华法文化中"礼"和"法"的结合，形成了中国传统法律文化的伦理法特征。与西方将自然法实体化为人法、物法不同，中国传统文化里并不把自然界视为"物"，土地（包括草原、森林等广义的土地）对于人们来说是"家"，承载着生活的记忆和情感，而西方法律文化中"物法"，主要是对土地等自然资源的占有、使用、收益和处分。中国传统文化是以天人合一为核心的文化，维系人与土地关系的纽带是"家庭"，没有土地就没有

① 刘成纪.中国美学与传统政治文明[N].光明日报，2017-01-16(15).

“家园”。因此，我们在设计生态文明制度体系时，应该充分考虑到我们的文化背景，不能盲目照搬照抄西方国家的生态保护经验。鉴于国人对土地的特殊感情，以及中国传统文化天人合一思想与现代生态文明制度体系的价值追求的相通性，我国的生态文明法治建设应该吸收传统文化天人合一观的人性理论的优点，培养正确的义利观、简约的生活方式，做到人与自然的和谐共生。

二、天人合一教育理念重构问题的提出

近代以来，随着西方文化的传入以及工业文明对农业文明的冲击，中国传统文化遭遇到前所未有的危机。传统文化一度被视为与西方法治文化相对立的、落后的、专制的文化，二者的矛盾与协调贯穿了中华民族的现代化进程。在人类社会步入生态文明的新时代，重塑中华法文化的话语权至关重要。

（一）五四新文化运动时期中国学术界的“科玄之争”

近代，中国学术界掀起了一场波澜壮阔的新文化运动，导致了中国传统文化和教育理念的重大变革。一些学者认为中国传统文化中的天人合一思想阻碍了中国“法律科学”的产生。在西方文化中，近代的科学是在理性、客观的前提下，用实证方法获取关于世界的系统知识。1888年，达尔文也曾给科学下过一个定义：“科学就是整理事实，从中发现规律，做出结论。”①由达尔文对科学的定义我们知道，西方学者一般认为科学只能解决有客观现实基础的问题，诸如道德、价值判断、社会取向、个人态度等问题是无法用科学方法解决的。法学作为一门应用科学，主要是实践技术而非理论思考。

1923年至1924年期间，中国思想界发生了著名的“科玄之争”，即关于科学与人生观关系问题的学术论争。新儒家代表人物张君劢在清华大学

① 陆琦.科学精神如何融入文化建设[N].中国科学报，2012-03-02(1).

作的题为《人生观》的专题演讲中，主张科学无法支配人生观，被人们称为玄学派。张君劢在演讲中批评了胡适的用科学反对天人合一的观点，提出外在的物质文明不能支配人生观，不能解决人生观问题，中国传统文化是解决西方工业文明理性误区的良药。张君劢曾留学德国，对德国大学的教育理念较为熟悉。张君劢认为，儒家主张“大学之道在明明德”，这与德国大学的教育理念有相似之处。他宣称西方科学之新学并不能解决人生观与道德的问题，但他也不排斥来自西方文化的科学理性、民主自由、法治规范等现代化的基本价值因素。他以康德与新儒家作比较，发现康德强调道德意志比理论悟性更具有优先性，在这点上也就更接近于中国思想。在此之前，张君劢的老师梁启超在《欧游心影录》中也提出了科学破产论，主张对中国传统文化进行改良来挽救世界时局。当时正是一战时期，西方文化的普适性价值观濒临破产，其法治文化也受到了东方文明的挑战。

针对这一观点，丁文江、陈独秀、胡适等人进行了批驳，他们因坚持科学对人生观具有决定作用而被称为科学派。两派之间关于科学与文化的关系展开了激烈的辩论。胡适认为中国传统文化的天人合一是迷信的而非科学的，是汉儒用来为封建君主统治辩护的，偏离了先秦儒家的政治主张。胡适虽然认为荀子在儒家中最为突出，但他不是通过荀子的“天人之分”来反对儒家的天人合一，而是将西方科学的方法引入中国哲学研究。他于1919年出版的《中国哲学史大纲》被蔡元培评价为：足以“为后来学者开无数法门”。胡适认为，两宋以来“格物”两个字有多种解释，但都是一种主观的遐想，这是由于对自然客体的研究提不出科学的方法，对法学的发展无力作出贡献。如胡适在《先秦名学史》中所说：“近代中国哲学中缺乏的方法论，似乎可以用西方自亚里士多德直至今天已经发展了的哲学的和科学的方法来填补。”因此，没必要通过解释“天人之分”来反对天人合一，西方的科学分析方法就直接说明了中国天人合一的落后性。

（二）“科玄之争”与西方教育哲学流变的关系

中国思想学术界的这场“科玄之争”，不仅是知识分子对中国天人合一思想的集体反思，也体现了西方文化对中国文化的影响。胡适认为张君劢等玄学派关心的是哲学教授们感兴趣的主观、自由意志、心性，以及科学与哲学概念的界定、异同、关系等，他们沉浸在宋明理学以及西方柏格森、康德的先验主义纯粹哲学命题中，重视人生非理性因素与自然界因果律、决定论的矛盾关系。胡适虽然反对张君劢的新儒学思想，但也反对陈独秀将“物质”一词解释为经济，反对经济一元论或物质一元论，强调历史是多元的，申明知识、思想、教育可以变动社会，解释历史，支配人生观。胡适主张从物理学、生物学、心理学、人类学等科学角度解释人生观，让人知道人不过是动物的一种，知道生物界生存竞争的残酷。他认为董仲舒《春秋繁露·重政》的天人合一观念是扼杀科学，强调圣人权威[①]。

从这里我们可以看出当时西方世界流行的几种哲学流派对中国的影响，即以康德为代表的古典唯心主义、以约翰·杜威为代表的实用主义和马克思主义。张君劢于1913年取道俄国赴德入柏林大学攻读政治学博士学位，后又在德国师从倭铿学习哲学。倭铿是德国著名的生命哲学家，他主张人的精神意志的重要意义。倭铿是继康德、费希特后又一个唯心主义思想家。康德是近代西方哲学史上有划时代意义的哲学家，他提出，教育的目的是通过自己的努力逐步将人性之全部自然禀赋从自身发挥出来，发展人的天性，向着人性的完满实现前进，最终确立人类的主体地位。张君劢发现他们的学说中蕴藏着和孔子相合之处，并试图以此重构儒家的人生观教育思想，却遭到了胡适等科学教育理论派的批驳。1900年，胡适考取庚子赔款官费生留学美国，曾经师从实用主义教育学家约翰·杜威。杜威在教育学见解上，早期承袭了德国哲学家黑格尔的部分思想。黑格尔指出了道德家庭、市民社会和伦理国家之间的正反合精神发展规律，将市民社会作为法运动的一个独立领域而予以强调。黑格尔认为，家庭教育是爱的教育，市民社会是法的教育，而国家是绝对的（最高的）精神实体，可以提供结合了爱和法的统一教育。黑格尔认为，中国儒家重视家庭教育，忽视了市民社会的法治教育，形成的国家伦理是封建家长制。黑格尔的教育思想有辩

① 胡明.胡适传论:下[M].北京:人民文学出版社,1996:543,548.

证性，但他将人类社会的变化看作绝对精神的运动过程，国家是绝对精神的伦理体现，人的主体性被国家伦理吞没。杜威舍弃了黑格尔派的绝对主义，转向实验主义，主张打通学校与社会之间的“高墙”，提出了“从做中学”的社会教育理念。胡适的教育理念来源于杜威，提倡科学的、民主的教育思想。但杜威、胡适的教育理念忽视了人的主体性。陈独秀和胡适均为新文化运动的代表人物，都提倡民主与科学，反对专制、迷信。不同的是陈独秀对马克思主义中国化进行了有益的探索，揭示了经济基础对教育的决定作用，而这正是胡适、张君劢等人教育理论的缺失。

（三）天人合一观的复兴

20世纪30年代以来，五四运动的反传统精神日益受到诘难。杜亚泉认为西洋重视人为，中国重视自然；西洋人生活是向外的，中国人生活是向内的；西洋社会多团体，中国社会无团体；西洋崇拜竞争之胜利，注重私权观念，而中国崇尚与世无争，淡漠个人权利；西洋以战争为常态，和平为变态，而中国则以和平为常态，战争为变态①。与“五四”时期中外学者批评中国传统文化的天人合一观点不同，随着生态文明建设问题的提出，中西方一些哲学家和法学家为了进一步探索人文主义思想和自然主义思想的融通性，转向在中国传统文化天人合一的教育思想中寻找生态文明法治建设的理论来源，对西方现代法治模式进行了检讨。

中国传统文化天人合一教育理念蕴含着生态整体主义方法论，照搬西方的法治模式恰恰忽视了这种整体性。在中国传统文化中，天不仅是指自然界的天，还包括土地、水、森林、草原等自然整体，甚至包含“天理”。与自然界的天相对应，人不仅指人性，还包括文化思想等整体。天人合一不仅是个人的修身养性，也是自然与文化的合一。传统文化是一个民族和社区存在的文化标志，与各地的生态环境息息相关。广阔的中华大地有着秀丽的山川河流、丰富的生物物种等，中华民族在几千年的历史长河中也积累了许多与自然和谐相处的优秀文化，这种天人合一传统文化与自然环

① 周月峰.中国近代思想家文库：杜亚泉卷[M].北京：中国人民大学出版社，2014：315-320.

境存在着水乳交融的关系。可是，在现代化过程中，中国这种传统文化因受到西方法治文化和工业文明的冲击而趋于流失。在全球步入生态文明法治建设的时代，抢救中国传统文化资源并挖掘其天人合一的生态价值是具有重要意义的。现今社会，在物质文明提高的同时，人们对生态文明和精神文明的需求也与日俱增。人们希望呼吸到清新的空气，喝到天然的纯净水，留恋着“鸡鸣不觉晓”的村落。可是现代工业文明的发展，对自然环境造成了一定的破坏。中华传统文化中天人合一的合理内涵，在生态文明建设领域仍然具有重要的价值。环境问题的出现迫使我们开始思考生态文明法治建设与传统文化的关联性问题。文化与环境问题的产生，说明了生态文明法治建设必须与传统文化联系起来，将二者联系起来则需要在环境法学研究范式或方法上有所突破。中国传统文化天人合一思想，认为文化与环境之间是“心、物一体化”的关系，这对于我们将文化与环境作为整体研究对象来思考当代的生态文明法治建设是有利的。

现代法治理论源于西方，西方国家的法治思想是我们进行法治建设可借鉴的重要资源。但是，外国的法治理论源自其特定的历史条件与社会问题，我们不能照搬照抄。西方传统法学理论中的人文主义思想和科学实证主义思想，在应对生态法治问题时显得捉襟见肘。随着西方发达资本主义国家工业化过程中环境问题的严重化，在西方传统文化基础上催生了生态伦理主义，如20世纪60年代美国学者蕾切尔·卡逊出版的《寂静的春天》就对西方人本主义哲学提出了批评，提倡自然界的权利。这种生态伦理主义在一定程度上推动了西方法文化生态化的结构变革。但是，西方生态伦理主义者将人与物作为法律主体和法律客体分离开来，在这种法治理论影响下产生的西方生态法治模式并不适合于中国的生态文明法治建设。

（四）天人合一话语体系的创新性发展

天人合一思想认为，人类本来就是自然的一部分，人的出现是天道变化所产生的结果。因此，人和自然是生命的共同体，不能二分，主张“心物一体化”。中国古人的天人合一的整体思维对中国的历史、文化和生活的影响是巨大的。董仲舒说："天道之大者在阴阳"（《汉书·董仲舒传》），"君臣、父子、夫妇之义，皆取诸阴阳之道"（《春秋繁露·基义》）。在婚姻家庭法中，夫妻财产公有制、宗祧继承制等，都受到了天人合一思想的启示，是通过"格物致知"形成的"法治"方法。

因此，传统文化是一座宝藏与沉渣并存的高山，是一条清泉与浊流同注的河流。在传统与现实之间，我们要设定一个分流与导向系统，通过这个系统将中国优秀传统文化注入我们今天的生活中，将传统文化与中国特色社会主义制度结合起来才能最大程度地发挥传统文化的作用。清华大学教授唐文明认为：传统文化的复兴，难题在于如何制度化。中华民族的天人合一传统文化与中国古代的教化体系和国家体系是直接关联的，比如君主专制、农耕体制、户婚制等，但是在今天，传统的国家体系不存在了，天人合一传统文化也需要以新的方式被人们接受。这说明中华民族倡导的天人合一理念，也因面临着现代法治模式的冲击而需要被赋予新的时代精神。

中华文化的"'天人一体'的宇宙情怀、'天下一家'的人类关爱、'尽己为人''推己及人'的忠恕之道以及'持中贵和'的协调智慧，都可以为文明对话、族群和解以及交流互鉴、合作共赢提供精神动力"[①]。用人与自然和谐共生改造传统文化天人合一的实质性价值理念，用生态文明制度体系替代传统文化天人合一话语体系，是对天人合一话语体系的创造性转化和创新性发展。

我们也应该认识到，中国社会发展到今天，需要对传统文化进行创新性的诠释，需要创造性转化，这是一种社会的要求。比如，传统文化中不乏"法"的内容，但中国传统社会中"法"主要是"刑罚"，其功能主要是为君主专制服务，法的施行是有差别和等级的，缺乏现代的法治精神。而现代社会强调的法治建设，是以"法律面前人人平等"为原则的，这就要求任何政党、国家机关以及社会组织、个人都必须在法律规定的范围内活动。因此，不管是在内容还是在形式上，天人合一价值理念的重新阐释，

① 牟钟鉴.以时代精神弘扬优秀传统文化[N].人民日报,2016-04-25(14).

是对传统文化中“法”的形式和内容进行脱胎换骨的改造，这不是简单地进行概念替换，而是用现代生态文明的法治建设内涵和时代精神予以补充，使其适应现代社会的要求[①]。

三、天人合一教育理念创新的法治意义

天人合一教育理念蕴含着“天理”“人情”与“国法”相统一的伦理法制度体系与修身齐家治国平天下的教育实施机制，辩证对待中国传统文化中天人合一思想，将天人合一的理性和德性精神转化为现代的科学精神和人文精神，可以为当代生态文明建设提供丰富的法治文化资源，我们应予以充分挖掘，合理借鉴。

（一）天人合一教育理念创新有利于培养领导干部“修身齐家治国平天下”的素养

从法治思维方面解释，“修身齐家治国平天下”就是规则思维。随着当代生态危机和环境问题频发，天人合一理念因被重新阐释为人与自然的和谐的理想状态而被奉为瑰宝，可如何使中国传统文化中的这种思想精髓得以落实并融入现代法治，还存在很大难度。培养党政领导干部的法治思维能力，增强领导干部的生态责任意识，对依法促进和保障当代中国生态文明建设具有重要意义。

在西方，受古希腊罗马文化、基督教文化的影响，形成了以公民为法律主体单元的“人法”和以土地、水、森林为对象的“物法”的分离。而中国传统法律文化以天人合一为理念，形成了不同于西方法律文化的以家为法律主体单元的“修身齐家治国平天下”的古代田制、水法等生态法律体系，如《唐律疏议》中户婚、厩库、擅兴、贼盗的分类排列与罗马私法中人法、物法的分类排列就不同。

① 李军.坚持“创造性转化、创新性发展”方针弘扬中华传统文化——认真学习习近平同志在纪念孔子诞辰2565周年国际学术研讨会上的重要讲话精神[N].光明日报,2014-10-10(1).

恩格斯称罗马私法是以私有制为基础的法律的最完备形式，是“商品生产者社会的第一个世界性法律”①。罗马人将实在法划分为公法与私法，是以古希腊以来的自然法的抽象人性、普适性价值为依据的，其自然法不同于中国传统文化的“道”“天理”。

以市场经济为基础的现代法治模式源于西方，我们不能照抄照搬。中国传统社会虽然商品经济也曾较发达，但最终还是没占据主流地位，个人自由主义思想也就湮没于“天理”“人情”之中。儒家代表人物孟子等虽然主张“民本”思想，但也不是以“利”为重。战国时期的法家人士商鞅通过变法，“废井田、开阡陌”，奖励耕战，将《法经》改造成了秦律，形成了诸如《田律》等制度，奠定了农耕文明的法制基础，历史上称为“改法为律”。中国封建社会采取的这种户婚律、厩库律，有利于巩固专制主义中央集权制度和社会稳定，将农民紧紧束缚在土地上，防止擅兴、贼盗的发生②。

法家思想经过引礼入法的改造后，传统文化的“公法”观念也发生了变化，是以“平天下”为“公法”，而不是以君主的一家之利为“公法”。至于“私法”，只要私不害公，也是允许的。孔子还说“礼失而求诸野”（《汉书·艺文志》），可见以宗族等为自治主体的“礼治”或者说是“私法”在传统社会中占据了广阔空间。中国传统社会以农耕文明为基础，形成的“修身齐家治国平天下”的户婚律、厩库律、擅兴律、贼盗律是“私法”和“公法”的统一，这与西方以商品经济为基础的重视个人利益保护的“私法”存在着根本的差异。

近代以来，西方工业文明的发展进一步促进了罗马私法的复兴和民法的兴盛，但也带来了环境问题。20世纪60年代以来，环境保护作为“公法”的地位越来越高。改革开放以后，我国从有计划的商品经济发展到社会主义市场经济，法治作为治国方略在宪法中得以确立。在中国特色社会主义法律体系的形成过程中，西方的民法和环境保护法对我国的法律体系

① 马克思，恩格斯：马克思恩格斯选集：第4卷[M].北京：人民出版社，1995：252.

② 张国华.中国法律思想史[M].北京：法律出版社，1982：82.

建构也产生了很大影响，但是也还存在法治文化与现有的法律体系不适应的问题，立法质量和法律的实施效果还需改善。

中国传统文化天人合一中所蕴含的“修身齐家治国平天下”的“公法”和“私法”相统一的思想，形成了中国公与私、国与家之间关系调整的行为规范。中国有句古语“一屋之不扫，何以扫天下”，就说明了这个道理。优秀传统文化是涵养中国特色社会主义核心价值观的重要源泉，我们要结合新的时代条件传承和弘扬传统文化中所蕴含的积极价值，培育执政党、立法者、行政人员、司法工作者和公民的法治核心价值观，处理好国家治理体系和治理能力现代化中的法治与德治的关系，增强生态文明制度体系的法治执行力。

十八大以来，我国将生态保护领域作为重点立法领域，修改制定了《中华人民共和国环境保护法》《中华人民共和国大气污染防治法》《中华人民共和国水污染防治法》等诸多法律，健全了党政同责的环保监管体制，其中环境保护法被称为史上最严的环保法，这一切都是将法治思维运用到生态文明建设方面的实践做法。因此，天人合一话语体系创新有利于培养党政领导干部的法治思维能力。

（二）天人合一教育理念创新有利于生态文明法治建设的德性塑造

当今社会，我国的生态文明制度体系基本形成，可是制度的公信力却不够，这说明我们必须从传统文化弘扬角度塑造生态文明法治建设的精神之魂。如果我们仅从西方生态文明法治文化的话语体系角度去理解中国生态文明法治建设的制度化构成，就难以形成中国生态保护法的民族精神。从近代我国向西方学习法治文化开始，到现代我们探寻生态保护法的生成机理，对中国天人合一传统文化的时代精神解释无疑构成了生态文明法治建设的文化基础。

一个时代的法律精神是这个时代一切社会制度的价值基础。天人合一传统文化蕴含着“修身齐家治国平天下”的“公法”和“私法”相统一的思想，是涵养中国公民法治核心价值观的精神源泉，因此，用时代精神改造天人合一传统文化有利于弘扬生态文明法治建设的民族精神。

西方法学界以法律价值、法律规范和法律事实为研究对象，产生了自然法学派、分析实证主义法学派和社会法学派。分析实证主义认为，自然法是道德法，而法学研究的是权威性规范。受分析实证主义的影响，目前大多学者关注的是环境实在法，导致“恶法亦法”。

从自然推理人情，从人情度量国法，体现着天人合一话语体系的中华法文化特色。天理、国法、人情的理论渊源最初分别来源于道家的自然法、法家的“法”与“律”、儒家的“礼”与“乐”。在先秦时期，道家、儒家和法家是针锋相对的，但中国法律文化的发展过程却是引礼入法、儒法交融，最后发展为礼本刑用，儒家的礼治、道家的无为而治与法家的“法治”通过争鸣，形成了分中有合的和谐局面，构成了“为天地立心”的整体性制度文明。因此，天人合一的法学话语体系，作为方法论不仅需要研究国法，还需要研究天理、人情。然而，以往学者多关注的是“实在法”，忽视了天理、人情在法治建设中的作用，这种研究范式是受到了西方分析实证主义法学的影响。中国天人合一哲学思维将三者视为有机整体，人们把这种有机整体观说成人与自然的和谐统一①。

中国传统文化天人合一的法治思维方法，是对西方主客体二元化、重视分析实证科学理性的一种感性补充。中国传统文化天人合一的思想可以补充分析实证主义法学的不足。曾获诺贝尔奖的耗散结构理论的创建者普里戈津说：“我们正向新的综合前进，向新的自然主义前进。这个新的自然主义将把西方传统连同它对实验的强调和定量的表述，同以自发的自组织世界的观点为中心的中国传统结合起来。”②他在《探索复杂性》一书中说：“中国文化具有一种远非消极的整体和谐。这种整体和谐是各种对抗过程间的复杂平衡造成的。”中国这种主客体统一的权利思想，在现代的生态文明法治建设中仍然闪闪发光。

① 蒙培元.人与自然——中国哲学生态观[M].北京：人民出版社，2004：6.

② 席泽宗.科学史十论[M].上海：复旦大学出版社，2003：37.

（三）天人合一教育理念创新有利于生态文明法治建设的理性塑造

生态法学，是一门基于生态系统科学而形成的法学学科，它的产生体现了生态科学与法学的沟通与融合。从生态环境保护法的立法过程来看，生态环境立法实际上是从科学技术规范转变为法律规范的过程。在生态环境立法决策过程中，需要多学科专家、学者组成的专门从事广泛智力开发、协助立法机关进行正确决策的辅助性机构，这样立法才具有科学性。例如，1943年美国“洛杉矶光化学烟雾事件”爆发后，对于大气污染的源头调查就是一个科学研究的过程。1950年，加利福尼亚州技术研究所的著名生物学家哈根斯米特研究指出，机动车尾气污染是“洛杉矶光化学烟雾事件”的罪魁祸首。这促进了“把汽车整干净”和“把燃料整干净”的一系列法规的制定。

当然，融入了时代精神的天人合一宇宙观与传统文化天人合一的迷信思想是不同的，现代意义的天人合一宇宙观是人定法与自然规律的统一。生态环境法的规范是在科学技术规范基础上制定的法律规则。科学技术规范具有很强的专业性，而法律规范面向的则是公众，如何将二者协调起来，也就成为环境立法的核心问题。例如，在春节等节日期间，中国形成了以燃放烟花爆竹的方式营造喜庆气氛的习俗，欢庆传统节日。然而，烟花爆竹燃放时会释放出大量的颗粒物和硫化物，加剧雾霾程度，影响人体健康，产生的噪声也影响人们的休息。现在，一些市民逐步认识到燃放烟花爆竹的危害性，可是在农村很多老百姓还认识不到这种危害性。从这些实际情况出发，我国现行的大气污染防治法只是禁止在城市燃放烟花爆竹，而对农村燃放烟花爆竹暂无限制。

彭真说：“在制定法律过程中，把各方面专家和实际工作同志请来，大家一起讨论，共同审议修改，可以使理论和实践密切结合，补救这方面的一些缺点。”[①]随着人民群众法律意识的提高和科学技术的进步，2014年两会期间，多位全国人大代表联名向全国人大常委会建议修改《中华人民共

① 万其刚.彭真话立法[J].中国人大,2011(15):48.

和国大气污染防治法》，建议将农业污染也列入大气污染综合防治的对象，推行区域污染联合防治[①]。在多方努力和公众关注下，2015年新修订的《中华人民共和国大气污染防治法》更加鼓励和支持大气污染防治科学技术研究，提高了对大气污染防治的科学技术要求，塑造了生态文明法治建设的理性精神。

第二节 天人合一学说史

历史文化是由各种各样的话语构成的。文化学大家钱穆曾说："'天人合一'观，是中国古代文化最古老最有贡献的一种主张。"[②]北京大学哲学系汤一介教授在《论"天人合一"》中说："中国传统哲学中，'天'和'人'可以说是两个最基本、最重要的概念，'天人关系'问题则是历史上我国哲学讨论的最重要的问题。"可是，天人合一问题在中华法文化话语体系研究文献中分量相对不足。

一、国内天人合一理念的研究现状

天人合一话语源于先秦道家的道法自然思想。《道德经》曰："人法地，地法天，天法道，道法自然。"《庄子·达生》曰："天地者，万物之父母也。"所以，在道家思想中"天"与"人"有相通性，"道法自然"就是人要顺应天地自然的法则。但是，道家思想忽视了人作为实践主体的主观能动性。与道家主张"道法自然"的观念不同，我国先秦儒家提倡"人治""德治"；先秦法家提出定分止争的"法治"；荀子以"天人之分"为理论依据提出"隆礼重法"，反对"道法自然"。汉朝儒家代表人物董仲舒通过糅合道家、法家思想，提出了新的"天人之际，合而为一"理论。从而，

① 张先明，李文广．包景岭代表：大气污染防治法需要修改[N]．人民法院报，2015-03-11(7).

② 钱穆．中国文化对人类未来可有的贡献[J]．中国文化，1991(1)：93.

道家的“道法自然”观念和法家的刑名法术之学被改造为儒家的“天人感应”话语，并逐渐演化为汉以后“天人合德”的主流文化。而天人合一话语及其思想体系的明确提出，则归于宋代理学家张载。张载提出的“民胞物与”思想，是把全社会看作一体，也把自然与社会看作一体的儒学天人合一观。

可是，随着近代西方法治思想的传入，儒家天人合一话语体系所表达的价值理念受到了挑战。1923年至1924年期间，中国思想学术界展开了著名的“科玄之争”。两派之间关于科学与文化关系展开的激烈辩论，解构并升华了儒家天人合一话语体系的思想内涵，中华法文化开始与西方近代法治文化接轨并转型。

现代以来，随着中华文明从农耕文明、工业文明向生态文明的转型，出现了新的天人合一话语体系研究热潮。华中科技大学哲学系张峰教授认为，天人合一思想可能从观念上和生态文化学意义上给我们解决生态危机问题的某些启迪①。北京大学哲学系张世英教授也阐述了天人合一思想对于我们今天构建和谐社会、实现人与自然和谐相处，都是有意义的②。中国政法大学哲学系刘震教授以“天人同道”“天人同德”“天人同构”三重维度解析了汉代以来的天人合一思潮的兴起与架构，从中提炼出中国哲学天人合一思想的当代价值③。山东大学文艺美学研究中心曾繁仁教授的《中国古代“天人合一”思想与当代生态文化建设》，中山大学马克思主义哲学与中国现代化研究所暨哲学系李宗桂教授的《生态文明与中国文化的天人合一思想》，中南大学哲学系刘立夫教授的《“天人合一”不能归约为“人与自然和谐相处”》，北京师范大学哲学与社会学学院郝海燕教授的《儒家的“天人合一”与人和自然的和谐》都认为儒家的天人合一主要不是指人与自然的和谐。香港中文大学哲学系刘笑敢教授发表的《天人合一：学术、学说和信仰——再论中国哲学之身份及研究取向的不同》以天人合一的历史

① 张峰.儒家“天人合一”思想及其对生态文化建设的意义[J].开放时代,1997(1):15-18.

② 张世英.中国古代的“天人合一”思想[J].求是,2007(7):34.

③ 刘震.重思天人合一思想及其生态价值[J].哲学研究,2018(6):43-52.

内涵和现代讨论为实例，进一步讨论中国哲学研究的方法和方向问题。

关于天人合一的研究，法学界也给予了关注。传统文化作为一个整体概念，包括传统文学、艺术、技艺、习俗、古代的法律制度等。法学是文化“大弧”的一部分，与其他的文化形态如哲学、文学、艺术等是相联相通的，都是一定自然环境下人类活动的产物，体现了民族精神。当代，国内关于天人合一传统文化的法治价值的阐释，主要集中在理论法学、法制史研究领域。例如，公丕祥教授认为：“在古代中国，体现儒家伦理精神的法律，乃是一个建构于‘天人合一’深厚道德基础之上的以王道精神相标榜的、通过家族本位与君权主义体现出来的系统。”[①]卓泽渊教授在《法的价值论》一书中谈到天是中国传统社会颇具特色的法的价值观之一。徐显明教授认为中国传统文化包含着对人与自然关系的深刻体认与把握，并将之概括为天人合一的宇宙观[②]。张文显教授的《和谐精神的导入与中国法治的转型》提到当今社会要善待自然，应该确立天人合一的世界观。马小红教授在给苏州大学方潇著的《天学与法律》作的序中，对方潇“天理、国法、人情”的整体性研究方法给予高度评价，认为对天理与国法关系的研究具有开拓价值，客观、合理、深刻地解释了“天人合一”“天命”“天谴”等哲学思想的法律含义[③]。除此之外，还有徐忠明的《“天人合一”观念与中国古代法律观念》、任汝平的《班固“天人合一”的法制观及渊源——兼与姜晓敏同志商榷》等，这些论著从法治在中国发展的历史视角对传统文化和法治实践的关系做了一番考察和理性的思考，但还缺乏将天人合一传统文化融入生态文明法治建设的具体研究。

国内法理学、法制史对天人合一法律价值观的研究在环境部门法学界引起了一些反响，例如，曹明德教授的《生态法的理论基础》、蔡守秋的《基于生态文明的法理学》等著作，都是从生态伦理学角度阐述了生态文明法治建设的一些基础理论问题。蔡守秋教授认为，传统法学的研究主题是

① 公丕祥．当代中国的自主型司法改革道路——基于中国司法国情的初步分析[J]．法律科学（西北政法大学学报），2010(3)：4.

② 徐显明．和谐权：第四代人权[J]．人权，2006(2)：30-32.

③ 方潇．天学与法律[M]．北京：北京大学出版社，2014：1-2.

以“以人为本”的权利观为基础的，注重研究人与人的社会关系，忽略了对人与自然关系的探讨，主张以“主体、客体一体化”的方法来研究生态文明法治建设，但是蔡守秋教授提倡“主体、客体一体化”的方法并不是将文化和环境问题进行整体性研究的方法，而是西方“自然界的权利”理论的翻版。围绕“中国法学话语体系的当代建构”这一话题，张晋藩[①]、顾培东[②]等学者，都撰文阐述了中华法文化对当代中国法治话语体系构建的意义，但他们论及的法治元理论并没有明确指向天人合一。蔡守秋主张以“主体、客体一体化”的方法来研究生态环境法治建设。余谋昌指出应该将天人合一理念向生态哲学和生态美学等领域纵深发展，而不仅仅是狭义的生态环境保护问题。所以，天人合一教育理念的创新，不仅具有显著的中国特色，揭示了全球化语境中中国面临的生态文明与法治文化建设的特殊性理论和实践问题，也是国际上普遍关注的问题，我们应高度重视。

二、国外对天人合一理念的研究

在17至18世纪期间，西方国家的耶稣会士们在中国传教过程中，对中国天人合一传统文化是推崇的。他们在天人合一传统文化中发现了隐含着的关于上帝的信息与启示，试图将基督教作为神法输入中国，使得皈依基督教之后的中国人仍然可以行传统礼仪而祭祖尊孔。在中国传教士的宣传下，1650年之前欧洲已经出版了大量有关中国文化及社会的作品。这些作品介绍了中国儒家等传统文化对天人合一的讨论，使欧洲人将中国设想成一个比自己好很多的世界。在启蒙运动早期，一些学者像莱布尼兹、沃尔夫等思想家们仍通过传教士传回来的中国报道去理解中国，把中国作为一种积极的形象来加以想象和定位[③]。莱布尼兹的《论中国人的自然神学》认为“理”是中国人通过理性对上帝的认识，尽管没有耶稣的启示，仍是与

① 张晋藩.构建中国特色的法治话语体系[N].中国社会科学报，2016-01-21(8).

② 顾培东.当代中国法治话语体系的构建[J].法学研究，2012(3)：3-23.

③ 托马斯·福斯.欧洲人眼中的中国：从莱布尼兹到康德[M]//成中英，冯俊.康德与中国哲学智慧.北京：中国人民大学出版社，2009：42-43.

基督教相通的“自然神学”。

伏尔泰在其名著《风俗论》中写道：“中国拥有世界上任何其他国家无法相匹的悠久历史，而且形成了光辉的理性主义文化。当世界上其他民族尚处在神话传说的时代，中国人已经在编撰自己的历史了。”但是，莱布尼兹、伏尔泰之后，欧洲将传统中国描绘成一个异教的、沉迷于迷信的腐败而停滞的国家。孟德斯鸠认为，封建时代的中国乃是由专制君主治理的大帝国，是“一个强大的专制国家”，他引用一个传教士的话说：“统治中国的就是棍子。”孟德斯鸠认为中国的君主之所以提倡以儒教为中心的一整套伦理道德，以减轻法律的酷烈，是因为担心面临随时可能爆发的起义，不得不对专制统治有所节制①。孟德斯鸠认为中国历史文明之所以悠久，纯系地理条件使然。中国的边界，或为大海，或为高山沙漠，外敌只能从北方入侵，所以安全较有保障。孟德斯鸠的观点与中国传统文化天人合一观有相通之处，可是其研究结论却是错误的。

启蒙运动后西方的科学得到发展，而中国的天人合一传统文化则趋向保守。笛卡尔提出了“我思故我在”的哲学观点，强调科学的目的在于造福人类，使人成为自然界的主人和统治者。这与中国哲学家王明阳的“宇宙即是吾心”有相通之处。但王明阳是主张天人合一的，而笛卡尔主张独立的自然界的存在。罗素在《西方哲学史》中说：“笛卡尔的哲学……他完成了或者说极近完成了由柏拉图开端而主要因为宗教上的理由经过基督教发展起来的精神、物质二元论……笛卡尔体系提出来精神界和物质界两个平行而彼此独立的世界，研究其中之一能够不牵涉另外一个。”

韦伯的《新教伦理与资本主义精神》考察了16世纪宗教改革以后的基督新教的宗教伦理与现代资本主义的生成发育关系，对西方的科学理性主义极力推崇，论证了西方国家资本主义工业文明时期的法治精神，对中国天人合一传统文化则进行了贬损。韦伯的《儒教与道教》则着力指摘中国文化的巫术和神秘的天人合一思想，认为它为儒、道两教所共同具有，并倾向无批判地肯定现世，这是变革社会现实的结构性阻力。在韦伯的论述

① 孟德斯鸠.论法的精神：下册[M].张雁深，译.北京：商务印书馆，1978：312.

中，中国天人合一传统文化是和西方科学理性相对立的范畴[①]。

即便如此，西方国家工业文明早期也有一些学者对中国传统文化进行了赞扬。梭罗是美国19世纪超验主义哲学家和文学家。林语堂曾说："在美国所有的作家中，就整个生活方面来说，梭罗是最中国化的。……我把梭罗的作品翻译成中文后，能够将其冒充为中国诗人的原创之作而不会引起任何怀疑。"[②]在《瓦尔登湖》中，梭罗共引用了10条儒家经典，表现了对孔子的崇敬。20世纪以后，西方哲学的东方转向更为明显。西方哲学认为世界万物与人处于彼此外在的关系之中，并且以我为主体，以他人、他物为客体，用西方哲学术语就是"主体—客体"的关系。北京大学哲学系张世英说："从尼采、海德格尔等人对西方传统哲学的主客二分和主体性原则的批评中，我体会到，人对世界万物的基本态度和基本关系有主客二分和主客不分（主客浑一、物我交融）两种，主客二分已是西方哲学固定的、常用的专门术语，主客不分的术语在西方哲学界尚不十分固定，我姑且借用中国哲学的术语称之为'天人合一'。"[③]

英国近代生物化学家和科学技术史专家李约瑟，其所著《中国科学技术史》对中国文化做出了极为重要的研究，李约瑟认为："对中国人而言，自然并不是某种应该永远被意志和暴力征服的具有敌意和邪恶的东西，而更像是一切生命体中最伟大的物体，应该了解它的统治原理，从而使生物能与它和谐共处。"[④]此话是对中国传统天人合一哲学思想的精辟总结。法国哲学家亨利·柏格森认为，哲学的研究对象和自然科学不同，自然科学是研究外在的僵死的物质，所以它可以用概念、判断等理性形式加以研究，而理性、科学、理智的认识是不能认识生命这种存在的本质的。它只有通过一种内在的体验，一种神秘的直觉方可把握。在西方哲学史上，柏格森的思想与中国传统文化天人合一观有相通之处，它开启了西方思想中的生态伦理学传统，但仍然没有突破西方主客体二元论的分析范式。在法学理

① 苏国勋.韦伯关于中国文化论述的再思考[J].社会学研究，2011(4)：33-61.

② 程爱民.论梭罗自然观中的"天人合一"思想[J].外国文学研究，2009(2)：63.

③ 张世英.天人之际——中西哲学的困惑与选择[M].北京：人民出版社，1995：2.

④ 李约瑟.李约瑟文集[M].沈阳：辽宁科学技术出版社，1986：338-339.

论领域，早在20世纪70年代批评法学研究运动产生之初，就有一些学者用批评的眼光审视种族、文化和环境问题，后随着种族冲突的加剧，种族、文化和环境问题受到越来越多批评学者的关注，1987年，美国批评法学年会以“无声的呐喊：种族主义和法律”为主题，揭开批评种族、文化和环境问题理论研究的序幕。美国批评法学虽然批评的是美国对印第安人的殖民政策，但也表现出了对传统文化的尊重。

在西方法文化话语体系的建构中，由柏拉图开端，经笛卡尔接近完成的精神、物质二元论存在着文化与自然、价值与事实的脱节。随着西方发达资本主义国家工业化过程中环境问题的严重化，传统西方“主客体二元论”受到批评。20世纪60年代以来，美国学者卡逊、英国学者佩珀等撰文提倡自然界的权利。20世纪70年代还出现了一种以莱斯为代表的批评“控制自然”理论，一种以哈贝马斯等研究主体间性问题为代表的西方马克思主义流派，呈现出对“主客二分”法学话语体系的纠偏趋势。

三、国内外天人合一话语体系的分歧

综观国内外研究动态，各学科领域体现了对天人合一话语体系的关注趋势，但天人合一是基于传统农耕文明提出的理念，它所阐述的“格物致知”方法论是否具有科学性，其价值理念与现代生态文明是否对接，以及与现代法治文化是否相容，都还是一个有争论的话题。

（一）天人合一话语的科学性之争

19世纪上半叶，自然科学的高度发展令人们相信科学的方法应该推广到包括法学在内的人文科学的所有领域，并规范它们的内容，但西方社会主体、客体分离的思维范式却使得法律科学与自然科学沿着不同的思维方法前行。

韦伯将自然科学与法律科学区分开来，认为自然科学意味着通向真正的自然之路，但自然科学是非宗教的、不涉及人的生存价值的终极关怀。

韦伯指出，任何一门关于人类文化生活的科学，其最根本的任务就是使人们对这些部分现实地、部分自以为是地追求着的观念达到精神上的理解。他以形式理性的法律为西方法律之特色，认为中华法系的伦理法实际上是非理性的。中国的思维还是一直停滞于相当具体形象（直观）的状态。逻辑、定义与推理的力量，尚未为中国人所接受。儒教的本质，只不过是一种伦理，即道，而不是科学的理性。韦伯在论述法律思想之类型时，开宗明义将“理性”的法律，定义为法律命题及原则的一般化、法律规范的体系化以及自逻辑分析的方法，阐释法律命题与社会行为的意义。

韦伯从形式逻辑的静态视角来观察和理解法律体系，而汉斯·凯尔森则从动态的角度阐明法律规范生成的机理。汉斯·凯尔森是20世纪著名奥地利裔犹太人法学家，是法律实证主义的代表人物，他提出了纯粹法理论。凯尔森认为，法律体系应该是一个动态的规范体系，它分为基本规范、宪法规范、一般规范与个别规范。基本规范是最高级的规范，它是一种假设，它创立规范但是不实施法律规范；其次是宪法规范；再次是一般规范；最后是个别规范，它只实施但是不创立法律规范。下一级规范从上一级规范获得效力。凯尔森提出的纯粹法理论，是一种剔除了所有政治意识形态与一切自然科学因素的法律理论。纯粹法理论的哲学基础是康德哲学，是否定了“物自体”的“客观自然法”、摒弃了实践哲学的新康德主义。

新实证主义的开创者哈特在固守分析法学派法律规则体系实证研究的同时，在其专著《法律的概念》一书中提出了“最低限度内容自然法”理论，从而为传统法律体系开创了开放性的结构。哈特所谓的“最低限度内容自然法”，认识到了主体人的脆弱性、理解和意志力的局限性以及自然资源的有限性，这些观点与古典自然法不同，将古典自然法的普遍人性假设融入人与自然关系的辩证思维之中，已经具有了一定的生态环境保护意识。因此，哈特的法律体系观点与凯尔森的观点不同，他开始将主观因素与客观法律规范结合起来进行建构，但他也非常重视法律体系的形式逻辑，在他的法律体系构造中，以“承认规则”替代了凯尔森的“基本规范”，法律推理从凯尔森的演绎推理变为了归纳推理。

近代以来，西方实证主义这种将科学与人文、形式逻辑与实质逻辑二元划分的法律思维对中国法学造成了很大的影响。在西方法律实证主义者看来，中国天人合一的思维范式是一种类比推理，而且类比对象之间是绝对不同的，因此不具有科学性。西方法律实证主义者一般都坚持规范问题不同于价值问题，在他们主张的法律体系建构中，重视形式理性的法律规范设计而忽视原则性的道德规范，在运行中，德治与法治、法律制度与法律文化是分离的。以凯尔森纯粹法律体系构想为理论依据，就是要将应然与实然，法律与历史文化、经济、政治等完全分离开来，这种法律体系结构中的形式逻辑推论的“基本规范”是假设的，不符合辩证唯物主义观点。因此，西方实证主义这种主张形式逻辑的科学性理论，实际上是否定了天人合一理论的科学性。

（二）西方法学研究的主体性视角变化

与“五四”时期中外学者批评中国传统文化的天人合一观点不同，随着生态文明建设问题的提出，中西方一些哲学家和法学家为了进一步探索生态文明建设和法治建设的融通性，转向从中国天人合一思想中来寻找生态文明法治建设的理论来源，从而对西方现代法治模式进行审视与反观。

从古希腊柏拉图、亚里士多德开始，“法治”就成为西方法律文化的核心概念。西方人从宗教、自然法等多重视角论证了法治的理性特征，法学作为人类理性探讨的科学在西方法文化中一直处于显学地位。在启蒙主义的古典自然法时期，理性就被现代哲学尊为至上的权威，法治国成为理想王国。康德首先对理性主义进行批判，提到人的先天认知能力的局限性，从而批评了古典自然法对人与自然关系预设的非科学性。

到了19世纪末，德国著名哲学家尼采提出非理性主义，对西方现代理性发动总攻，主张将生命意志置于理性之上，对于后现代主义的发展影响极大。后现代主义是20世纪60年代以来在西方出现的以彻底反传统、反理性、反整体性为标志的哲学思潮，其无中心意识和多元价值取向与东方庄子哲学有相似之处。其中海德格尔晚期哲学亦深具东方（庄子）色彩。海德格尔认为，人一生下来就“一向”处于“世界”之中，实践使人成为认识的主体，世界成为被认识的客体，但这种“主体—客体”关系是第二位的，是在前一种人存在于世界之中的关系基础上产生的[①]。作为世界公认的价值虚无主义诊断大师的海德格尔，无疑为更深刻地认识法律虚无主义提供了一个视角。他对科学造成的人与自然之间工具理性关系持严厉的批评态度，而期待“诗意地栖居在我们的家园”，却又与中国传统文化天人合一观极其相似。

宗白华先生是中国现代新道家代表人物、哲学家、美学大师，其美学思想就立足于中国古代的这种天人合一的生命哲学。宗白华先生认为，西洋文化是唯理的体系，中国文化是生命的体系。唯理的体系是要了解世界的基本结构，生命的体系则是要了解、体验世界的意趣（意味）、价值[②]。他在《美学散步》中指出：“主观的生命情调与客观的自然景象交融互渗，成就的灵境是构成艺术之所以为艺术的意境。”现当代著名美学家、文艺理论家、教育家、翻译家朱光潜先生也提出，美是主客观辩证统一的美学观点，认为美必须以客观事物作为条件，此外加上主观的意识形态或情趣的作用使物成为物的形象，然后才是美。因此，美学科学的哲学基本问题是认识论问题[③]。

但尼采、海德格尔的教育理论是一种法律虚无主义思想，对于现代西方的法治理论采取完全否定的态度，于是有拉伦茨、哈贝马斯走折中路线的新理性回归。

德国当代著名法学家卡尔·拉伦茨试图重新将法学等人文哲学归于科学的体系，他认为，法学之成为科学，在于其能发展及应用其固有的方法，使规范及其所规定的生活关系发生联系。但是，拉伦茨仅从形式逻辑上论证了法学的科学性，并没有摆脱西方法学思维主客体二元化的范式，从而

① 张世英.哲学导论[M].北京：北京大学出版社，2002：7.

② 宗白华.形上学——中西哲学之比较[M]//宗白华.宗白华全集：第1卷.合肥：安徽教育出版社，1994：583.

③ 朱光潜.论美是主观和客观的统一[M]//朱光潜.朱光潜全集：第5卷.合肥：安徽教育出版社，1989：80.

使得法学归属人文科学后失去了自然科学的支撑。

哈贝马斯看到科学技术带给人类方便舒适的物质满足，也看到由人类理性所创造的科学技术最终异化为人类理性的主宰，以及环境污染等人类生存的危机。合法性问题（合道德性）成为哈贝马斯关注的重要问题，哈贝马斯认为现时代理性的衰落并非理性的终结，而在于理性的滥用与误用，应该在启蒙主义现代性的基础上重建一种新的理性形式，即“交往理性”，以此克服因工具理性所产生的种种问题①。哈贝马斯的“交往理性”解构了现代性，同时又以一种建设性的创造精神展示着基于商谈理论的程序主义的法治观，也促进了主体间性的教育学理论的形成。但是，主体间性的教育学理论也是西方法治文化发展的理论产物，对中国传统文化天人合一的非理性因素的法治价值缺乏有说服力的论证。

（三）天人合一教育理念中整体思维的科学性

西方传统的法学研究方法虽然具有某种合理因素，但常常带来一些副作用，主要是因为片面强调“分”而不注意“合”，分而不合，就造成人与自然的主客体隔绝。与西方传统科学分析方法相比较，中国的“格物致知”“中庸”观念侧重整体性的思维。与西方文化偏重分析、弱于综合，追求概念准确等不同，中国传统文化天人合一论把天和人看作和谐、统一、交融的整体，把天与人、自然与文化、主体与客体放在一起加以考察，形成了八卦、六十四卦、五行相生相克等整体结构模式，这些模式反映了自然界乃至人类社会的一切事物的共同性；天人合一论认为宇宙整体和作为整体的具体事物具有统一的结构，遵从相同的演化法则，并由此导出“天地一理”“万物一马”“宇宙全息”的结论，这和当今的生态科学及系统科学所体现的思想是一致的。

中国古人的天人合一的整体思维对中国的历史、文化和生活的影响是巨大的，它深刻影响了我国传统制度文明的形塑。中国人最基本的思维方式，表现在天与人的关系上，具体化为阴阳五行说。阴阳五行说可分为阴

① 王岳川.后现代主义文化研究[M].北京:北京大学出版社,1992:151.

阳说与五行说，两者互为辅成，五行说必合阴阳，阴阳说必兼五行。阴阳说早在夏朝就已形成，它认为阴阳两种相对的气是天地万物泉源。阴阳相合，万物生长，在天形成风、云、雷、雨各种自然气象，在地形成河、海、山、川等大地形体，在方位则是东、西、南、北四方，在气候则为春、夏、秋、冬四季。阴阳说对中国政治法律制度的构建影响是很大的，形成了中国传统文化中国与家、男女婚姻的基本礼法秩序。董仲舒说："天道之大者在阴阳"（《汉书·董仲舒传》），"君臣、父子、夫妇之义，皆取诸阴阳之道"（《春秋繁露·基义》）。体现在婚姻家庭法中，则为夫妻财产公有制、宗祧继承制等。五行说认为大自然由金、木、水、火、土五种要素所构成，彼此之间相生相克，构成宇宙万物及各种自然现象变化的基础。董仲舒把人看作天的副本，天人相应的关系就是人体与自然界之间的阴阳五行相通关系。他认为：天有五行，人有五脏；天有四季，人有四肢，"人之性情，有由天者矣"（《春秋繁露·为人者天》）。在五行说基础上，中国古代形成了治水、农耕等制度文化。

与中国天人合一传统文化的整体性思维方法相比，作为一种系统科学理论，西方国家于20世纪才重视整体思维。将历史文化规范融入法律体系之中的学派，当属社会法学派。社会法学派中法律文化论、法治系统工程论都主张对法律体系结构进行动态的、整体的和系统性的研究。"所谓制度化，按照美国社会学家、结构功能主义的主要代表人物T.帕森斯的观点来说，它就是指制度所蕴含的价值取向和角色期望实际被结合进人格系统并按照制度所提供的价值取向和角色期望行动的过程。"[①]帕森斯认为，社会系统为了保证自身的维持和存在，需要具有维持社会系统存在和运行的共同价值观和制度体系，制定系统的目标和整合各部分关系，并调动资源、引导社会成员去实现目标。在社会系统理论基础上，生态整体主义主要代表人物利奥波德和罗尔斯顿对生态整体主义进行了系统论证，提出了把是否有利于维持和保护生态系统的"和谐、稳定和美丽"作为衡量一切事物的三原则。

① 郝宇青.苏联政治生活中的非制度化现象研究[D].上海：华东师范大学，2003：3.

但是，作为一种系统科学教育理论，西方法学提出的法治系统观念总是难以解释生命世界的意义。协同学的建立者哈肯说："虽然亚里士多德也说过整体大于部分，但在西方，一到对具体问题进行分析研究时，就忘了这一点。"[①]与西方传统科学分析方法相比较，中国天人合一的"格物致知"侧重一种整体性的思维。整体思维又称系统思维，它认为整体是由各个局部按照一定的秩序组织起来的，要求以整体和全面的视角把握对象的特征。德国哲学家施莱尔马赫认为整体性规则就是："理解的发生过程不是逻辑上的演绎过程。它是比逻辑推理远为复杂的认识运动。在解释作品的过程，虽然不断出现部分与整体的关系，解释循环过程中会出现一种顿悟现象。它发生的时刻，是部分和整体都得到理解的时刻。"[②]

因此，中国天人合一传统文化的整体性思维和教育理念，对当今的生态文明法治建设仍有丰富的启示。生态文明制度体系的构建，需要有文化教育的支撑。对中华法文化中天人合一教育理念进行现代化的解释，有利于将人类文化和自然环境结合起来，从生态整体主义的方法角度思考生态文明建设；有利于在生态环境保护中将人与土地、水、森林、草原、海洋等环境要素结合起来，树立"山水林田湖草生命共同体"的"人与自然和谐共生"的观点。

第三节　天人合一教育理念中的王道追求

在中国传统法文化中，天人合一中的"天"逐步由实体化的"天"向理念化的"道""德""理"方向转变，其中话语含义的转变是以儒家"王道"为中介的。儒家天人合一话语体系是一种"心物一体化"思维范式，以"格物致知"作为方法论，自然的"天"与规范意义上的"天道"得到统一，道家的"道法自然"和法家的"天人之分"最终融入儒家"天人合

① 陶富源.实践主导论[M].芜湖：安徽师范大学出版社，2016：91.

② 殷鼎.理解的命运——解释学初论[M].北京：生活·读书·新知三联书店，1988：232.

德”的主流传统文化中，形成了德主刑辅、外儒内法的中华法系文化。因此，儒家王道思想有两层含义，第一层含义是以天人合一为目标的修身齐家治国平天下的教育理念；第二层含义体现了天人合一所指向的“天理”“人情”对“国法”的影响。

一、中国传统文化中“王道”与“霸道”之争

法学学科，自清末从西方引入中国以来，即登入科学之门成为中国人文科学不可分割的组成部分。与西方法学话语体系对应，法家就成为中国传统社会中主张“法治”的学派。在中国传统法律文化中，法家是以霸道著称，而儒家以王道著称，这与西方关于“法治”的话语体系完全不同。

（一）法家的霸道观念

什么是法律、法治？这是法学话语体系建构的最基本问题。但是，由于特殊的文化背景，中华法文化中“法治”与“霸道”经常联系在一起。根据《尚书·甘誓》以及《史记·夏本纪》的记载，夏启征讨有扈氏时，在甘地发布的誓，其主要部分是：“用命，赏于祖，弗用命，戮于社。予则孥戮汝。”古人称之为“刑起于兵（战争）”，中国传统法律的这一形成特点，或说古人认为的法律形成的这一特点，深深地影响着我们对法律或法治的理解与认识。

1.法家的法治观念及“霸道”称谓的形成

霸道，是指以武力、刑法、权势等统治天下的政策。语出《荀子·王制》：“故明其不并之行，信其友敌之道，天下无王霸主，则常胜矣。是知霸道者也。”法家是中国历史上提倡以法制为核心思想的重要学派，代表人物有春秋时期齐国的管仲、晋国的郭偃、郑国的子产等人。他们颁布法令与刑书，改革田赋制度，促进中国文化中的“法治”观念的形成。

管仲，被称为“中华第一相”。《管子》相传是由管仲所著的先秦时期各学派的言论汇编，成书于战国至秦汉时期，内容很庞杂，包括法家、儒

家、道家、阴阳家、名家、兵家和农家的观点。《汉书·艺文志》将其列为道家著作，法家尊其为先驱。《管子》一书的思想，是中国先秦时期政治家治国、平天下的大经大法。“天不变其常，地不易其则，春秋冬夏不更其节，古今一也。”（《管子·形势》）“仓廪实，则知礼节，衣食足，则知荣辱。”（《管子·牧民》）“法者天下之至道也，圣君之实用也……有生法，有守法，有法于法。夫生法者，君也，守法者，臣也，法于法者，民也。君臣上下贵贱皆从法，此谓为大治……故黄帝之治也，置法而不变，使民安其法也。”（《管子·任法》）孔子说：“微管仲，吾其被发左衽矣”（《论语·宪问》），在《论语·八佾》这一篇中，孔子批评了管仲三个缺点：器量小、不节俭、不知礼。

战国前期，法家重要代表人物李悝汇集当时各国法律编成《法经》，这是我国古代第一部比较完整的法典。李悝曾任魏文侯相，主持变法，推行“尽地力”和“善平籴”的政策，废除维护贵族特权的世卿世禄制度，奖励有功于国家的人，使魏国成为战国初期的强国，其“重农”与“法治”结合的思想对商鞅、韩非影响极大。李悝《法经》开中国法制史上成文法之先河，沈家本在《历代刑法考》中说：“秦汉旧律，其文起自魏文侯师李悝，悝撰次诸国法，著《法经》。以为王者之政莫急于盗贼，故其律始于《盗贼》。盗贼须劾捕，故著《囚》《捕》二篇，其轻狡、越城、博戏、借假不廉、淫侈、踰制以为《杂律》一篇，又以《具律》具其加减。是故所著六篇而已，然皆罪名之制也。”[①]沈氏认为，李悝《法经》六篇集各国刑法之大成，而为一家之言，实为秦法之根源。梁启超的评价较之沈氏详细，梁氏评论说：“中国法制史上最重要之人物，则李悝其首屈一指矣。”[②]

秦孝公任用商鞅变法，尊崇《法经》，在增加了一些军事、经济立法内容的同时，改《法经》为《秦律》，使法律更具有广泛推广和使用的意义。及“汉承秦制，萧何定律，除参夷连坐之罪，增部主见知之条，益事律《兴》《厩》《户》三篇，合为九篇”（《晋书·刑法志》）。这部《汉九章》

① 沈家本.历代刑法考(附寄移文存):二[M].北京:中华书局,1985:842.

② 梁启超.梁启超论中国法制史[M].北京:商务印书馆,2016:80.

以及在此基础上增订而成的法规《傍章律》，把调整民事权利义务关系的行为规范条文化为专门民法篇，注入法典中，使中国古代法典的编纂由刑律渗透到了民法领域。迄汉末，《汉律》已增加到六十七篇，三百五十九章，内容日渐丰富。

《韩非子》一书可谓集法家思想之大成，重点宣扬了韩非法、术、势相结合的法治理论。韩非子继承了商鞅“治世不一道，便国不法古”（《史记·商君列传》）的思想传统，提出了“不期修古，不法常可”的观点，主张“世异则事异”，“事异则备变”（《韩非子·五蠹》）。他推崇商鞅和申不害的主张，同时指出，申、商学说的最大缺点是没有把法与术结合起来；其次，申、商学说的第二大缺点在于“未尽”，“申子未尽于术，商君未尽于法”（《韩非子·定法》）。韩非子认为，光有法和术还不行，必须有“势”做保证。“势”，即权势，政权。他赞赏慎到所说的“尧为匹夫不能治三人，而桀为天子能乱天下”（《韩非子·难势》），提出了“抱法处势则治，背法去势则乱”（《韩非子·难势》）的论点。由于韩非子的“法治”思想为专制主义中央集权提供了理论依据，秦朝奉《韩非子》为治国经要。秦以后的人们称法家的“法治”为“霸道”。

2.法家的法治观与西方的法治观的区别

法家是先秦诸子中颇具影响的一个学派，主张以“法”治国，但是他们的“法治”观念与西方法治观念是有明显不同的。在中国传统法律文化中，“法治”是与刑法、霸道联系在一起的。法的图腾是獬豸，它怒目圆睁，能辨是非曲直，对奸邪者就用角把他触倒。韩非子说：“法者，宪令著于官府，刑罚必于民心，赏存乎慎法，而罚加乎奸令者也。”（《韩非子·定法》）在西方，罗马时期就出现了平民化的“市民法”，立法从皇帝的敕令、裁判官的告示走向民间，契约也具有了法律的属性。古罗马法学家西塞罗曾说：“法是一种自然权利，是理智的人的精神和理性，是衡量正义与非正义的标准。”“执政官乃是会说话的法律，而法律是不会说话的执政官。”

法家的“法治”价值目标是维护中央集权君主专制，而西方的法治价值目标是限制权力的专断。虽然法家提出“反对天罚”“缘法而治”，强调“不别亲疏，不殊贵贱，一断于法”等“法治”理论，但这些是不适用于君主的。战国末期，韩非集法家之大成，形成了以法为中心的法、术、势相结合的君主专制思想体系。韩非子虽然明确提出了“法不阿贵”的思想，主张“刑过不避大臣，赏善不遗匹夫”（《韩非子·有度》），但又认为法、术只是“帝王之具”。因此，在我国历史上，法家的“法治观”的主体地位逐渐被儒家的礼治观、德治观替代。

清末民初，近代中国出现了法家复兴的倾向，力倡“国家主义”的“新法家”主要人物有沈家本、章太炎等。他们反对传统的对法家的不合理批评与抨击，大力为法家平反正名，称赞法家的历史功绩，用“法治”或“法治主义”来认知和解读法家思想，并在此基础上开辟出“新法治主义”[①]。章太炎先生曾专文《商鞅》：“法者，制度之大名……故法家者流，则犹通俗所谓政治家也，非胶于刑律而已……鞅固受李悝六篇，次有萧何为《九章》，犹斠然如画一。刑之乱，君之擅，本于‘决事比’，远不本鞅，而近不本萧何。董仲舒、公孙弘之徒，踵武公羊氏而文饰之，以媚人主，以震百辟，以束下民，于是乎废《小雅》。此其罪则弘、仲舒为之魁，而汤为之辅，于商鞅乎何与？”[②]“新法治主义”实为西方的法治文化中国化的产物。

（二）法家的法治观念与道家的“道法自然”的关系

在中国传统文化中道家主张以“道”来统领万物，道家的《道德经》又名《老子》。上篇为道篇，下篇为德篇。道是万物的法则，德则是“道”在人间的法则。老子说：“道生之，德畜之，物形之，势成之。是以万物莫不尊道而贵德。道之尊，德之贵，夫莫之命而常自然。故道生之，德畜之，长之育之，亭之毒之，养之覆之。生而不有，为而不恃，长而不宰，是谓玄德。”（《道德经》第五十一章）老子在《道德经》第六十七章里说：

---

① 程燎原. 晚清“新法家”的“新法治主义”[J]. 中国法学，2008(5):30-45.

② 章太炎. 章太炎全集：三[M]. 上海：上海人民出版社，1984:605.

“我有三宝，持而保之：一曰慈，二曰俭，三曰不敢为天下先。”慈爱公平，俭朴素净，不恃有、不持有，这即是“德”。庄子也把“道”看成天地万物的本原，但他的无为观点比老子的更绝对，他主张“天地有大美而不言，四时有明法而不议，万物有成理而不说”（《庄子·知北游》），认为人类文化的发展和法制建设是对自然的破坏。

汉朝以后，以道家思想为理论渊源，出现了中国的本土宗教——道教。相传汉末张道陵为道教创始者，葛洪《神仙传》记张道陵云：“张道陵者，沛国人也，本太学书生，博通五经，晚乃叹曰：‘此无益于年命。’遂学长生之道。得黄帝九鼎丹法，欲合之，用药皆糜费钱帛。”与佛教追求寂天不同，道教追求人的精神自由与长生不死，并通过炼丹、吃药等来达到求仙目的。除炼丹、吃药外，道教也讲究“劝民设教，济其宽猛”（《抱朴子·外篇》），主张先修人道，再修仙道，这些对统治阶级颇有吸引力。所以，道教的“法治”观念不同于道家的“道法自然”观点，而类同于法家的“法治”观念，但从现代法治观念来看，也是“去法治化”，是“霸道”。

以道家思想为共同的思想渊源，魏晋南北朝还产生了玄学思想，其政治主张更是“去法治化”。尚虚无、贵自然、辨形神，是玄学的主要特色，这对以儒学天人合一为标准的治国之道产生了冲击。嵇康更是喊出了这样的口号：“非汤武而薄周孔，越名教而任自然！”（《与山巨源绝交书》）不过，玄学使得魏晋南北朝时期的天人合一的农耕文化有了自然神韵，从而秉承了先秦道家的“道法自然”的思想传统①。

（三）儒学思想中的王道观念

儒家提出的以仁义治天下的政治主张，与霸道相对。《尚书·洪范》言：“无偏无党，王道荡荡。”《史记·十二诸侯年表序》言：“孔子明王道，干七十余君，莫能用。”

与道家用“道法自然”反对法令滋彰不同，儒家是通过提倡“人治”

① 童庆炳.《文心雕龙》论人与自然的诗意关系[J].北京师范大学学报（社会科学版），2012（5）：54-65.

“德治”来反对“法治”的，也是一种“去法治化”的思想。孔子说：“道之以政，齐之以刑，民免而无耻。道之以德，齐之以礼，有耻且格。”（《论语·为政》）孔子主张：“文武之政，布在方策。其人存，则其政举；其人亡，则其政息。”（《礼记·中庸》）孔子还提倡“仁”，所谓“仁”，他认为“克己复礼为仁”（《论语·颜渊》），“仁者，亲也，从人，从二”（《说文解字》）。“仁”的本意是“爱人”。“听讼，吾犹人也，必也使无讼乎。”（《论语·颜渊》）

孟子继承和发展了孔子以“仁”为核心的思想，提出了“教以人伦”“薄其赋敛”“制民之产”的仁政方略，丰富发展了处理人事关系的儒家“德治”思想。孟子从民本思想出发，提出了“民为贵，社稷次之，君为轻”（《孟子·尽心章句下》）等观点。他还认为，“徒善不足以为政，徒法不足以自行”（《孟子·离娄上》），“以力假仁者霸，以德行仁者王”（《孟子·公孙丑上》），“仁也者，人也；合而言之，道也”（《孟子·尽心章句下》）。仁政的理想最终指向了“王道”，这是孟子政治理想的最高境界。

西汉戴圣对秦汉以前汉族礼仪著作加以记录、编纂而成《礼记》，是儒家经典之一。《礼记·大学》中有：“大学之道在明明德，在亲民，在止于至善……物格而后知至，知至而后意诚，意诚而后心正，心正而后身修，身修而后家齐，家齐而后国治，国治而后天下平。”宋朝程颢、程颐兄弟把《礼记》第四十二篇即《大学》从《礼记》中抽出，编次章句。朱熹将《大学》《中庸》《论语》《孟子》合编注释，称为“四书”，从此《大学》成为儒家经典。

新儒家代表人物之一张君劢认为，儒家尚德治而不讲法治，这是中西政治思想的分界线。他宣称西方法学并不能解决人生与道德的问题，但他也不排斥来自西方文化的科学理性、民主自由、法治规范等现代化的基本价值因素。他认为教育应该在社会发展中发挥更大作用。与“新法家学者”相比较，张君劢就是一个接受了西方法治文化教育的新儒家学者。

二、天人合一中“礼乐”与“法”的关系

在古人看来，“天、地、人”是一个具有和谐秩序的完整体。礼在中国古代是社会的典章制度和道德规范，起源于远古的“天”崇拜。《礼记·礼运》曰：“夫礼之初，始诸饮食，其燔黍捭豚，污尊而抔饮，蒉桴而土鼓。”礼的繁体字写法是禮，从示，从豊。“豊”是行礼之器，在字中也兼表字音。礼的本义是举行仪礼，祭神求福。在礼乐文明形成的过程中，周公是一个重要的人物。他制礼作乐，不仅将远古至殷商的礼乐加以改造和发展，形成系统化的典章制度和行为规范，还在其中注入“德”的因素，使其具有道德伦理的教育内涵。

《论语·宪问》中有“不怨天，不尤人”，《论语·泰伯》中说“立于礼，成于乐”，都表现出对和谐秩序的追求。孟子进一步发展了孔子的“仁政”礼治秩序观念，提出礼乐秩序是文明社会的标志，他说：“人之有道也，饱食、暖衣、逸居而无教，则近于禽兽。”（《孟子·滕文公》）在《孟子·梁惠王》中，他更是提出了“与民同乐”的思想。

在法律的起源上，孔子、孟子将“礼乐”与“法”分开，而荀子从“天人之分”的观念出发，首先将“礼乐”与“法”联系起来。荀子说：“人之生，不能无群。群而无分，则争，争则乱，乱则穷矣。故无分者，人之大害也，有分者，天下之本利也。而人君者，所以管分之枢要也。”（《荀子·富国》）“礼者，法之大分，类之纲纪也”（《荀子·劝学》），“礼义生而制法度”（《荀子·性恶》），“非礼，是无法也”（《荀子·修身》）。因此，荀子主张“隆礼尊贤而王，重法爱民而霸”（《荀子·大略》）。对于乐在调整人际关系中的作用，荀子也相当重视。他说：“好恶、喜怒、哀乐藏焉，夫是谓之天情”（《荀子·天论》），“夫乐者，乐也，人情之所必不免也，故人不能无乐”（《荀子·乐论》），“乐在宗庙之中，君臣上下同听之，则莫不和敬；在族长乡里之中，长少同听之，则莫不和顺；在闺门之内，父子兄弟同听之，则莫不和亲”（《礼记·乐论》）。

“改法为律”是礼乐思想对“法”的一次改良。先秦时期法家在法治运行机制中，奉行“刑起于兵”“乱世用重典”“以暴制暴”等制度，“法治”与“霸道”联系在一起。“礼乐之统，管乎人心矣。”（《荀子·乐论》）先秦法家主张以“法”治国，是因为“礼崩乐坏”。秦朝时期，以法家理论作为立法和司法的指导原则，立法上“法令由一统”，司法上奉行“一断于法”，但由于法令过于严苛，法家的“法治”陷入困境。商鞅改法为律，实际上也是受到礼乐思想的影响。“吕”是古代用竹管制成的校正乐律的器具，以管的长短来确定音的高低，从低音管算起，成奇数的六个管称“律”，成偶数的六个管称“吕”，后来“律吕”成为音律的统称。商鞅改法为律后，“律”就脱离了“法”的霸道，而具有了礼乐美学的特征。如秦朝的《田律》，不仅有刑事法律规范，还有民事法律规范。汉武帝时代，律作为一种祖宗之法对皇帝诏令也有制约作用，酷吏杜周曾说“前主所是著为律，后主所是疏为令”（《汉书·杜周传》）。虽然杜周服从令而不遵律，但律对令的制约功能开始显现，以致后来出现了“祖宗之法不可变”的观念。

汉朝以后通过春秋决狱，引礼入法，司法官员逐步脱离“酷吏”形象，成为“王道”实施者的代表。在刑罚方面，法家提倡的“刑名法术之学”也被“大学之道在明明德”的儒学超越。到唐律时期，立法实行“一准乎礼”，《唐律疏义·名例》对此进行解释：“德礼为政教之本，刑罚为政教之用，犹昏晓阳秋相须而成者也。”于是，一套精致的“天理”与“人情”相统一的伦理法制度体系与实施机制得以形成。就诗礼乐的实际关系而言，乐在典礼中演奏，诗是乐的文辞，因此诗礼乐有不分的情形。礼乐之治为儒家在政治上“永恒的乡愁”是徐复观的动人诠释[①]。

但不管是法家的“法治”，还是儒家的“礼治”，其价值目标都是维护中央集权君主专制，只不过儒家的“礼治”是提倡开明君主专制。我国法家所主张的“法治”与西方的法治有很大区别，也正因为如此，中国传统社会中“礼治”占据上风。

---

① 陈昭瑛.孔子诗乐美学中的整体性概念[J].江海学刊,2002(2):131-137.

理学天人合一思想的形成，是礼乐文明对律令制度的又一次改良。按照宋朝理学家的观点，“生有先后，所以为天序……物之既形也有秩，知序然后经正，知秩然后礼行”（《正蒙·动物》），所以天地人是合一的，不过天道先于人道、理先于礼。朱熹也认为，礼、法都是理之节文，由此可断定理的效力高于礼和法。王夫之对张载的天人合一观念进行了重新解释，他说：“诚者，天之实理；明者，性之良能。性之良能出于天之实理，故交相致，而明诚合一。”[①]以天人合一观念作指导，王夫之继承和发扬了“天罚”思想。他说：“王者代天而行赏罚，参之以权谋，则逆天而天下不服。”（《读通鉴论》卷六）所以，应该“昭大义于天下，而使奉若天理”[②]。

因此，在中国传统社会“礼、法”相统一的律令制度体系与教育机制中，“礼治”和“法治”相辅相成。只是封建社会的“法”常常局限于刑法规范，其功能主要是惩戒，礼的功能主要是教化。“己所不欲，勿施于人”属于礼，“定分止争”则是法的范畴，对于“出礼”的行为，“法”会介入。儒法结合的律令制度体系与实施机制使法家的严刑苛法具有了德性，但也造成一些封建司法官吏“原心定罪”的弊端。“礼为本、法为用”，构成中国传统法治文化的特色。

其实，从时代精神重新阐释天人合一传统文化蕴含着的“天理”与“人情”，其礼法并用教育机制还是具有科学性的。在中国这个后发的工业化国家进行现代法治建设，就不能不考虑传统文化对法治建设的影响，不能不对传统文化天人合一的观念进行现代化的转化和利用。我们不能只用西方法治文化的话语体系来解释当代中国的法治建设，我们应该将依法治国与以德治国结合起来，培育中国“德法兼修”的国家治理体系。中国传统文化天人合一的法哲学思想，形成了中国人对待“天理”与“人情”的不同态度与法治实施机制，虽有其时代局限性，但也体现了民族精神。中国特色社会主义法治建设，应该在中国特色社会主义法治理论的指导下，扬弃中国传统文化中“德主刑辅”的伦理法制度体系与实施机制，建设科

① 王夫之.张子正蒙注[M].北京:中华书局,1975:333.

② 张国华.中国法律思想史[M].北京:法律出版社,1982:389.

学立法、严格执法、公正司法、全民守法的社会主义法治体系，以及依法治国与以德治国相统一的法治运行机制。

三、新时代天人合一教育理念重构的方向

十八届四中全会审议通过的《中共中央关于全面推进依法治国若干重大问题的决定》提出坚持走中国特色社会主义法治道路，为中国的法治建设指明了方向。习近平关于生态文明建设的思想，深刻论述了中华文化中天人合一哲学理念和“天下大同”等思想，提出了“人与自然和谐发展”“山水林田湖草生命共同体”“人类命运共同体”等新论断，为新时代生态文明建设和环境法学教育提供了思想指导。

（一）新时代天人合一教育理念的实质内容重构

2013年11月，习近平在党的十八届三中全会上作《中共中央关于全面深化改革若干重大问题的决定》的说明时指出：“我们要认识到，山水林田湖是一个生命共同体，人的命脉在田，田的命脉在水，水的命脉在山，山的命脉在土，土的命脉在树。”在全国生态环境保护大会上，他进一步指出：“如果破坏了山、砍光了林，也就破坏了水，山就变成了秃山，水就变成了洪水，泥沙俱下，地就变成了没有养分的不毛之地，水土流失、沟壑纵横。”党的十八届五中全会提出了创新、协调、绿色、开放、共享五大发展理念，把“绿色发展”作为五大发展理念之一，这不仅与中华民族天人合一理念一脉相承，而且立意更高，指明了传统文化制度化的时代精神和生态法治意蕴。

2013年5月24日，习近平在主持中共中央政治局第六次集体学习时指出：“生态兴则文明兴，生态衰则文明衰。”这是习近平总书记关于生态文明的重要论断，既是对文明变迁的历史反思，也是对当今世界的现实观照。2014年5月15日，习近平主席在中国人民对外友好协会成立60周年纪念活动上的讲话中，首次提出、阐释中国和平发展基因的“四观”，包括：天人

合一的宇宙观、协和万邦的国际观、和而不同的社会观、人心和善的道德观。他对国际上一些人提出的所谓“中国威胁论”进行了反驳，他说：“中华民族历来是爱好和平的民族。中华文化崇尚和谐，中国‘和’文化源远流长，蕴含着天人合一的宇宙观、协和万邦的国际观、和而不同的社会观、人心和善的道德观。在5000多年的文明发展中，中华民族一直追求和传承着和平、和睦、和谐的坚定理念。以和为贵，与人为善，己所不欲、勿施于人等理念在中国代代相传，深深植根于中国人的精神中，深深体现在中国人的行为上。”2018年5月18日至19日，全国生态环境保护大会在北京召开，习近平再次强调指出：“中华文明历来强调天人合一、尊重自然”，生态文明建设“秉承了天人合一、顺应自然的中华优秀传统文化理念”，“我们应该遵循天人合一、道法自然的理念，寻求永续发展之路”。

宇宙是天地万物的总称。马克思把“人和自然”的关系放在一切问题的首位，认为它是研究一切问题的出发点和基础，他指出：“任何人类历史的第一个前提无疑是有生命的个人的存在。因此，第一个需要确定的具体事实就是这些个人的肉体组织，以及受肉体组织制约的他们与自然的关系。”①马克思把生产力和生产关系的矛盾、经济基础和上层建筑的矛盾作为社会发展的根本动力，马克思主义法学研究了社会的经济基础与上层建筑的关系，认为法是社会的意识形态与制度的上层建筑，但这种意志并不是凭空产生的，而是以现实物质生活关系为基础，归根结底是由这一阶级的物质生活条件决定的。当然，法与经济以外的其他各种社会因素，例如政治、哲学、宗教等也相互作用，但这只是一方面的现象，追究到它的根本，“法的关系正象（像）国家的形式一样，既不能从它们本身来理解，也不能从所谓人类精神的一般发展来理解，相反，它们根源于物质的生活关系”②。马克思主义法学以唯物史观为理论基础，以经济基础决定上层建筑的原理为指导，从法的客观规律性上去认识“法”，把它与“法律”的主观意识性相区别。“法”是“自由的无意识的自然规律”，“法律”则是“一

① 马克思，恩格斯．马克思恩格斯全集：第1卷［M］．北京：人民出版社，1960：23.

② 马克思，恩格斯．马克思恩格斯选集：第2卷［M］．北京：人民出版社，1972：82.

种反映经济关系的意志关系”，而且“这种法权关系或意志关系的内容是由这种经济关系本身决定的”[①]。马克思将“法”和“法律”区分开来，“法”相当于“天道”，“法律”相当于“人道”，主观的“法律”只有符合客观的“法”才具有科学性，才能实现法治。

传统文化中天人合一思想与马克思唯物史观和法学理论有许多相通之处。习近平总书记将马克思主义宇宙观（物质观）和中国传统文化天人合一思想结合起来，提出的天人合一宇宙观不仅包含生态文明理念，也包含着对待中国与世界关系的立场。因此，天人合一宇宙观包含着天人合一生态理念等价值取向，是一个将马克思主义宇宙观中国化的法哲学概念和观念，有利于指导天人合一生态理念的法治精神提炼和制度化建设。在人类社会进入生态文明的新时代，法学教育以人类命运共同体、绿色发展观等时代精神对儒道释天人合一传统文化进行改造，继承和发扬其正价值，抛弃其负价值，可以为法治建设塑造精神之魂。

（二）新时代天人合一教育理念机制的重构

“法治”一词是近代才从西方引入的，梁启超等人是引入西方法治理念的第一批中国思想家。近代以来，法治建设不仅作为一种社会管理机制，也作为一种社会正义理想为仁人志士所追求。

马克思恩格斯在《德意志意识形态》中揭示了法治的内涵：“个人通过法律形式来实现自己的意志，同时使其不受他们之中任何一个单个人的任性所左右。”还指出：“在现实的历史中，那些认为权力是法的基础的理论家和那些认为意志是法的基础的理论家是直接对立的……那些决不依个人‘意志’为转移的个人的物质生活，即他们的相互制约的生产方式和交往形式，是国家的现实基础，而且在一切还必须有分工和私有制的阶段上，都是完全不依个人的意志为转移的。”[②]

可见，马克思主张的客观的“法”不同于黑格尔的“绝对精神”。黑格

① 郭道晖.再论社会主义法的时代精神——答张光博教授[J].法学，1995(6)：3.

② 付子堂.马克思主义法学理论的观点[N].光明日报，2014-12-08(11).

尔所谈的“绝对精神”相当于朱熹的“天理”，是客观唯心主义。黑格尔把绝对精神看作世界的本原，认为其在人类社会的家庭、市民社会和国家的不同发展阶段上有不同的表现形式。家庭重视主观法（道德），市民社会重视客观法（民法），国家是道德和法律辩证统一起来的伦理法。马克思主义法学以辩证唯物主义和历史唯物主义为理论基础，科学地阐述了家庭、市民社会和国家之间的关系，揭示了法的本质及其发展规律，使法学成为一门真正的科学。

法学作为普及教育的一门学科，创新了传统文化天人合一理念的内涵。中华法文化中的天人合一教育理念，偏重于礼治而忽视法治。新中国成立70多年来，中国特色社会主义法律体系已经形成，中国特色社会主义法治体系日益完善。中国特色社会主义法治体系应该是良法善治，体现先进生产力的发展方向，保障人民群众的利益。十八届四中全会审议通过的《中共中央关于全面推进依法治国若干重大问题的决定》指出：“法律的权威源自人民的内心拥护和真诚信仰。人民权益要靠法律保障，法律权威要靠人民维护。必须弘扬社会主义法治精神，建设社会主义法治文化，增强全社会厉行法治的积极性和主动性，形成守法光荣、违法可耻的社会氛围，使全体人民都成为社会主义法治的忠实崇尚者、自觉遵守者、坚定捍卫者。”

中华民族天人合一传统文化虽然蕴含着德法兼修的制度实施机制，但其依附的皇权制度的落后性，使得其遭遇西方文明冲击时显得软弱无力。因此，天人合一传统文化只有在中国特色社会主义制度的保障下，将其核心价值观念融入生态文明制度体系建构之中，其“王道”追求的价值取向才能得到实现。

（三）新时代天人合一教育理念中立德树人培养目标的重构

2017年五四青年节前夕，习近平总书记在考察中国政法大学时强调，没有正确的法治理论引领，就不可能有正确的法治实践。法治工作者与法律制度是法治的双轮，核心价值观不仅要入法还要入心，才能真正实现良法善治。用中国特色社会主义法治理论对中国天人合一传统文化进行改造，挖掘其中的“格物致知”“知行合一”“修身齐家治国平天下”等教育理念的时代精神，可以为中国特色社会主义法治建设提供德法兼修的法治人才支撑和学理法的合法性论证。

学理法，是德国法学教育者萨维尼提出的概念。为了培养法学人才，洪堡创办了柏林大学，提出通过科学研究方法和教学与科学研究相结合的方法去追求纯粹知识的思想，科学研究第一次成为大学职能。洪堡的办学思想和柏林大学的改革已经成为近代大学的典范，不仅影响着欧洲高等教育近代化，还影响到世界各国。1810年，萨维尼受到洪堡的邀请到新成立的柏林大学教授罗马法。在《论立法和法学的当代使命》一书中，萨维尼系统地陈述了法律发展的三阶段论：一个民族的习惯法，经法学家学理法改造，才能制定好的法典法。而好的法典法，可以使民族法律意识和学理法统一起来。中国儒学重视法律人才的德性教育，德国法学重视法律人才的理性教育，虽然二者的价值取向有所不同，但在教育理念上都很重视法律人才的修养。

依法治国，教育强国。中国特色社会主义法学教育理念的创新不仅是中国特色社会主义法治建设历史经验的总结，也是对现实问题的探讨，要求法学学术共同体坚持理论联系实际的方法，做好民族法律意识的整理和学理阐述，描述中国特色社会主义法治建设的法治体系、法治道路是什么、为什么和如何变化的真实状况，揭示我国法治运行所面临的矛盾和存在的问题，提出法治各项工作发展与完善的目标与路径，为中国特色社会主义法治建设提供德法兼修的法律人才资源和学理法的理论支撑。

第二章　中华法文化中天人合一教育理念的形成

儒家、道家、法家文化从其源头开始，便相互交流与渗透，从而构成了中华民族多元一体的法文化特色。其中，儒家天人合一教育理念，就吸收了道家道法自然的思想，并对法家“学在官府”的教育理念进行了改造。

第一节　先秦时期天人合一教育理念的源流

天、天命、天道的问题一直是先秦时期各家关注的问题。在诸子百家中，儒家所提倡的天人合一教育思想成为中华法文化的代表。

一、道家的“道法自然”教育理念

道家文化是中华文化中具有代表性和影响力的一支文化，典型地反映了中华法文化的“人法地，地法天，天法道，道法自然”（《道德经》第二十五章）特色。道家教育理念中追求的“道”是“自然而然”，而这一教育理念，从更深层次上来讲又具有“尊重规律，以身施教和以生为本”的丰富教育意义。

道家思想形成于战国初期的楚文化区域，老子是道家创始人和代表人物。20世纪70年代以来，南方楚简大批出土，1973年长沙马王堆出土汉简《老子》甲、乙本，1993年郭店出土楚简《老子》甲、乙、丙三组，2002年上海博物馆公布道家佚籍《恒先》，这些楚简都证明道家出自楚地，道学兴于楚地，据说老子是楚国苦县（今河南商丘）厉乡曲仁里人，庄子是楚地（今河南商丘）人。他们在楚地巫史学术的环境中，把巫史文化上升到哲学高度，形成了道家学派，其特点是讲天道、重历史。楚文化发端于殷商之际，随着殷人后裔的迁徙而发展到北方燕齐青徐和整个长江流域。《晏子春秋·问上》说："古者，百里而异习，千里而殊俗。"楚人介于华夏与蛮夷之间，立于东南西北之中，他们的习俗既有蛮夷之异，亦有华夏之同，具有极强的兼容性。楚文化中巫风极盛，并广泛传播，后来在与神仙信仰的结合中形成神仙方术，最终依附道家理论。

道家思想的源头，可以上溯到黄河流域三皇五帝的传说。三皇五帝中的黄帝、炎帝，被尊为整个中华民族的"人文初祖"。形成于东周战国时代的黄老之术，尊传说中的黄帝和老子为创始人。黄帝本姓公孙，后改姬姓，《史记》中有对黄帝"乘龙升天"的记载，《大戴礼记·五帝德》中也载有黄帝"乘龙扆云，顺天地之德"。《管子·五行》记载："昔者黄帝得蚩尤，而明于天道；得大常，而察于地利；得奢龙，而辩于东方；得祝融，而辩于南方；得大封，而辩于西方；得后土，而辩于北方。黄帝得六相，而天地治，神明至。"在几千年前，黄帝和炎帝打败了蚩尤部落，统一了华夏。

从道家的思想内容上看，战国时期的黄老之术是道家的道法自然思想的主要特色。黄老之术继承、发展了黄帝、老子关于"道"的思想，强调"道生法"。认为君主应无为而治，"省苛事，薄赋敛，毋夺民时"，"恭俭朴素"，"贵柔守雌"，通过"无为"而达到"有为"。《老子》第二十九章提出："去甚、去奢、去泰。"《老子》第八十一章提到，人要以不争的态度对待自然，对待他人，对待自我，即"圣人之道，为而不争"。其他章节也有相关警句，如："天之道，不争而善胜"（《老子》第七十三章），"上善若水，水善利万物而不争"（《老子》第八章），"万物作焉而不辞，生而不有，为而不恃，功成而不居"（《老子》第二章），"知足不辱，知止不殆"（《老子》第四十四章）。

由于先秦道家文化崇尚"道法自然"的"自然教育"，所以道家思想的传播并不是通过主动的教育方式实现的。出生于楚文化区域的老子、庄子之所以对北方的黄河文化、南方的长江文化产生这么大影响，与老子西行、庄子南隐有关。道家文化先驱老子和庄子都无意于政治，最后都归隐山林，他们思想的流传与不同的统治者的政治偏好和后继者的生活环境有很大关系，在不同区域形成了中华民族不同的文化类型。

东晋葛洪所著的《抱朴子》有云："老子西游，遇关令尹喜于散关，为喜著《道德经》一卷，谓之《老子》。"《后汉书》也记载，老子出关后"西入夷狄"。东汉延熹七年（公元164年），官员襄楷给汉桓帝上书云："或言老子西入夷狄为浮屠。"《庄子·内篇》记载云："老聃死，秦失吊之，三号而出。"唐太宗李世民所修《氏族志》称："李氏凡十三望，以陇西为第一。"后世天下李氏都称老子为李姓"太上始祖"。唐朝建立后，对道教极度尊崇，道教因此而隆盛。

战国时期，老子的思想在黄河东部地区也得到传播。齐国的田氏政权是取代姜氏后形成的，因为老子是陈国人，而田氏的祖先公子完正是在春秋中期齐桓公时由陈国避乱逃到齐国的，所以，田氏选择了来自陈国的老子学说为其政权合理性进行辩护。在齐国田氏政权的支持下，在齐都临淄稷下造了高门大屋招徕贤士讲学，自成"黄老学派"，成为北方一宗。

长江流域一带则受庄子的思想影响很大。通过《左传》《国语》等典籍可以判断，战国时期的庄子活跃在楚文化区域。庄子是道家学说的主要创始人，与道家始祖老子并称为"老庄"。据《史记》记载，庄子出身于宋国贵族，少时读书甚多，"其学无所不窥"，成年后家道渐衰，沦为平民，产生了许多关于社会、人生的哲思睿想。《庄子》成书于先秦时期。汉初，文景二帝采纳黄老思想，实行休养生息的政策。魏晋时期，庄子的思想大为流行，《庄子》一书被列为"三玄"之首。《庄子》将《老子》的"无为"之道推向"虚无"，主张绝对无为。"天下之大不足以赏罚"（《庄子·内篇》），他将"逍遥游"概括为"心游""游心""心有天游"等。由于重视庄子的思想，唐代出现了道教"重玄"理论。唐玄宗亲自颁发诏书，封庄子为"南华真人"，《庄子》亦被尊为《南华真经》。

庄子与楚文化代表人物屈原，是中国哲学史与文学史上两颗璀璨的巨星，他们同时出现于中国的战国时代，但有着迥异的人生价值观和浪漫主义精神。司马迁在《史记》中提到屈原和渔父："屈原既放，游于江潭，行吟泽畔，颜色憔悴，形容枯槁。渔父见而问之曰：'子非三闾大夫与？何故而至于斯？'屈原曰：'举世皆浊我独清，众人皆醉我独醒，是以见放。'渔父曰：'圣人不凝滞于物，而能与世推移。世人皆浊，何不淈其泥而扬其波？众人皆醉，何不餔其糟而歠其醨？何故深思高举，自令放为？'屈原曰：'吾闻之，新沐者必弹冠。新浴者必振衣。安能以身之察察，受物之汶汶者乎？宁赴湘流，葬身于江鱼之腹中，安能以皓皓之白，而蒙世俗之尘埃乎？'渔父莞尔而笑，鼓枻而去，歌曰：'沧浪之水清兮，可以濯吾缨；沧浪之水浊兮，可以濯吾足。'遂去，不复与言。"

从文化传播来看，庄子思想随着历史上的楚文化区域的扩展，逐步传播到吴越文化区，这也是道教和魏晋玄学在南方兴起的原因。六朝至隋唐的晋室南渡，魏晋南北朝玄学名士们旷达风流，雅好《老子》《庄子》，改变了吴越文化的审美取向，吴越文化开始成为中国文化中精致典雅的代表。后来泰伯奔吴，吴越文化又受到中原儒学文化的影响。唐宋时期，吴越经济开始超过北方，影响力进一步扩大。李白、杜甫、王安石、苏轼、柳永、辛弃疾、陆游等诗词大家都吸纳了"道法自然"的自然教育理念，叹咏了吴越山水的秀美，也尽显了吴越文化形成、传播的路径。

除了吴越文化，巴蜀文化也受到了道家文化的影响。商至西周时，蜀人与黄河流域民族已有文化交流。李冰是战国时代秦国著名的水利工程专家，他主持修建的都江堰水利工程为成都平原成为"天府之国"奠定了坚实的基础。其建堰的指导思想，就是道家的"道法自然"。巴、蜀交融已是战国之后。巴蜀盆地在地形上为"四塞之国"，古代交通甚为困难，靠"栈道千里，无所不通"到达其他地区，这造就了巴蜀先民封闭中有开放、开放中有封闭的历史个性。巴蜀大地地域辽阔且山清水秀，为道教修炼人士喜好。东汉时期，张陵（又名张道陵）率家人及弟子等到鹤鸣山修道，创立了五斗米道，这是道教最重要的流派之一。东汉顺帝时期，道教逐渐形成了以成都平原为中心，覆盖西蜀东巴、北至汉中的传播区。

巴蜀文化在道家“道法自然”的基础上兼容儒释等学派的教育理念，并汇入以儒学为主流的中华传统文化之中。提到有明显道家思想的巴蜀历史名人司马相如，就一定要提起他的老师文翁。文翁是西汉时期的“循吏”。虽然他是庐江舒县人（今安徽庐江县），但他任职蜀郡守期间，兴修水利、修石室中学、兴郡学，功绩斐然。汉代将蜀学纳入中原文化的主流，“由文翁倡其教，相如为之师”，蜀中成为“蜀国本多士，雄文似相如”的文脉，文翁功不可没。

二、先秦儒家的“礼乐”教育思想

与道家“道法自然”不同，儒家是“三人行，必有我师”。英国汉学家李约瑟在《中国科技发展史》中说：“中国文化就像一棵参天大树，而这棵大树的根在道家。”《史记·孔子世家》记载，孔子到周天子所在地洛阳见老子。《礼记·曾子问》也记载孔子四次向老子请教。《史记·仲尼弟子列传》中称：“孔子之所严事，于周则老子，于卫蘧伯玉，于齐晏平仲，于楚老莱子，于郑子产，于鲁孟公绰。”汉画像石《孔子见老子图》屡屡被发现，这证明发生于春秋末期的“孔子问礼于老子”这一中国文化史上的重要事件确实存在。

殷商西周时期，“天”是被作为人格神看待的，老子否定“天”具有道德意义的超自然力量，主张“天法道，道法自然”。到了孔子，“天”的人格神色彩进一步淡化，孔子视天命为一种教育的主宰力，从家庭的“亲亲”拓展到国家的“尊尊”，推行“克己复礼”“天下归仁”的教育思想。孔子在《论语·季氏》中说：“君子有三畏：畏天命，畏大人，畏圣人之言。”生逢乱世的孔子，一心要用“仁义”挽救“礼崩乐坏”的局面，希望通过“礼治”达到“老有所终，壮有所用，幼有所长，鳏寡孤独废疾者皆有所养”（《礼记·礼运》）的大同社会。孔子为了向四方诸侯宣扬自己的政治主张，带领弟子游历四方。齐景公向孔子询问治理国家的方法，孔子回答说：“君君，臣臣，父父，子子。”（《论语·颜渊》）齐国的国相晏子认为孔子推行的一套周朝的礼乐教化制度，烦琐而不切实际，对齐国来讲只能是空耗财力，无一点益处，齐国要的是国富民强的治国之策，不是这种繁文缛节的教育，因此，孔子不得已离开了齐国，感叹“不知命，无以为君子也”（《论语·尧曰》）。

道不同不相为谋。孔子率众弟子周游列国，辗转于卫、曹、宋、郑、陈、蔡、叶、楚等地，但是没有到秦国。秦国处于偏僻的西方，因尚武被称为“虎狼之国”，轻礼乐教化与宗法制度而推崇法家。所以，唐代韩愈认为这是“孔子西行不至秦”的原因。

与孔子所讲的“知天命”教育观相比较，孟子的天命观有了一些新的内涵。孟子一方面认为：“顺天者存，逆天者亡”（《孟子·离娄》），“莫之为而为者，天也；莫之致而至者，命也”（《孟子·万章上》）。另一方面提出“求则得之，舍则失之，是求有益于得也，求在我者也……求之有道，得之有命，是求无益于得也，求在外者也”（《孟子·尽心章句上》），“心之官则思，思则得之，不思则不得也，此天之所与我者”（《孟子·告子》）。所以，孟子更主张发挥被教育者的主动性。他说：“诚者，天之道也；思诚者，人之道也”（《孟子·离娄》），“人之有道也，饱食、暖衣、逸居而无教，则近于禽兽。圣人有忧之，使契为司徒，教以人伦：父子有亲，君臣有义，夫妇有别，长幼有序，朋友有信”（《孟子·滕文公》）。

与孔子一样，孟子力图将儒家的礼乐教化思想和治国理念转化为具体的国家治理主张，并推行于天下。孟子第一次到齐国，宣扬他的“仁政无敌”主张，但他在齐国很不得志，连齐威王赠送的“兼金一百镒”，都没有接受就离开了。晚年孟子回到故乡，从事教育和著述。他说：“父母俱存，兄弟无故，一乐也……仰不愧于天，俯不怍于人，二乐也……得天下英才而教育之，三乐也。”（《孟子·尽心章句上》）儒家文化最终能够成为中华民族的主流意识形态，离不开儒家对教育的重视。

孟子继承了孔子的“仁政”思想，荀子则主要继承了孔子的“礼治”教育思想。荀子，战国末期赵国人，曾三次出任齐国稷下学宫的祭酒，后为楚兰陵令，韩非、李斯都是他的入室弟子。因为他的两名弟子为法家代表人物，历代都有学者质疑荀子是否属于儒家学者，但荀子本人以孔子的继承人自居。荀子以“天人相分”为基础，形成了富有特色的“明于天人之分”的“隆礼重法”学说，主张“治天命”“裁万物”“骋能而化之”的“制天命而用之”思想。

三、先秦法家“学在官府”的教育理念

“学在官府”是夏、商、西周文化教育制度的特点，作为一种“事神致福”的“礼”是为贵族所垄断的精神产品，习礼就必须向这些贵族求教。战国时期“天子失官、学在四夷”，打破了“学在官府”的状况，出现了百家争鸣的局面。孔子更是提出“礼失而求诸野”（《汉书·艺文志》），试图通过私学传播他的德治主张。但秦代的教育制度，仍然坚持“学在官府”“以吏为师”，不过教育的内容不是“礼”而是“法”。

先秦时期，法家的“法治”思想主要以“天人之分”为理论依据来论证法制的作用和教育问题。管仲提出“天不变其常，地不易其则”（《管子·形势》）的观点。子产则提出“天道远，人道迩，非所及也”（《左传·昭公十八年》）的命题，他承认自然界有其客观的规律，反对天人感应的观念，是战国时期法家学派的思想先驱。荀子《天论》更进一步说：“天行有常，不为尧存，不为桀亡。应之以治则吉，应之以乱则凶。强本而节用，则天不能贫；养备而动时，则天不能病。修道而不贰，则天不能祸……唯圣人为不求知天。”法家乃是一种纯功利主义的思想体系，这种学说从“好利恶害”的人性出发，论证刑法具有“定分止争”的作用。

先秦诸子中，受《老子》影响最大的当数法家。慎到、田文等齐国稷下法家学派是在道家思想基础上发展而来的。法家的代表人物申不害和韩非都“本于黄老”。对此，司马迁有一段评论，他说：“申子卑卑，施之于名实；韩子引绳墨，切事情，明是非，其极惨礉少恩，皆原于道德之意，而老子深远矣。”（《史记·老子韩非列传》）虽然申、韩的境界远不如老子，但他们也是“源于道德”的。韩非虽口吃，但善于著书，在《韩非子》

一书中有两篇是关于《老子》的，即《解老》和《喻老》，这是流传至今的最早的解释《老子》的文字，其中《解老》是公认的切合《老子》原意的解释作品。

在中华法文化形成过程中，法家占有重要地位。商鞅在《商君书》中对法律的起源、本质、作用等问题，都曾有过论述，“神农之世，男耕而食，女织而衣，刑政不用而治，甲兵不起而王”。后来出现了“亲亲而爱私”和“以强胜弱，以众暴寡”的争夺局面，“圣人”为了定“分”止“乱”，就划分土地、货财、男女的界限，并“立禁”“立官”“立君”加以制裁。在秦国主持变法时，他进一步提出“治世不一道，便国不法古”；主张“当时而立法，因事而制礼”（《史记·商君列传》）。法家关于“法治”的主张一时成为主流，《韩非子·五蠹》记载的“守株待兔”，《吕氏春秋·察今》中的“刻舟求剑”，《淮南子·说林训》中“削足适履”等典故，都反映了法家从“天人之分”立场出发主张“制天命而用之”“世易时移，变法宜矣”的观点。商鞅还提倡“信赏必罚”。西汉初年，著名的政论家、文学家贾谊著的《治安策》（又称《陈政事疏》）继承了这一观点：“若夫庆赏以劝善，刑罚以惩恶，先王执此之政，坚如金石，行此之令，信如四时，据此之公，无私如天地耳，岂顾不用哉?”

韩非继承了商鞅的衣钵，并将商鞅的“法”，申不害的“术”和慎到的“势”综合起来，对“法”作为“势”的工具的运用进行了全面总结，进一步提出了“以法为本”的法、术、势相结合的观点和教育方法。韩非子认为“法”是“编著之图籍，设之于官府，而布之于百姓”（《韩非子·难三》）的东西。商鞅曾说，治国三要素，包括法、信、权，而权是君主所独断的。但韩非子没有像商鞅那样重视法的公信力，而是强调法、势、术三者相结合，认为君主居极尊至重之势，行法施术，以治百官民人。“术者，藏之于胸中，以偶众端而潜御群臣者也。”（《韩非子·难三》）韩非子在《难势》一篇中说：“抱法处势则治，背法去势则乱。”这与商鞅“法古则后于时，修今则塞于势”（《商君书·开塞》）的“势”不同，韩非子的“势”是“权势”而不是“时势”。韩非子还将君主专制政体与道家主张的天道规律联系起来，主张中央集权、君主专制，“以法为教”，“以吏为师”，废除私学，实现“壹法”“壹学”。他在《韩非子·解老》一文中谈到天道与天子之势的关系时说道：“道者，万物之所然也，万理之所稽也。理者，成物之文也；道者，万物之所以成也……缘道理以从事者，无不能成。无不能成者，大能成天子之势尊，而小易得卿相将军之赏禄。”

秦代的教育制度，源自法家的“学在官府”教育主张。法家的“以吏为师”主张，经秦始皇认可，便成了秦朝的国家政策。以吏为师即整个社会除文吏外，没有具备文字能力的人，人们要学习文字和朝廷的法令，只能向政府官员学习。私学起于孔子，但秦始皇采纳丞相李斯的建议，废私学、焚书坑儒，因此想学习法律的人，只能以吏为师，学在官府。

第二节　汉唐儒家教育理念的天人之辩

先秦法家代表人物李悝编撰《法经》，商鞅改法为律，追求的是“一切皆有法式”。中华法文化经历汉唐儒学的改造，形成了礼本刑用、法贵简约的律学风格，这与汉唐儒家天人关系教育理念的形成有很大关联。

一、汉唐儒学关于天人感应思想的论辩

西汉初年的汉文帝、汉景帝以及唐朝初年的唐太宗、唐玄宗，皆以道家思想治国，使人民在经历了前朝苛政之后得以休养生息，这一时期也成为中国封建社会发展的鼎盛时期。

自汉武帝“罢黜百家，独尊儒术”开始直至北宋，是儒学的兴盛期。刑起于兵而终于礼，儒家“德主刑辅”的天人合一思想成为道统。汉武帝之所以“罢黜百家，独尊儒术”，与大儒学家董仲舒有关。董仲舒，河北景县人，汉景帝时任博士，讲授《公羊春秋》，是儒家公羊学派的大师。元光元年（公元前134年），武帝下诏征求治国方略，董仲舒在著名的《举贤良

对策》中系统地提出了“天人感应”“大一统”学说和“推明孔氏，抑黜百家”的主张，为武帝所采纳，被任命为江都易王刘非国相，后任胶西王刘端国相。董仲舒老病致仕后，“朝廷每有政议，数遣廷尉张汤亲至陋巷，问其得失，于是作《春秋决狱》二百三十二事，动以经对，言之详矣”（《后汉书·应劭传》）。其学以“天人感应”为哲学基础，把神权、君权、父权、夫权贯穿在一起，微言大义，形成“大一统”和“罢黜百家，独尊儒术”的帝制神学体系，使儒学成为中国社会正统思想。正如清朝学者皮锡瑞所言：“《春秋》有大义，有微言。所谓大义者，诛讨乱贼以戒后世是也，所谓微言者，改立法制以致太平是也。”（《经学通论·春秋》）

董仲舒说：“天者，群物之祖也，故遍覆包函而无所殊，建日月风雨以和之，经阴阳寒暑以成之”（《汉书·董仲舒传》），“人之为人，本于天，天亦人之曾祖父也，此人之所以乃上类天也”（《春秋繁露·为人者天》），“人生于天，而取化于天”（《春秋繁露·王道通三》），“仁之美者在于天，天仁也。天覆育万物，既化而生之，有养而成之，事功无已，终而复始，凡举归之以奉人。察于天之意，无穷极之仁也。人之受命于天也，取仁于天而仁也”（《春秋繁露·王道通三》）。董仲舒亲身经历了吴楚七国，他以“天人感应”理论注释《公羊传》，提出了的“大一统”理论。他说：“谓一为元者，视大始而欲正本也。”（《汉书·董仲舒传》）“春王正”三个字的顺序表明“屈民而伸君，屈君而伸天”（《春秋繁露·玉杯》），“《春秋》大一统者，天地之常经，古今之通谊也。今师异道，人异论，百家殊方，指意不同，是以上亡以持一统；法制数变，下不知所守。臣愚以为诸不在六艺之科，皆绝其道，勿使并进。邪辟之说灭息，然后统纪可一而法度可明，民知所从矣”（《汉书·董仲舒传》）。“大一统”在《公羊传》里主要指统一历法，而董仲舒大大丰富了“大一统”的思想内涵。

董仲舒极力推崇儒家经书《春秋》，并在张汤等问狱过程中作《春秋决狱》，以《春秋》解释律法。《春秋决狱》中有这样一个案例：“君猎得麑，使大夫持以归。大夫道见其母随而鸣，感而纵之。君愠，议罪未定。君病，恐死，欲托孤幼，乃觉之，大夫其仁乎！遇麑以恩，况人乎，乃释之，以为子傅。于议何如？董仲舒曰：‘君子不麛不卵，大夫不谏，使持归，非义也。然而中感母恩，虽废君命，纵之可也。’”

如果说汉朝董仲舒主要是继承荀子的衣钵，那么唐朝韩愈则是决心要做孟子之后的“道统”继承者。韩愈，河南南阳人，一生多在京为官，但也屡屡被贬到地方。韩愈相信天命鬼神，复古崇儒，攘斥佛老，当然他没有把天理解为自然之天，而更多的是把天看作能主宰人的命运的神秘力量。他认为，一个人的富贵贫贱是由天决定的。“贵与贱，祸与福存乎天”（《与卫中行书》），“人生由命非由他”（《八月十五夜赠张功曹》）。他认为，人的主观努力无法改变天命，“所谓顺乎在天者，贵贱穷通之来，平吾心而随顺之，不以累于其初”（《答陈生书》），只能听从命运安排。韩愈还是“师者，所以传道受业解惑也”的倡导者。韩愈的《师说》气势雄伟，说理透彻，逻辑性强，将儒学的教化思想推到一个新高潮，苏轼称他“文起八代之衰”。他在思想道德方面也有独到的建树，大力提倡儒学，以继承儒学道统自居，开宋明理学家之先声。

韩愈和柳宗元是古文运动的倡导者，韩柳倡导的古文运动，开辟了唐以来古文的发展道路，但两人在对待天人关系上有不同观点。柳宗元在与好友韩愈就天人问题展开激辩时，曾指出韩愈以为“天人相仇”之看法，是有激而为者。柳宗元曾作《天说》与韩愈的天刑论相对抗，认为人事的存亡得失与天毫无关系，天也不能赏罚人的过失。柳宗元反对天人感应说，认为国家与法产生于“势”，反对“赏以春夏，而刑以秋冬”（《断刑论》）。但是，柳宗元特别强调“穷理以定赏罚，本情以正褒贬”（《驳复仇议》），这也显示了儒家重视礼治教化的特色。

二、魏晋玄学对儒家教育理念形成的影响

先秦道家在教育思想方面影响较大的有老庄学派、黄老学派等。《庄子》里反复讲述的一个故事体现了儒家文化与道家文化之间的巨大差异。

孔子见老子而语“仁义”，老子不以为然，给孔子讲了一个故事：“泉涸，鱼相与处于陆，相呴以湿，相濡以沫，不如相忘于江湖。”（《庄子·大宗师》）魏晋玄学，是指魏晋时期以老庄思想为骨核，糅合儒家经义而形成的哲学思潮。魏晋玄学和道教的产生，对儒家天人合一教育理念的形成具有重要的影响。

名教与自然的关系是魏晋玄学讨论的中心问题。身处乱世的魏晋名流摒弃儒家的礼乐教化，从道家的道法自然角度探求义理，对人生和宇宙发出玄远幽深的追问，开玄学清谈之风。“玄”的概念见于《老子》的“玄之又玄，众妙之门”，《老子》《庄子》《易经》合称为“三玄”。魏晋玄学以“有、无”命题为本体，以处理自然与名教的关系为核心问题，敢于“非汤武而薄周孔，越名教而任自然”（《与山巨源绝交书》），崇尚老庄的自然无为，追求放任自由的生活方式，成为中国文化史上一道独特的景观。余敦康先生在《魏晋玄学史》中指出：魏晋玄学有一个母题，这个母题在玄学话语体系中叫作“名教自然之辨”；在哲学话语体系中叫作“天人关系”；在政治话语体系中叫作“社会秩序的重建”。“魏晋清谈”正是魏晋玄学探讨母题的方式。

永嘉之乱，司马政权及大批文士南移，玄学的重心也随之转移到江左。两晋之际，王敦、王导辅助司马睿渡江南下，开创了东晋百年基业，也由此奠定了琅邪王氏在江南一流高门的根基。值得注意的是，琅邪王氏不仅在政治舞台上扮演了重要角色，还促进了北方文化在江南的传播，尤其是在玄风南渡及儒玄交融、玄佛交融的过程中发挥了重要作用。为团结南方士族，安抚北方士族，实践“清静为政”的政治方针，王导努力将玄学介绍给南方士族。《列子》本为列子门人整理其言文之作，东汉张湛作《列子注》及《养生要集》，为东晋玄学的代表。《晋书·地理志》载：“永嘉之乱，豫州沦没石氏，元帝渡江，以春谷县侨立襄城郡及繁昌县。成帝乃侨立豫州于江淮之间，居芜湖。”《晋书·庾亮传》有载：“（庾）亮美姿容，善谈论，性好《庄》《老》，风格峻整，动由礼节，闺门之内，不肃而成，时人或以为夏侯太初、陈长文之伦也。”夏侯太初指的是夏侯玄，乃魏晋玄学的开山之祖；陈长文指的是陈群，为九品中正制的创议者。时司马睿重刑法，将一本《韩非子》赐给太子，庾亮认为韩非子的理念刻薄伤化，不适合江左，太子以为然。

东晋初年，北方士族出于政治目的引玄风南渡，直接影响了江南文化的发展。陶渊明是东晋末至南朝宋初期的诗人、辞赋家，曾任江州祭酒、建威参军、镇军参军、彭泽县令等职，最末一次出仕为彭泽县令，仅八十多天便弃职而去，从此归隐田园。在那个老庄盛行的年代，他也受到了道家思想的熏陶，很早就喜欢自然，“少无适俗韵，性本爱丘山”（《归园田居·其一》）。

与玄学摒弃儒家教化观念不同，同样源于道家文化的道教却吸纳了儒家的师徒传承方式。东汉末年，道教以黄、老道家思想为理论根据，承袭春秋战国以来的神仙方术衍化形成。道教对道家的思想有所传承，但在教育理念方面则偏离了先前道家的入世思想而成为神仙方术的一脉。道教崇尚老子，玄学也重老庄，关系自然密切。梁启超曾将玄学纳入道教之中，但两者实际上不是简单的包含关系。道教的正式形成，以东晋《抱朴子》的面世为标志，在此之前，属原始道教。道教承自道家，尊老子为教主，奉老子的《道德经》为经典。《抱朴子》的作者葛洪把“道”视为宇宙的最高准则和万物存在的依据，提出“道者儒之本，儒者道之末”的思想。葛洪生活在玄学盛行的时代，在深受玄学影响的同时，也对玄学的弊端进行批判，如《抱朴子》认为名士“以傲兀无检者为大度，以惜护节操者为涩少”，破坏社会秩序，有害于名教。当然，当时人们也并不完全同意“清谈误国”之论，如祖逖就曾说：“晋室之乱非上无道而下怨叛也。由藩王争权，自相诛灭，遂使戎狄乘隙，毒流中原。”（《晋书·祖逖传》）王夫之称：“强宗妒后互乱，而氐、羯乘之以猖狂。小人浊乱，国无与立，非但王衍辈清谈误之也。”（《读通鉴论》卷十一）

在魏晋南北朝这段时期，出现了王权与士族之间关于国法与人情的矛盾。陈寅恪先生在《隋唐制度渊源略论稿》中说：“盖自汉代学校制度废弛，博士传授之风气止息以后，学术中心移于家族，而家族复限于地域，故魏、晋、南北朝之学术、宗教皆与家族、地域两点不可分离。”北方受儒家文化影响较大，而南方受道家文化影响较大。

因作为儒家依托的宗法关系还不发达，所以玄学、道教等思想泛起。宋齐梁相继修复芍陂（在安徽寿县南）堰堤，溉田万顷。江南多湖沼，泄水可变成湖田。作堰溉田和泄水成田，得到发展。随着农耕技术的发展，出现了把许多山林川泽圈占为私产的大庄园主和豪门家族。这些豪门世族规定一些私刑，如百姓误入捕鱼，罚布十匹，汲取饮水，刈割柴草，都有罚禁。而正式法律上规定霸占山泽的禁律，成为一纸空文，这也就造成了王权与士族之间的矛盾，造成汉朝以来的儒家经学与魏晋南北朝时期的玄学及道德思想的交融发展。西晋永嘉之乱后，琅琊王氏和陈郡谢氏，从北方南迁至金陵（南京）。后王谢两家的王导、谢安及其后继者们因文采风流、功业显著而彪炳史册，两家也因此在东晋和南朝宋齐梁陈共五个朝代叱咤风云。刘宋代晋后，王谢两家开始衰落，元嘉十年（公元433年），谢灵运被南朝宋文帝刘义隆以“叛逆”罪名杀害。

三、汉唐之际的律学儒家化

汉至魏晋南北朝，是中国古代法律儒化时期，原本赤裸裸地维护统治秩序和财产关系的法律条文，被注入了许多维护礼教观念、等级秩序的新内容，体现在法律文本上是增加了许多惩治干名犯义、尊卑相侵的条款。曹魏的《新律》“更依古义，制为五刑”，明显具有法律礼义化的倾向。而《晋律》则直接把儒经中“八议”上升为法律。

魏明帝即位，设置律博士，重视狱讼审理，令尚书陈群等人制《魏律》十八篇，这是古代法典编纂史上的重大进步。《新律》的内容较汉律更为丰富，儒家化色彩更浓。与汉律相比，《新律》将《周礼》中的“八辟”制度直接作为律条，纳入律中，开辟了礼律融合的新途径，对《晋律》产生了深刻的影响。

《晋律》是晋武帝司马炎在泰始三年（公元267年）完成并于次年颁布

实施的，但在他的父亲司马昭辅佐魏政期间就开始编纂了。当时司马昭命贾充、羊祜、杜预等人参考汉律、魏律开始编纂，到司马炎建立西晋后不久完成。因颁行于泰始年间，故又称《泰始律》。张斐、杜预为《晋律》作注解，经晋武帝批准“诏颁天下”，注与律文具有同等法律效力，因此该律又名《张杜律》。律学的儒家化在《晋律》中得到充分的体现，如其中的“峻礼教之防，准五服以制罪”，完整地体现了礼治中的“亲亲”原则。因此，晋律成为中国古代社会中第一部儒家化的法典，在中国法制史上占有重要的地位。

永嘉之乱后，北方经过了长期的战乱，人口锐减，土地荒芜。南北朝时期，北魏孝文帝在位时迁都洛阳，改易汉俗，加强对黄河流域的控制。北魏建立后，由崔浩、高允、常景等数十位律学家奉诏编修的《北魏律》，进一步“纳礼入律”，其中均田制度成为隋唐土地制度的蓝本。《北齐律》也是汉人士族杨愔等改定，其在中国封建法典发展史上具有承前启后的作用，是一部上承汉魏律之精神，下开隋唐律之先河的重要法典，“重罪十条”就是最先规定在《北齐律》中。

魏晋南北朝时期是中华法文化发展的重要时期，历史学家多认为，北朝统治者重视立法，而南朝统治者偏安江南，政治上无所作为，晋代律学至此已趋于衰败。在立法上，南朝统治者亦拘于晋制，无所建树。其实，这是一种从儒学角度评价南北朝法律制度的观点。受道家文化影响，魏晋南北朝时期，法律制度出现了重视生态环境保护、重视生命的规定。如：农田水利制度方面，南方出现了一些比较先进的规定；魏晋南朝法律都没有肉刑的明确规定，只在北朝的北魏和东魏仍有宫刑的记载。北齐后主天统五年（公元569年），“诏应宫刑者，普免刑为官口”（《北齐书·后主纪》）。至此，宫刑正式从法律上被废除。南北朝时期，立法还呈现出简约适用的风格。齐武帝令删定郎王植之集注张、杜旧律，合为一书，凡一千五百三十条。事未施行，其文殆灭。梁武帝把王植之编辑注解的《齐律》经过增删，再经尚书令王亮、侍中王莹、尚书仆射沈约、吏部尚书范云等九人研究确定，成为《梁律》，共12卷。

唐代，律学完全儒家化，形成了完整的礼主刑辅、礼法结合的“一准乎礼”思想体系。《唐律疏议·名例》记载：“德礼为政教之本，刑罚为政教之用，犹昏晓阳秋相须而成者也。”

唐律确立了“德礼为本”的地位，从而更加强化了律学注释的权威性。《唐律疏议》又称《永徽律疏》，是在唐高宗永徽年间完成的一部极为重要的法典。高宗永徽二年（公元651年），长孙无忌、李绩等在《贞观律》基础上修订，奏上新撰律12卷，是为《永徽律》。鉴于当时中央、地方在审判中对法律条文理解不一，每年科举考试中明法科考试也无统一的权威标准的情况，唐高宗在永徽三年下令召集律学通才和一些重要臣僚对《永徽律》进行逐条逐句的解释，与《永徽律》合编，附于律文之后，于永徽四年十月颁行，称为《永徽律疏》。

唐元和六年（公元811年），富平县人梁悦为父报仇，杀人后自投县请罪，引发了律学上对礼刑关系、律令关系的探讨。尚书省集议中，韩愈主张“礼刑两不失”（《复仇状》），柳宗元也认为：“圣人之制，穷理以定赏罚，本情以正褒贬。”（《驳复仇议》）这说明儒学思想已经占据主流地位。唐朝宗教十分兴盛，针对当时社会上出现的大批道士女冠僧尼，《名例律》的道士女冠条下，也规定了较完善的管理体制。《令集解》卷七中规定：“凡僧尼上观玄象、假说灾祥，语及国家，妖惑百姓，并习读兵书，杀人奸盗，及诈称得圣道，并依法律付官司科罪。”道教被纳入国法的管控之中，律法更加体现了礼为本的特色。

第三节　宋明儒学天人合一教育理念的形成

北宋之后，在道家“道法自然”的基础上，儒学向理学发展，正式形成了儒家理学天人合一教育思想。理学的根本特点就是将儒家的社会、民族及伦理道德和个人生命信仰理念构成更加完整的概念化及系统化的哲学及信仰体系，并使其逻辑化、心性化、抽象化和真理化。这使得礼治具有极强的“天理人情”色彩，形成了理高于势、道统高于法统的政治理念，为抑制君权，为中国政治在宋明两朝走向平民化和民间“参政议政”提供了理论支持，也是儒教天人合一教育理念的一次巨大飞跃。

一、宋明儒学中的天理思想

汉武帝时“罢黜百家，独尊儒术”，儒家文化成为统治阶级的意识形态。经过长期的积累、叠加、发展，汉唐儒学教育理念被宋明理学改造，儒家天人感应观念被改造为“民胞物与”的天人合一思想。

如同道家分老子和庄子不同的学派一样，儒家理学从地域上也可分为黄河流域的理学流派和长江流域的理学流派。张载是北宋黄河流域的理学创始人之一，其教育思想受到老子的影响颇多。宋明理学的一个特点是特别推崇尧、舜、禹三代。孔子说尧传位给舜，舜传位给禹，这三代是著名的“公天下”。子曰：“大哉！尧之为君也，巍巍乎！唯天为大，唯尧则之。荡荡乎！民无能名焉。巍巍乎！其有成功也。焕乎！其有文章。”（《论语·泰伯》）张载曾对宋神宗说过：“为政不法三代者，终苟道也。”（《宋史·道学》）他的政治理想就是复归三代之治。在张载看来，唯有依据宇宙和谐的法则建构的社会形态才是最完美、最稳定的。司马光赞许地说：“子厚平生用心，欲率今世之人，复三代之礼者也，汉魏以下盖不足法。”[①]早在先秦时代，思想家就认识到有天地然后有万物，有万物然后有男女，有男女然后有夫妇，有夫妇然后有父子，有父子然后有君臣，有君臣然后有上下，有上下然后礼义有所错。“天尊地卑，乾坤定矣，卑高以陈，贵贱位矣。”（《周易·系辞》）“乾，天也，故称乎父。坤，地也，故称乎母。”（《周易·说卦》）

张载受老子思想影响很大，他把周公和《周易》用天道统驭人道的思路构建成为一个完整的哲学本体，提炼出“气一元论”，一方面使人道以天

① 范立舟.张载对宗法制度的构思及其“民胞物与”的大同理想[J].杭州师范大学学报(社会科学版),2017(5):14.

道为据，另一方面使天道不离人道。“天惟运动一气，鼓万物而生”（《横渠易说·系辞》）“天地人一，阴阳其气，刚柔其形，仁义其性。”（《横渠易说·说卦》）王夫之的回答很直接：“张子言无非《易》，立天、立地、立人，反经研几，精义存神，以纲维三才，贞生而安死，则往圣之传，非张子其孰与归！”（《张子正蒙注》）王夫之将张载横渠之学与易学会通一处，称之为“正学”，这恰是张载横渠之教育理念区别于诸家的最大特点。张载在《西铭》中说：“故天地之塞，吾其体；天地之帅，吾其性。民吾同胞，物吾与也。”面对这种言简意赅而又气势磅礴的论述以及涵摄宇宙自然与社会人生为一体的深刻思想，台湾知名学者韦政通评价道：“《西铭》全文最可贵的是因为它表现了‘民吾同胞，物吾与也’的博爱精神。人所以能有这种精神是基于‘天地之塞，吾其体；天地之帅，吾其性’的天人一本的形上肯定……至于‘尊高年，所以长其长；慈孤弱，所以幼其幼。……凡天下疲癃残疾，茕独鳏寡，皆吾兄弟之颠连而无告者也’云云，则是博爱精神的具体说明，也就是能体天之德的表现。这样横渠使天人合一论不只限于成圣成贤的修养，也包括仁爱与民本精神的发扬，而达成圣成贤的终极目标。这是一个新的发展。”①

宋明时期长江流域的理学受到庄子思想影响很大，著名儒家学者或儒学群体大体上有：周敦颐（濂溪或所谓濂学），王安石（荆公新学），苏轼父子（蜀学），胡安国、胡宏与张栻（湖湘学），朱熹（朱子学或理学），吕祖谦（婺学或东莱学），陈亮与叶适（永康、永嘉学或事功派），陆九渊兄弟（象山学或心学），杨万里、魏了翁等比较特别的思想家及黄震（金华学派），罗钦顺（气学），王守仁（阳明学或心学）等。

长江流域理学天人合一思想的形成，受到了黄河流域的以张载为代表的理学天人合一思想的影响。理是朱熹教育思想体系中的基本范畴，他说：“理也者，形而上之道也，生物之本也。”（《答黄道夫书》）朱熹在张载“民胞物与”的思想基础上提出了“理一分殊”。他认为：“凡天下之事，一不能化，惟两而后能化。且如一阴一阳，始能化生万物。虽是两个，要

① 韦政通.中国思想史：下[M].长春：吉林出版集团有限责任公司，2009：774.

之亦推行乎此一尔。”（《朱子语类》卷九十八）这里的“一”是指理，“两”是指气、理无形无象，只有通过气才能得以体现，所以他又说：“两者，阴阳消长进退。非一，则阴阳消长无自而见；非阴阳消长，则一亦不可得而见。”（《朱子语类》卷九十八）这表明朱熹在解说此章的过程中融入了自己的理气观，认为在宇宙生成的层面，理气依存、理气不离。朱熹说：“宇宙之间，一理而已。天得之而为天，地得之而为地，凡生于天地之间者，又各得之以为性；其张之为三纲，其纪之为五常，盖皆此理之流行，无所适而不在。”（《朱文公文集》卷七十）“天即人，人即天。人之始生，得于天也。既生此人，则天又在人矣。”（《朱子语类》卷十七）“天人本只一理，若理会得此意，则天何尝大，人何尝小。”（《朱子语类》卷十七）朱子论天人都渗透着宇宙本原之“理”，所以天就是人，人也就是天，天人一体两分。自然的天不比人大，人也不比天小。此乃“理一分殊”理论在天人关系上的推衍。

二、宋明理学中的人情教化思想

不管是北方还是南方，宋明理学都很重视天理、人情的教育。儒学集大成者朱熹亲自为张载《西铭》写过注解，名为《西铭解》。张载《西铭》讲“民胞物与”，对此，朱熹《西铭解》注曰：“人、物并生于天地之间，其所资以为体者，皆天地之塞；其所得以为性者，皆天地之帅也。然体有偏正之殊，故其于性也，不无明暗之异。惟人也，得其形气之正，是以其心最灵，而有以通乎性命之全，体于并生之中，又为我之同类而最贵焉，故曰‘同胞’。则其视之也，皆如己之兄弟矣……物则得夫形气之偏，而不能通乎性命之全，故与我不同类，而不若人之贵。然原其体性之所自，皆似亦本之天地，而未尝不同也，故曰‘吾与’。则其视之也，亦如己之侪辈矣。”

王守仁赞同朱熹“存天理，灭人欲”的主张，但他将“理”解释为“心之条理”。只要此“心”无私欲之蔽、“纯乎天理”，“理”便会自然而然地显现出来，他在《传习录》中写道：“发之事父便是孝，发之事君便是忠，发之交友治民便是信与仁。”但“心”之所以能产生“理”，是因为“心”中有“良知”。王守仁以“是非之心”来定义良知，他强调“良知”是“自然明觉”“真诚恻怛”的。他在《传习录》中提出，“知是行的主意，行是知的功夫。知是行之始，行是知之成”，强调知行合一，这是一种实践主义的思想。

在商业气息较浓的长江中下游一带，宋明理学倡导“存天理，灭人欲”，而它的背后流行的却是宣扬人欲的商业文化，这种现象与实学风尚开始流行有关。明末，伴随着朝代的更替与异族的侵略，王夫之、黄宗羲、顾炎武等人开始思考现实问题与政治改良。明人李贽就肯定“人欲”的价值，认为人与人之间的交换关系、商业交易合乎天理。他曾评点过《水浒传》《西厢记》《浣纱记》《拜月亭》等作品，认为理想的“至人之治”则是“因乎人者也”，顺乎自然，顺乎世俗民情。王夫之对程朱理学的“存天理，灭人欲”提出了批评，反对禁欲主义，提倡不能离开人欲空谈天理，认为天理即在人欲之中。他的经世致用哲学观，结束了宋明理学空谈心学、理性，不切实际的学风，开创了理学与经世致用结合的新的务实学风。王夫之于《张子正蒙注》的序中说道：“自朱子虑学者之骛远而忘迩，测微而遗显；其教门人也，以《易》为占筮之书而不使之学，盖亦矫枉之过；几令伏羲、文王、周公、孔子继天立极，扶正人心之大法，下同京房、管辂、郭璞、贾耽壬遁奇禽之小技。”

王夫之在解构程朱理学的概念化、抽象化教育理论时，却曾盛赞张载对天人合一问题的开创之功。他在《张子正蒙注》中说：“顺而言之，则惟天有道，以道成性，性发知道；逆而推之，则以心尽性，以性合道，以道事天。惟其理本一原，故人心即天。”安徽桐城派的文章，最能反映在近代工商文明发展大背景下长江流域程朱理学教育思想的兴衰。梁启超在《近代学风之地理分布》中说：“浙江与江南——江苏、安徽同为近代文化中心点。”安徽桐城派的文章内容多是宣传儒家思想，尤其是程朱理学。明清理学由尊德性向道问学的发展是桐城派文学得以发端的重要内因，而清代乾嘉时期，浙东、浙西戴（震）章（学诚）对于义理和考据的重视，使得道问学的传统进一步加深，这是桐城派得以兴盛的重要原因。同时，不应该忽略的是，在清末变局之下，中国传统知识分子“以国士自居”的价值取向，桐城派对于时局的建议、举措的成败也折射出理学的末流发展、没落和最终失语的原因。

三、宋明理学教育理念对律学的影响

北宋神宗时期，王安石力主变法，提倡律学。科举设“明法”新科，是王安石变法的重要内容。他提出“有司议罪、唯当守法”，但他又主张敕令优先于律，认为“天变不足畏，祖宗不足法，人言不足恤”（《宋史·王安石传》）。司马光则提出“祖宗之法不可变”以对抗王安石的变法。到了南宋，新的社会历史条件产生，礼法情势发生变化，如学者史广全所指出的：“从宋到清末，是道德向法律伸手，寻求法律强制力的支持，着重解决在变化了的社会条件之下，道德对于维系人的内在，使其加强自律的功能受到严峻挑战的问题。”[①]沈家本在《法学盛衰说》一文中说，由元至清，“律学遂微，朝廷屡诏修律迄于无成……此学亦遂衰”。

“法者，天下之理”，朱熹论证了国法是天理、人情的体现，受天理、人情的制约。他说：“此先王之义刑义杀，所以虽或伤民之肌肤，残民之躯命，然刑一人，而天下之人耸然不敢肆意于为恶，则是乃所以正直辅翼而若其有常之性也。后世之论刑者不知出此，其陷申、商之刻薄者既无足论矣。至于鄙儒姑息之论，异端报应之说，俗吏便文自营之计，则又以轻刑为事。然刑愈轻而愈不足以厚民之俗，往往反以长其悖逆作乱之心，而使狱讼之愈繁，则不讲乎先王之法之过也。”（《朱文公文集》卷十四）他认为礼法均是理的体现，二者对治国同等重要，绝“不可偏废”。经此一说，刑与德的关系不再是“德主刑辅”中的次要和主要的关系，德对刑不再有制约作用，而只是刑罚的目的，刑罚也不必拘泥于“先教后刑”的框框，

① 史广全.礼法融合与中国传统法律文化的历史演进[M].北京：法律出版社，2006：13.

可以“先刑后教”。

朱元璋吸收了朱熹理学的教育思想，提出了“明刑弼教”和“重典治国”的立法思想。所谓明刑弼教，即朱熹所谓“故圣人之治，为之教以明之，为之刑以弼之。”（《朱文公文集》卷十四）从明朝开始，法律和礼教上升到了同样的高度，统治者通过法律的实施来进行教化。《大明律》是由明朝开国皇帝朱元璋总结历代法律施行的经验和教训制定而成的详细法令条例。《大明律》在“礼”与“法”的结合方面呈现出“明刑弼教”的特点。以《名例律》冠于篇首，按六部职掌分为吏、户、礼、兵、刑、工六律，传统的法律体例结构至此产生巨大变化。通过这些法律制度设计，朱元璋希望将各个部门的政府官员严厉地控制起来，重典治吏。除了《大明律》之外，朱元璋特创《大诰》作为明初的刑事特别法。《大诰》的效力在律之上，对于律中原有的罪名，一般都加重处罚，其一大特点是将锋芒指向贪官污吏，以此强化统治效能，它也是中国法制史上空前普及的法规。

《大明律》是中国封建社会后期的典型法典，具有鲜明的时代特色。它虽然以《唐律》为蓝本，但在形式和内容上都有发展。在形式上，调整了唐律的12篇体例，以六部之名命名各篇，乃是以行政职能替代了法律行为的新命名方式，形式上将律典进一步行政化，几乎和令没有了区别。在内容上，调整经济关系的内容大为增加，《课程》《钱债》《市廛》专篇，反映出明代封建经济和商品货币关系的进一步发展。在刑罚上，体现了“世轻世重”“轻其轻罪，重其重罪”的原则。事关典礼及风俗教化等事，定罪较轻；贼盗及有关帑项钱粮等事，定罪较重。有关钱粮等事，明律科罪较唐律重，但“脱漏户口”“商嫡子违法”“别籍异财”“居丧嫁娶”“良贱为婚”等科罪却较轻。《大明律》虽然对事关典礼及风俗教化等事定罪较轻，但给宗族的私刑留下了很大空间。理学家还提出通过乡约来贯彻礼法，因此，明代朝廷大力提倡和推广乡约。

从程朱理学的言论行为来看，他们所谓的“存天理，灭人欲”，其矛头主要是指向君主帝王等统治者，而不是指向被统治者。明朝初期，在把程朱理学推向至尊位置、实行八股取士之后，程朱理学便成了封建政治教条而失去了进一步发展的余地，“存天理，灭人欲”被曲解并教条化。王阳明所处的时代，程朱理学已经完全进入书斋式的圣学研究。为了让天理植根于生活，最大程度地发挥理的作用，王阳明的“心学”应运而生。王阳明的“心学”主要包括三个方面内容：一是“心即理”，二是“知行合一”，三是“致良知”。王明阳提倡用心思考问题，又主张“知行合一”。王阳明的《南赣乡约》，推行乡约制度贯彻礼法，影响最大。《南赣乡约》与张载学生吕大钧的《吕氏乡约》相比，前者是官办，后者是民办。为了贯彻乡约，王阳明下令成立执行乡约的组织，协助官府劝令同约完成纳粮任务、维护地方安定、劝助投招新民改过自新等。

第三章　天人合一教育理念对传统制度文明的形塑

孟德斯鸠在《论法的精神》中论及法律与各类政体、风俗、气候、宗教、商业等之间应有的关系，提出了自然环境决定论。他认为，法律应该和国家的自然状态有关系，和寒、热、温的气候有关系，和土地的质量、形势与面积有关系，和农、猎、牧各种人民的生活方式有关系。法律应该和政制所能容忍的自由程度有关系，和居民的宗教、性癖、财富、人口、贸易、风俗、习惯相适应。最后，法律和法律之间也有关系，法律和它们的渊源，和立法者的目的，以及作为法律建立的基础的事物的秩序也有关系。应该从所有这些观点去考察法律。

第一节　中国传统制度文明的特色

儒学天人合一思想作为核心价值得到了有效的培育与践行，其中的重要经验是引礼入法，把儒学道统的价值观制度化。然而，传统与现代毕竟有很大差异，要使天人合一传统文化转变为当今社会的生态文明建设理念，必须对“礼治”的实质内容进行变革，使其与当今社会主义核心价值观的教育理念建立制度性的联系。否则，即使非常优秀的传统文化也会与现实相脱离。因此，考察传统社会儒学天人合一教育理念制度化的得失，对于塑造生态文明法治建设的时代精神是十分必要的。

一、中国传统制度文明的基本样态

中国传统制度文明，是在以农耕文明为代表的经济基础上构筑的治国理政的基本原则与规定，是诸子百家思想在政治社会层面汇集与融合的产物，体现了以儒家天人合一为主流的“修身齐家治国平天下”教育理念的制度化与发展过程。

（一）中国传统制度文明的经济基础

传统制度文明以农耕文明作为经济基础，但并不是说农耕文明就必然否定商品经济。司马迁引《周书》曰：“农不出则乏其食，工不出则乏其事，商不出则三宝绝，虞不出则财匮少。财匮少而山泽不辟矣。此四者，民所衣食之原也。”（《史记·货殖列传》）儒家学者也曾试图将农业与商业二者调和起来，但商业经济始终没有成为封建社会的主体。孟子曰：“易其田畴，薄其税敛，民可使富也。”（《孟子·尽心章句上》）“市，廛而不征，法而不廛，则天下之商皆悦，而愿藏于其市矣……关，讥而不征，则天下之旅皆悦，而愿出于其路矣。耕者，助而不税，则天下之农皆悦，而愿耕于其野矣……廛，无夫里之布，则天下之民皆悦，而愿为之氓矣。”（《孟子·公孙丑上》）

重农抑商到了战国时期，才由商鞅变法正式确立。商鞅变法，实行重农抑商政策，鼓励发展农业生产，从而促使秦国的经济实力不断增强，《史记》记载：“关中之地，于天下三分之一，而人众不过十三。然量其富，十居其六。”可重农抑商政策不利于商品经济发展。商鞅在变法中曾颁布一项奖励耕织的法令，其主要内容是：“勠力本业，耕织致粟帛多者，复其身，事末利及怠而贫者，举以为收孥。”（《史记·商君列传》）中国封建社会采取的这种政策，将农民紧紧束缚在土地上，有利于巩固专制主义中央集权制度，维护社会稳定。

（二）中国传统制度文明中的主客体关系

哲学上的主体指对客体有认识和实践能力的人，指自然人。法律主体是指活跃在法律之中，享有权利、负有义务和承担责任的人。法律主体不仅包括哲学意义上的“人”，在特定情况下，可以将法人等“人合组织”类推为法律主体。土地、水、森林、草原、海洋在国人看来都不是独立于法律主体之外的客体——物，而是人们生存的家园环境，具有“环境法”的属性。

中国传统制度文明的主客体界分的特征形成，其理论渊源可追溯到荀子的“天人之分”。近代学者多认为，荀子在《天论》中提出了：“明于天人之分，则可谓至人矣。”荀子天人观既不同于传统儒家的孔孟“天人一体”说，也不同于道家老庄的“自然无为”说，是在“分”的基础上的天人合一。其中关于“分”的观点，与西方法治文化中权利、义务和责任这些基本范畴是相通的。例如严复在《天演论》的翻译中肯定了荀子的法律起源论，认为“争且乱”是“天”的作用，“安且治”是人的作用[①]。他在翻译《法意》时说：“物有是非谓之理，国有禁令谓之法”，“一切皆成于自然，独人道有自为之法。然法之立也，必以理为之原，先有是非，而后有法，非法立而后以离合见是非也”。梁启超在《清代学术概论》中盛赞严复道：“西洋留学生与本国思想界发生影响者，复其首也。”他还沿用严复的进化论思想，论证变法的合理性。他在《论中国宜讲求法律之学》中认为自然界一切都在变，“无时不变，无事不变”，“法久必变”，“天之道也”。

托古改制，是清末以康有为为首的改良派引进西方法治文化而提出的一个办法。在中国向西方学习法治文化的近代化时期，环境问题还没有成为法律关注的重点，天人合一观因为与传统社会的道统相连，一度被批驳，而荀子的“天人之分”因与西方的权利、法治观念相近而为人关注。因此，近代以来许多法学者将西方自然法和人为法的思维模式应用于中国的法学

---

① 赫胥黎.天演论[M].严复，译.北京：中国青年出版社，2009：96.

研究，并通过荀子学说引入西方法治文明，这对传统制度文明的变革发挥了重要作用。但是，随着西方法治文明的东扩，西方文化的功利主义和物欲膨胀引发的社会问题也暴露出来，儒家天人合一观念再次被学者提倡。民国时期的新儒学者认为荀子“天人之分”并不是天人合一观念的对立，只不过主张天人合一的孟子是理性主义者，主张“天人之分”的荀子是经验主义者。

（三）中国传统制度文明的价值取向

在人与自然的关系处理中，是“存天理，灭人欲”还是“义利双行”，古人从天人合一的不同角度有不同的阐释和理解。

“存天理，灭人欲”是朱熹的观点。天理是什么，“大而天地万物，小而起居食息，皆太极阴阳之理也。”（《朱子语录》卷六），“至于一草、一木、一昆虫之微，亦各有理”（《朱子语类》卷十五），“理是人物同得于天者”（《朱子语录》卷四），“天理”之于人，是“心之本然”，“盖天理者，此心之本然，循之则其心公而且正”（《朱子语类》卷十三），“仁者以天地万物为一体，莫非己也。认得为己，何所不至？”（《近思录》卷一）“存天理”就是追寻人与自然、人与社会的和谐统一。所谓人欲，“人欲者；此心之疾疢，循之则其心私而且邪。”“问：‘饮食之间，孰为天理，孰为人欲？’曰：‘饮食者，天理也；要求美味，人欲也。’”（《朱子语类》卷十三）朱熹过分强调孔子所谓“克己复礼”，使得天理湮没了人情。

“义利双行”，用现在的话说就是环境保护和经济发展相协调，公心与私心相协调。在农耕文明为主流的封建社会，商业经济是典型的“人欲”和“私心”，法家是重视“私心”的，但主要是皇权的“私心”。儒家天人合一观就是希望通过天理来约束各种“私心”，但并没有否定人情的利益需求。

中华法文化讲究修身齐家治国平天下，家与国、礼与法的协调，是“义利双行”。在当今社会转型的大背景下，寻求传统文化与生态环境保护有机整合的现代管理模式，是摆在中国特色社会主义生态文明法治建设面前的棘手课题，要做好这个课题，必须依法理顺公与私、义与利之间的关系，对中国天人合一传统文化重新阐释，古为今用。时下谈到天人合一的传统文化，有的人将它与现代生态主义倡导的人与自然的和谐相等同，其实从根本上来讲，中国古代社会的天人合一观念，主要还是作为维护特权统治制度化的理论依据。继承和发扬传统文化，需要我们将其与时代精神结合起来，对天人合一作出生态整体主义的伦理解释。

二、中国传统制度文明的伦理法特征

律令典章制度是对国家基本的政治、法律、文化等各种制度的总称，属于官方的法律文化。中国封建社会是一个诸法合体、以刑为主的社会，传统法律文化经过了引礼入法、德主刑辅的制度化演变过程。

先秦时期法律制度是以刑为主，郑国子产“铸刑书”是中国历史上第一次公布成文法的活动，子产此举，开中国古代公布成文法的先例。公元前513年，晋国的赵鞅、荀寅把范宣子制作的成文法铸在铁鼎上，公之于众，被称为“铸刑鼎”。法律都是以“刑”的名义出现。战国时期，法家先贤李悝、商鞅、申不害相继在各国变法，打破“刑不上大夫，礼不下庶人”的贵族特权，通过“法治”推动了封建制度的形成。法家的创始人李悝，收集当时诸国刑律编成《法经》六篇，为中国古代第一部较为完整的法典。

法家是战国时期产生和发展的以“法治”为核心思想的一个学派，主张通过制度建设来奖励耕战，定分止争。法家不仅将“法治”作为一种理论，更主要的是他们将这种理论运用到实践中，促进了社会的变革和中国传统制度文明的发展，其中商鞅变法在中国传统制度文明发展进程中具有里程碑式的意义。商鞅在秦国主持变法时，“废井田、开阡陌”，奖励耕战，将《法经》改造成了秦律，形成了诸如《田律》等法律制度，奠定了农耕文明的法制基础，历史上称为“改法为律”。律字原意指定音的竹笛，后来也指音乐的旋律、节拍，主要含义是稳定。商鞅用“律”字代替了“法”字，使“刑名法术之学”变成了定分止争的行为规范。他在秦实行了两次变法，重农抑商，奖励耕战，明确提出了“农本”观念。

汉朝“罢黜百家，独尊儒术”以后，法家“一断于法”的观点受到排斥，荀子“隆礼重法”的观念成为主流。荀子认为：“法不能独立，类不能自行，得其人则存，失其人则亡。”（《荀子·君道》）董仲舒提出通过“春秋折狱”理论来引礼入法，改造先秦法家制定的律令典章。到唐律时期，立法实行“一准乎礼”，《唐律疏义·名例》对此进行解释：“德礼为政教之本，刑罚为政教之用，犹昏晓阳秋相须而成者也。”至此，官方的律令典章制度成为儒家文化的组成部分，遵循天人合一的儒家伦理才具有合法性。

从律令典章形式来看，法律出现了引礼入法的演变。战国时《法经》是法家思想的制度化体现，规定了“王者之政”的要领，即“王者之政，莫急于盗贼”。汉唐以后，受儒家天人合一思想的影响，法律的发展经过汉朝《九章律》等的演进，到隋朝的《开皇律》、唐朝的《唐律疏议》，法律条文的伦理性增强，儒家学者的注释也成为律令典章的补充形式。

唐朝是中国封建法律文化最辉煌的时期，唐律以“一准乎礼，而得古今之平”著称于世，形成了完备的封建法律形态。唐代法典包括律、令、格、式四部分。其中律居首位，律即刑法典，是用于定罪的。令就是国家的制度和政令。格就是对文武百官的职责范围的规定，用作考核官员的依据。式是尚书各部和诸寺、监、十六卫的工作章程。《唐律疏议》是唐朝高宗永徽三年（公元652年）编定的律文，是我国历史上保留下来的最早、最完整的封建法典和注疏，其立法理论体现了儒家天人合一学说与法家“天人之分”的统一，体现了“引礼入法、礼本刑用”的特色。

清末改制是中华法系近代化的开始，作为道德规范的礼从法律体系中分化出来。1903年7月，清政府移植西方法律体系，开始制定了商法，同年即起草公布了《商人通例》和《公司律》，并于1904年实施，法治观念由此开始更新。在修订法律计划中，《大清律例》是当时修律的主要目标。《大清现行刑律》是在修订新刑律的过程中，作为“推行新律基础”，由清廷先颁行的一部过渡性法典。它在《大清律例》的基础上进行了局部调整，虽然称为“刑律”，但仍保留了传统法律“诸法合体”的特点。1906年，修律馆即已聘请日本法学博士冈田朝太郎在法律学堂主讲刑法，帮助起草新刑律。1907年8月，《大清刑律草案》编纂完成。但在《大清刑律草案》的起草和修改过程中，爆发了激烈的“礼法之争”，阻碍了新刑律的审议通过。1907年，修律馆开始起草民法典，1911年完成。从此，中国由民刑不分的法律体系变革为近代的部门法体系，出现了矿业法等环境保护方面的制度建设①。

民国时期，受西方工业文明和法治文化的影响，中国法律现代化掀开新篇章，在主要仿照大陆法系样式、兼采英美法律制度的基础上，颁行了“六法全书”，实现了形式上完整的法律现代化，法律与道德从形式上得以完全区分。六法全书有狭义和广义之分，狭义的六法全书，原指国民政府制定的《宪法》《刑法》《民法》《刑事诉讼法》《民事诉讼法》《行政法》六部法典。广义的六法全书则包括了以六大法典为主的国民政府的所有法律，其中土地法、森林法、水法等作为民法的特别法而存在，成为“纯粹”的法律规范体系。但是中国传统文化天人合一观仍影响着法律的实施。

三、中国传统制度文明的道统特征

“道统”一词是由朱熹首先提出的，他曾说过：“子贡虽未得承道统，然其所知，似亦不在今人之后。”（《朱文公文集》卷三十六）朱熹虽然最早将“道”与“统”合在一起，但道统说的创始人却是唐代儒家学者韩愈。韩愈明确提出儒家有一个始终一贯的有异于佛老的“道”，就是指作为儒家思想核心的“仁义道德”的历史传承过程。这个过程就是“尧以是传之舜，舜以是传之禹，禹以是传之汤，汤以是传之文武周公，文武周公传之孔子，孔子传之孟轲”（《韩昌黎全集》卷十一）。儒者之“道”的传授谱系也就是朱熹所说的“道统”。

儒学自先秦孔孟奠定基本框架后，至两汉以经学形式一度成为官方意

① 徐爱国.清末继受大陆法系传统的影响[N].人民法院报,2012-02-24(5).

识形态，其后衰败长达近千年，直到进入宋代，以理学的形式再度兴盛。宋代理学家几乎无不关注道统理论，并确立了理学的道统论。历史上的儒家学者少有人重视尧、舜之前的道统传承，而张载却认定伏羲、神农、黄帝是“制法兴王之道”的开创者，他在《正蒙》中提出：“伏羲、神农、黄帝、尧、舜、禹、汤，制法兴王之道，非有述于人者也。”由此可知，张载眼中的道统是包括儒家文化在内的整个华夏文化的优秀传统，这也是对中国历史正统观念的深刻总结。天人合一还包含了人与环境的关系。张载提出的“民胞物与”思想，把全社会看作一体，也把自然与社会看作一体。

张载以后道学的天人合一说，逐渐分为程（程颢、程颐）、朱（熹）理学和陆（象山）、王（阳明）心学两派。程朱的最高境界是“与理为一”，阳明心学是“万物一体”。王明阳并没有特别明确与强调天人合一的表达，其“知行合一”的主张其实贯穿了这一思想。王阳明说：“天地万物本吾一体者也。生民之困苦荼毒，孰非疾痛之切于吾身者乎？”（《传习录·答聂文蔚》）

因此，天人合一说作为中国传统制度文明的道统理论是具有一定的科学精神和人文精神的。“中国历代尤其是社会急剧变革、由乱入治、生产生活发生重大改变和发展的时期，涌现了足以改变人类历史进程的‘四大发明’及众多举世瞩目的科技成果。而与之同期，天人合一思想由发端、发展到成熟完善。其走向与科学发展社会进步如此同步，彼此互动互进的作用显而易见。然而囿于长期的封建社会，尤其封建时代后期，随着皇权集权不断极化，天人合一被附会为封建伦理道统的依据加以神圣化，其科学精神和人文精神几乎被窒息。”①

比较典型的是，随着封建道统观念的加强，天人合一的“存天理，灭人欲”观点被加强，而其礼乐美学价值观被忽视。春秋战国时期百家争鸣，秦朝则一切皆有法式，而且秦始皇焚书坑儒，导致《乐经》失传。汉武帝“罢黜百家，独尊儒术”后，礼与乐逐步相分离，却与法联系更紧密。因此，在封建王权统治的背景下，是以礼、法是否服务于王权而进行区分制

① 显庆.“天人合一”中的科学精神[N].中国科学报,2015-01-23(2).

度化的，这与现代生态文明法治建设的价值追求是根本不同的。比如，《山海经》是先秦时期一部有重要价值的地理著作，也是一部最古老的奇书，其内容主要是民间传说中的地理知识，包括山川、道里、民族、物产、药物、祭祀、巫医等。对于它的内容性质，司马迁直言“余不敢言也”，鲁迅认为其及“巫觋、方士之书”。

文以载道是对中唐时期韩愈等古文运动倡导者提出的“文以明道”的发展，经宋代理学家周敦颐的解释得到完善。韩愈反佛排道，大力提倡儒学，文学也就是传播儒家之“道”的手段和工具。“四书”“五经”是南宋以后儒学教学的基本书目，儒生学子的必读之书。文人雅士以“居庙堂之高则忧其民，处江湖之远则忧其君”为己任，得意之时就“文以载道”，失意之时则“一樽还酹江月”，寄情于山水之间，如诗仙李白、诗圣杜甫和诗佛王维，均是如此。因此，古代文人雅士的作品，或成为君主治理国家的策论，或成为民间传颂的诗词歌赋、通俗小说和戏剧。尽管如此，唐宋以来中国文学中情景交融的意境还是在客观上激发了人们对大自然的热爱，文人雅士所游历、咏诵的山山水水，也就成了名山名水。

可是，由于在制度和观念层面坚持道统论，天人合一的科学理性思想不能得到发挥。徐霞客是中国历史上著名的地理学家之一。他一生不愿为官，喜欢到处游览，欣赏山水景观，经30年考察撰写了天台山、雁荡山、黄山、庐山等名山游记17篇，完成《浙游日记》《江右游日记》《楚游日记》《粤西游日记》《黔游日记》《滇游日记》等著作，在记录了大量风景名胜的同时，对西南的民风民俗亦有涉猎，包括少数民族过节习俗等。除佚散篇外，其遗有60余万字游记资料，死后由他人整理成《徐霞客游记》，被后人誉为“世间真文字、大文字、奇文字”。蒲松龄也是科场的失意者，他从关注四书五经到收集整理民间文学，创作了《聊斋志异》这样的文学巨著，刻画出一系列活灵活现的花妖狐魅的形象。这部手稿通过“人竟传写，远迩借求”的方式流传下来，这也从一个侧面反映出中华民族天人合一传统文化的科学理性价值观在非制度化保护情况下的生存困境。

四、和而不同的多样化的法文化特征

天人合一还蕴含着多样性，有多样性才有统一性，这也是辩证唯物主义思想的体现。《论语·子路》讲："君子和而不同，小人同而不和。"《国语·郑语》中讲："和实生物，同则不继。""和而不同"较好地反映了中华法系的历史发展过程中的特征。中华法系近现代化以前，是以中原汉族文化为核心，与少数民族文化交汇融合形成的。天人合一、和谐、中庸等思想精髓不仅存在于中原文化中，也存在于少数民族风俗、宗教等文化中，是一种多元一体的"和而不同"状态。

中国是一个多民族、多种生态环境和多元文化的国家。由于地域辽阔，地理生态环境复杂多样，各民族生活于不同的地理环境中，在对环境的适应和改造过程中，创造出各具特色的文化。中国文明地域结构的特征，表现为黄河、长江流域以灌溉为主的农业文明核心区与外围区游牧文化、山林文化、海洋文化相互依存又纷争的融合发展过程[①]。就生态环境与文化形态对应的关系而言，中原地区多为高地平原，与之对应的是农耕文化；东北地区大致呈山地森林与草原交错之样态，对应的是渔猎、游耕文化；北方、西部的草原地区对应的是游牧文化；南部丘陵地区对应的是苗族、壮族等少数民族山林文化、游耕文化。这不仅是中华传统法律文化与农耕文明互动关系的映现，也足以解释中国为何出现多民族的生态法文化现象。

中国自古以来就是一个中央集权的统一的多民族国家，夏、商、周以来，历代历朝为民族统治和管理的需要，制定了众多调整民族关系的法律规范[②]。唐朝《永徽律·名例》中有关于"化外人相犯"的规定，宋朝长时间与少数民族政权并立，元朝是由少数民族建立的政权，这些都说明了少数民族法制是中华法文化的重要组成部分。清朝是中国封建社会中民族立法比较成熟的时期。为了统治辽阔的疆域，巩固统一多民族的国家和加强

---

① 李鸿宾.逐鹿中原：东北诸族势力南向拓展的秘密[N].中国社会科学报，2015-01-08（A06）.

② 李鸣.少数民族法制史研究的回顾与思考[J].民族研究，2011（1）：97-107.

对少数民族聚居区的司法管辖，针对聚居在边陲之地的少数民族，清政府制定了一系列专门法律。例如：《蒙古律例》《回律》《西宁番子治罪条例》《西藏禁约十二事》，以及适用于苗族的《苗例》。这些法律承认、吸收了少数民族形成的生态文化习惯，为少数民族地区生态环境的保护和文化多样性的存在提供了法律保障。少数民族也秉承中华文化大传统，形成了天人合一的小传统文化，其宗教、习俗中有许多对自然崇拜的图腾和生态保护的传统。

中国是一个具有悠久历史和丰富民俗传统的国家，各民族都有有利于生态保护的各类民俗文化，有些甚至形成了习惯法。“在少数民族传统文化中，人们素有‘靠山吃山，靠海吃海’‘靠山养山’‘靠海养海’的习俗和观念，故在少数民族中早就有护山碑、护林碑、种松碑，并刻石立碑，敬告人们遵守，以保护山上的一草一木，违者施以重罚。而湖泊、河流水资源，被少数民族人认为是自己赖以生存和发展的前提和条件。所以，至今在少数民族地区有水利碑、开河记、重修溪河记、开沟告白等保护水资源的碑文。”[①]这些村规民约对公共造产、保护资源环境和维护秩序都有很大作用。例如，我国少数民族地区山多林多，因此产生了森林传奇等民间文学艺术，这对森林保护影响很大。瑶族谚语云：“万树千棕，一世不穷。”佤族谚语亦说：“毁了山，破坏了地方。”傣族还有“地好因有草覆盖，草茂因土地肥沃”的俗谚。基于这种认识，在傣族居住的地区，森林都被保存完好，如云南的西双版纳和德宏州部分地区。苍狼白鹿的神话传说，反映了蒙古先民的一种图腾观念和对动植物的热爱。西藏地处世界屋脊——青藏高原，山峰、湖泊、大河、草原，这些独特的自然地理环境造就了独特的高原游牧文化。牦牛、骆驼是青藏高原上的人们生活不可缺少的忠实伴侣，人们也形成了一些习惯法对其进行保护，这些习惯法也构成了生态民俗整体和传统文化的一部分。

历史上，我国对环境保护的文化根源认识不足，没有相应的法律保护

---

① 杨国才.社会性别视野下少数民族妇女与生态环境保护[J].云南民族大学学报(哲学社会科学版),2007(3):12.

制度，造成了环境保护和文化多样性的分割保护，乃至没有保护。在国外，也曾遭遇这种在环境保护中忽视文化培育的状况。例如，发轫于西方的现代科学在看待环境和自然资源时，缺乏感情和对环境的敬畏，过分强调自然资源的实用性和功利性，把东方民族关于自然的一些宇宙观和认识论视为迷信、落后而不屑一顾。随着环境污染、超限采摘等人为因素的影响，野生资源的生存空间遭到极大破坏，种群数量日渐减少，部分物种濒危。因此，我们应该更加重视研究文化多样性和环境资源整体性保护的问题，促进人与自然的和谐发展和整体性保护。

我国颁布了一系列环境和文化多样性保护的相关法律，主要包括水法、森林法、草原法等；颁布了一系列行政法规，包括自然保护区条例、野生植物保护条例、农业转基因生物安全管理条例、濒危野生动植物进出口管理条例和野生药材资源保护管理条例等。相关行业主管部门和部分省级政府也制定了相应的规章、地方法规和规范。

1972年6月，联合国在瑞士召开的人类环境会议通过了著名的《斯德哥尔摩宣言》，首次在国际条约中把环境问题与文化问题联系起来。1992年6月，联合国在巴西召开了具有历史意义的环境与发展大会，会议发表了关于环境与发展的《里约环境与发展宣言》，通过了《21世纪议程》，把“可持续发展”正式写入了国际社会的章程。1992年，全球高峰会议签署的《21世纪议程》第26章更以专章指出原住民族在可持续发展中所扮演的重要角色。《里约环境与发展宣言》第22条原则规定：“本地人和他们的社团及其他地方社团，由于他们的知识和传统习惯，在环境管理和发展中也起着极其重要的作用。各国应承认并适当地支持他们的特性、文化和利益，并使他们能有效地参加实现持续发展的活动。”我国是农业大国，农业文化遗产是国家的重要财富，因此，保护农业文化遗产应该在我国这样一个农业国的文化遗产保护中占有一席之地。中国传统文化蕴含着许多人与自然和谐的思想，体现了与现代生态文明相契合的生态智慧。正是这一智慧，指导着中华民族五千年来在开发自然、保护自然中繁衍生息，使中华文明经久不衰。当前，面对全球生物多样性减少以及生态危机的严峻挑战，作为拥有丰富资源和深厚传统文化根基的发展中大国，中国有必要从法律保护措施上予以积极应对。

第二节　天人合一观对传统礼乐文明的影响

在中华法文化中，礼乐文明就是一种家庭和国家的教育规范体系。西周初年，经过著名的周公“制礼作乐”，礼便从宗教制度转换成了社会基本典章制度，规定着贵族社会和国家政治的方方面面，包括士冠礼、婚礼、相见礼、乡饮酒礼、乡射礼、聘礼、朝觐礼、丧礼、祭礼、凶礼、军礼（行军，出征）、宾礼等。春秋战国时期，礼崩乐坏，但礼在民间得到保存，也就出现了孔子所说的“礼失求诸野”的情况。汉朝，董仲舒继承了儒家天人合一思想，创造了一套天人感应的教育理论，使得“三纲五常”成为封建立法和司法的根本原则。宋明理学时期，天人合一教育理念更加成熟。朱熹等人整理注释的儒家经典“四书”“五经”分出了“格物”“致知”“诚意”“正心”“修身”“齐家”“治国”“平天下”八个条目的礼仪规范，成为“明明德、亲民、止于至善”三条纲领的实现途径。

一、天人合一观对“修身”之礼乐的形塑

人性问题，是人类认识自己的重要问题，也是研究教育和法律的起点，这一点中西方文化有共同之处。在西方法文化中，格劳秀斯说：“因为自然法之母就是人性，社会交往的感情就产生于此。”[①]在《大学》八个条目中，修身是根本，“自天子以至于庶人，壹是皆以修身为本”（《礼记·大学》）。修身就是加强自身修养，提高自身素质。不过，中西方对人性看法有许多不同，西方文化认为人性是天赋的和普遍的，如爱尔维修说：“自

① 西方法律思想史编写组.西方法律思想史资料选编[M].北京:北京大学出版社,1983:139.

爱，或者对自己的爱，无非是自然铭刻在我们心里的感情。”[①]人要实现这一自然权利，就必须通过社会契约和法治来生活。而中华文化对人性的看法则更复杂，多数观点认为人性是可通过教育改变的，人可以通过教化进入一种大同世界的生活。

孔子清楚谈及人性的，只有一句简单的话：“性相近也，习相远也。”（《论语·阳货》）他认为，人先天具有纯真的本性，后来的不同是后天形成的。人生处于不同时期，有不同的礼法约束。他提出君子有三戒：“少之时，血气未定，戒之在色；及其壮也，血气方刚，戒之在斗；及其老也，血气既衰，戒之在得。”（《论语·季氏》）“五十而知天命”（《论语·为政》）当然，礼不仅仅是拘束人性的，还给人带来“乐”。孔子说：“礼云礼云，玉帛云乎哉？乐云乐云，钟鼓云乎哉？”（《论语·阳货》）即礼不应该只剩下玉帛，乐也不应该只剩下钟鼓。当然，这种“乐”，是众人之乐，所以，礼乐的基础在于仁，亦即真诚的情感和不伤害。孔子指出：“人而不仁，如礼何？人而不仁，如乐何？”（《论语·八佾》）“克己复礼为仁。一日克己复礼，天下归仁焉。为人由己，而由人乎哉？”（《论语·颜渊》）

就人性论而言，在中国哲学史上，影响最大、最深远的当数孟子的“性善论”。孟子“性善论”也是从自然观察中领悟的。他说：“人性之善也，犹水之就下也；人无有不善，水无有不下。”（《孟子·告子上》）孟子认为人性本善，染恶则恶。荀子则认为人性本恶，必借礼乐教育熏陶，乃能知恶去恶，以成其善。杨子则认为善与恶，是人性的两面。西汉董仲舒说：“天两，有阴阳之施，身亦两，有贪仁之性。”（《春秋繁露·深察名号》）他把人性分为“圣人之性”“中民之性”“斗筲之性”三等。东汉王充也根据禀气的多少把人性分为善、中、恶三种。唐韩愈明确提出“性情三品”说，把性与情分为上、中、下三品。韩愈说：“性之品有上中下三，上焉者，善焉而已矣；中焉者，可导而上下也；下焉者，恶焉而已矣。”（《原性》）因此，要大德小刑，修身以德礼为先。

张载的人性论打破了人性的善与恶，突破性地提出了“天地之性”与

① 北京大学哲学系外国哲学史教研室.十八世纪法国哲学[M].北京：商务印书馆，1963：452.

“气质之性”的性二元论理论，将善与恶有机地联系在一起，而不是将二者对立起来。究其原因，与张载天人合一哲学思想的影响有很大关系。“天地之气”根源于太虚，“太虚即气”。张载认为，“天地之性”根源于天道本体的太虚或天。他说：“天所性者，通极于道；气之昏明，不足以蔽之。”（《正蒙·诚明》）“太虚为清，清则无碍，无碍故神。反清为浊，浊则碍，碍则形。”（《正蒙·太和》）既然天地之性是人受于天，则人人都具有“天地之性”。张载又提出了“气质之性”，“人之性虽同，气则有异。天下无两物一般，是以不同。”（《张子语录》）故此，张载指出人的生理本能和生存欲望并不都是恶，正当的欲望是合理的，比如人的吃穿住行，而那些不适合的、过分的欲望就是恶。并从根源出发，指出由于禀阴阳二气的不同，禀清气者则为善，禀浊气者则为恶。因此，张载倡导“知礼成性”，即要先学“礼”，这样才能达到“知”，反过来又能更加恭敬合礼。

与张载相似，朱熹也讲“天命之性”与“气质之性”，认为“天命之性”是“专指理言”，“气质之性”是“以理与气杂而言之”（《朱子语类》卷四）。朱熹在《朱子语类》中认为：“天有春夏秋冬，地有金木水火，人有仁义礼智，皆以四者相为用也。”“理者有条理，仁义礼智皆有之。”“大而天地万物，小而起居食息，皆太极阴阳之理也。”“至于一草、一木、一昆虫之微，亦各有理。”“天地之间，有理有气，理也者，形而上之道也，生物之本也。”“天下万物当然之则便是理。”“世间之物，无不有理，皆须格过。”“天下之理，终而复始，所以恒而不穷。恒，非一定之谓也，一定则不能恒矣。惟随时变异，乃常道也。天地常久之道，天下常久之理。非知道者孰能识之?”“有此理，便有此天地；若无此理，便亦无天地，无人无物，都无该载了！有理，便有气流行，发育万物。”

就“天命之性”而言，无人物贵贱之殊；就“气质之性”而言，有人物贵贱之别。“人之禀气，富贵、贫贱、长短，皆有定数寓其中。禀得盛者，其中有许多物事，其来无穷。亦无盛而短者。若木生于山，取之，或贵而为栋梁，或贱而为厕料，皆其生时所禀气数如此定了。”（《朱子语类》卷四）朱熹认为人性决定人心，“人自有人心、道心，一个生于血气，一个生于义理。饥寒痛痒，此人心也。恻隐、羞恶、是非、辞逊，此道心也。”（《朱子语类》卷六十二）“合道理底是天理，徇情欲底是人欲。正当于其分界处理会。”（《朱子语类》卷七十八）“礼者，天理之节文也，为仁者所以全其心之德也。盖心之全德，莫非天理。”（《论语集注·颜渊第十二》）而“循情欲”则指按照个人欲望毫无节制地行事，这种过分的欲望就是人欲。因此，朱熹主张通过明刑弼教来“存天理，灭人欲”。

孟子说：“鱼，我所欲也；熊掌，亦我所欲也。二者不可得兼，舍鱼而取熊掌者也。”（《孟子·告子章句上》）朱熹也说：“鱼与熊掌皆美味，而熊掌尤美也。”（《四书集编·孟子集》卷四）鱼，我所欲是合道理的人欲，熊掌，我所欲也是合道理的人欲，舍鱼而取熊掌还是合道理的人欲，这些都属于天理。“饮食者，天理也；要求美味，人欲也。”（《朱子语类》卷十三）“所欲不必沉溺，只有所向便是欲。”（《孟子集疏》）合理的饮食欲望是天理，过分要求美味就是朱熹要灭的“人欲”。“天理”与“人欲”是相对的，正常的合理的“人欲”就是“天理”，过分的、多余的，甚至是罪恶的“人欲”就是朱熹要灭的“人欲”。

较之张载、朱熹，王阳明不主张将人分成三六九等，他主张心即理，心性不二，他认为此心寂然不动，感而遂通，本无善恶。或善、或恶那是躯壳起念以后的事，与心性了无交涉。王阳明认为，天地虽大，但有一念向善，心存良知，虽凡夫俗子，亦可为圣贤。无善无恶是心之体，有善有恶是意之动，知善知恶是良知，为善去恶是格物。既然知道了善恶，就应该在事上磨炼，“格物致知”，不断为善去恶，格除各种浮思闲虑的干扰，让心从偏颇失控的不正常的状态，回归到不偏不倚的“中和境界”。在王阳明看来，礼乐教化的作用是无法估量的，整个社会都应该统一于忠孝礼义。

中西方法文化对人性的不同定位，产生了不同的法律制度。西方法文化重视个体的生命权、自由权和财产权等人权，认为这些都是人之所以为人的天赋权利（或自然权利）；而中华法文化更重视生命的整体性和延续性，也就是人群和民族繁衍生息的道义，个人的权利服从集体的权利，所以有“舍生取义”“舍利取义”的教育理念。

二、天人合一观对“齐家”之礼乐的形塑

齐家就是管理好自己的家庭、家族。家庭关系包括夫妻关系、父母子女关系，这是礼乐制度文明的根本。在西方法文化中，黑格尔也认为爱是家庭的基础，家庭是具有爱和伦理的，没有家庭也就没有市民社会和国家。

较早以天人合一思想对夫妻关系加以定位的是《中庸》：“君子之道，造端乎夫妇；及其至也，察乎天地。”以夫妇为君子之道的始基。所谓一阴一阳之谓道，只有阴阳调和世界才能安定，阳重阴必重，阴轻阳必轻。阴阳不调必然天下大乱。

三纲、五常两词，出自西汉董仲舒的《春秋繁露》一书。但作为一种道德原则、规范的内容，源于先秦时期的孔子。孔子曾提出了君君臣臣、父父子子和仁义礼智等伦理道德观念。《论语》中没有明确讲夫妻关系，更谈不上夫妻的尊卑秩序问题。孟子进而提出“父子有亲，君臣有义，夫妇有别，长幼有序，朋友有信”（《孟子·滕文公》）的“五伦”道德规范。董仲舒按照他的阴阳平衡、贵阳而贱阴的天人合一理论，对五伦观念进一步阐释，提出了三纲原理和五常之道。董仲舒认为，在人伦关系中，君臣、父子、夫妻存在着天定的、永恒不变的主从关系：君为主、臣为从；父为主，子为从；夫为主，妻为从。《白虎通义》一书谓之曰：“君为臣纲，父为子纲，夫为妻纲。”董仲舒又认为，仁、义、礼、智、信五常之道则是处理君臣、父子、夫妻上下尊卑关系的基本法则，治国者应该给予足够的重视。

三纲五常之说，起于董仲舒，完成于朱熹。宋朝时期，朱熹发展天理说，把“三纲五常”与“天理”联结在一起，认为三纲、五常是天理的展开，是“天理”体现于社会规范的当然的产物，是永恒不变的协调社会关系的妙药。朱熹认为“三纲五常”是“理”之体现，废坏三纲五常，就是“绝害天理”。至此，朱熹的“理一分殊”论便成为社会生活秩序的规范了。朱熹指出，三纲之中，“父为子纲”是基础。对于“夫为妻纲”，朱熹

也非常重视。朱熹认为："盖闻人之大伦，夫妇居一，三纲之首，理不可废。"（《晦庵集》卷一百）夫妻是家庭式人伦关系得以产生的基础，对应的行为规范是"节"，朱熹赞同《程氏遗书》卷二十二提出的"饿死事小，失节事大"的观点。他在《与陈师中书》中说："昔伊川先生尝论此事，以为饿死事小，失节事大。自世俗观之，诚为迂阔；然自知经识理之君子观之，当有以知其不可易也。"

中国古代"以孝治天下"。不孝有三，无后为大。结婚生子是天人合一的自然体现。在夫为妻纲的封建社会，无后是"七出"的理由之一。西周时，周公告诫其弟康叔说："元恶大憝，矧惟不孝不友。"（《尚书·康诰》）孔子说："君子务本，本立而道生。孝弟也者，其为仁之本与！"（《论语·学而》）"五刑之属三千，而罪莫大于不孝。"（《尚书·康诰》）孟子说："尧舜之道，孝悌而已矣。"（《孟子·告子下》）"仁之实，事亲是也；义之实，从兄是也……智之实，知斯二者弗去是也；礼之实，节文斯二者是也；乐之实，乐斯二者。"（《孟子·离娄》）秦汉时的《孝经》则进一步提出："孝为百行之首。"自商鞅开始，"不孝"就被列为严重犯罪。北齐以后，更是将不孝规定为不可赦免的"十恶"之一。在隋唐时的社会生活中，妇女在家庭中的地位有所提升。《唐律疏议·斗讼》规定："诸子孙违反教令及供养有厥者，徒二年。"《唐律疏议·户婚》中规定："诸祖父母、父母在，而子孙别籍异财者，徒三年。""夫妻不相安谐者"可以离异，但对丈夫"出妻"作了种种法律上的限制。根据这些条律，已婚妇女享有与丈夫同等的权利。至于妇女一旦"为人母"，因为"孝"道的作用，"为人母"者不仅会得到子女的尊重，而且其地位还会得到法律上的认可，获得支配财产的权利。

与中华法文化重视生命或宗族的延续不同，西方法文化将夫妻视为两个平等独立的个体，子女行为能力虽然有阶段的区分，但其亦是具有民事权利能力的个体。黑格尔认为家庭是一个抽象的人格，是以两性和爱为基础的统一体，包括婚姻、财产、子女教育和家庭解体等诸要素，是具有法律意义的伦理性的爱。因此，家庭的生命总是有限的。

三、天人合一观对“治国”之礼乐的形塑

《孟子·离娄》中言：“人有恒言，皆曰天下国家，天下之本在国，国之本在家。”亚里士多德曾说过，凡事欲求其真相，可从其最小单元研究起。城邦是自然演化的产物，人类是自然趋向于城邦政治生活的动物。

君权神授，是封建君主专制制度的一种政治理论。《尚书·召诰》说“有夏服（受）天命”，这是关于君权神授最早的记载。周武王讨伐商纣王前，誓曰：“天佑下民，作之君，作之师，惟其克相上帝，宠绥四方。有罪无罪，予曷敢有越厥志？同力，度德；同德，度义。受有臣亿万，惟亿万心；予有臣三千，惟一心。商罪贯盈，天命诛之。”（《尚书·泰誓》）

《礼记》言：“殷人尊神，率民以事神，先鬼而后礼。”周公制礼作乐，以亲亲尊尊为原则，行封建、立宗法，对此孔子盛赞：“周监于二代，郁郁乎文哉！吾从周。”（《论语·八佾》）比照夏商二代的文化，孔子认为周朝礼乐更文明。在周礼中，“礼”与“乐”是相互配合、相辅相成的。“礼”体现为尊卑等级制度的规定和要求，而“乐”不仅是表示“礼”的形式，也起到调和关系、融合感情的作用。佾是古代乐舞的行列，八佾即八行八列六十四人。按周礼规定，只有天子才能用八佾。《论语·八佾》中有“孔子谓季氏：‘八佾舞于庭，是可忍也，孰不可忍也。’”的故事。齐景公问政于孔子，孔子对曰：“君君，臣臣；父父，子子。”（《论语·颜渊》）孔子认为，做君主的要有君的样子，做臣子的要有臣的样子，否则就会礼崩乐坏。

一个国家的礼乐秩序之所以具有合理性，孔子将其归因为“德治”。春秋时期，鲁国的正卿季康子问政于孔子，孔子对曰：“政者，正也。子帅以正，孰敢不正？”（《论语·颜渊》）意思是一个人行端立正，才能领导好别人。对于“法治”，孔子并不排斥，但认为不如“德治”。孔子曰：“道之以政，齐之以刑，民免而无耻；道之以德，齐之以礼，有耻且格。”（《论语·为政》）

孟子虽然和孔子一样，也维护“礼治”“德治”，坚持亲亲尊尊，但他特别推崇“仁政”，提出了反对极端专制的“民贵君轻说”和“暴君放伐论”。《易经》上有记载：“汤武革命，顺乎天而应乎人。”于是，齐宣王问孟子道：“汤放桀，武王伐纣，有诸？”孟子对曰：“于传有之。”曰：“臣弑其君，可乎？”曰：“贼仁者谓之贼，贼义者谓之残；残贼之人，谓之一夫。闻诛一夫纣矣，未闻弑君也。”（《孟子·梁惠王下》）大意是诛杀独夫民贼不为弑君。孟子主张“惟仁者宜在高位”（《孟子·离娄》），期待像尧舜那样的圣人来治理国家，“乐以天下，忧以天下”（《孟子·梁惠王下》）。

荀子对治国的礼乐也很重视。孔子、孟子的王道思想与“畏天命”有关，而荀子则是从“制天命而用之”的角度谈礼乐，不免有霸道成分。《荀子·性恶》曰：“古者圣王，以人之性恶，以为偏险而不正，悖乱而不治，是以为之起礼义、制法度。”在这里，荀子论证了国家应该“隆礼重法”的必然原因。同时，他也认同“乐”在治国中的作用。《荀子·乐论》载：“乐者，圣王之所乐也，而可以善民心，其感人深，其移风易俗易。”“乐者，出所以征诛也，入所以揖让也。”这段话说明了乐舞不仅可以激发斗志也可以陶冶人的性情。荀子相当重视民心向背在治国中的作用，认为“水则载舟，水则覆舟”（《荀子·哀公》）。

董仲舒则从天人合一的角度阐述了王道观念。他在《春秋繁露·基义》中说：“王道之三纲，可求于天。”“道之大原出于天，天不变，道亦不变”（《汉书·董仲舒传》），“春秋之法，以人随君，以君随天”（《春秋繁露·义基》），“故屈民而伸君，屈君而伸天”（《春秋繁露·玉杯》）。董仲舒从天人感应理论出发，鼓吹皇帝是代表“天意”的绝对权威。而朱熹则进一步从道家的“道法自然”思想出发，以“天理”作为法和礼的产生依据，论证了君主也要服从天理，遵守礼乐、法律的观念。他说：“人主之心正，则天下之事无一不出于正，人主之心不正，则天下之事无一得由于正。”（《朱文公文集》卷十一）也是以君为臣纲为前提的。因此，儒家从三纲中引申出来的是制约君权的意思，即要求君王从道。

与西方法文化相比较，中华法文化将国家作为一个大家庭看待，在王道的“礼治”和霸道的“法治”中更重视礼乐教化的“礼治”。西方法文化一般将政治国家和市民社会区分开来，市民社会与家庭不同，是一种处于竞争状态的社会，需要“法治”。黑格尔将现代教育分为家庭教育、社会教育和国家伦理教育，家庭教育偏重爱的教育，社会教育处理的是人与人之间的利益纠纷，更多的是一种法治而不是道德教育。在调和家庭教育和社会教育的矛盾冲突中，黑格尔突出了他的国家伦理教育观。他说：“为了使大公无私、奉公守法及温和敦厚成为一种习惯，就需要进行直接的伦理教育和思想教育。”①因此，与中国家国同构的礼乐教育思想不同，西方更重视的是公法（也就是国家法）和私法（也就是市民社会的法律）相区分的法学教育。

四、天人合一观对“平天下”之礼乐的形塑

协和万邦是中华民族天人合一宇宙观的内在精神。《说文解字》解释“平”字为“亏八”也，亏为亏损、消除，八就是分别，因此，平天下就是天人合一，消除一切分别，达到大同世界的理想。

《尚书·尧典》中就提出了“九族既睦，平章百姓；百姓昭明，协和万邦”的理想，要达到这一理想，需要人性的完美。《中庸》曰：“未能尽其性；能尽其性，则能尽人之性；能尽人之性，则能尽物之性；能尽物之性，则可以赞天地之化育；可以赞天地之化育，则可以与天地参矣。”修身到“与天地参”的境地，就可以做到“君子敬而无失，与人恭而有理，四海之内，皆兄弟也”（《论语·颜渊》）。

“道德”一词，在汉语中可追溯到先秦思想家老子所著的《道德经》一书。老子说：“道生之，德畜之，物形之，势成之。是以万物莫不尊道而贵德。道之尊，德之贵，夫莫之命而常自然。”（《道德经》第五十一章）“道德”二字连用始于《荀子·劝学》：“故学至乎礼而止矣，夫是之谓道

① 许步曾.西方思想家论教育[M].北京：人民教育出版社，1985：127.

德之极。”因此，中华文化中礼就是一种道德规范。与西方文化自古希腊以来就把道德作为个人习成的品格与理性分离开来不同，中华文化中的道德把天道与人道结合起来，即天人合一。

与中华法文化天人合一宇宙观不同，古希腊斯多葛学派认为世界理性决定事物的发展变化。所谓“世界理性”，就是神性，它是世界的主宰，个人只不过是神的整体中的一分子。源于古希腊的斯多葛学派思想，在古罗马时期，被运用于证成“万民法”。万民法是“市民法”的对称，又称“各族人民的法”。国际法的创始人格劳秀斯提出了天赋人权和社会契约等观点，认为国家是人们为了享受法律利益和谋求共同福利而组成的最完善的联盟。格劳秀斯以主权概念为核心将万民法改造为国际法，他认为国际法是支配国与国交往的法律，建立在自然法的天赋人权的理论基础上。格劳秀斯认为：“自然法是正当的理性准则，它指示任何与我们理性和社会性一致的行为就是道义上公正的行为；反之，就是道义上罪恶的行为。”①

康德在自然法思想的基础上，提出了永久和平的国际法教育理论。他认为，国家之间如果没有法律，就会像野蛮人一样，处于战争状态。要摆脱这种战争状态，需要通过社会契约的形式，培育各民族人民的善良意志，使其能够和平相处。与康德不同，黑格尔认为战争是国家之间能够遵守条约的保障，他反对康德的永久和平主张，认为战争是不可避免的。一个国家如果在国际战争中失败，就面临灭亡的命运。儒家的“平天下”观点有点像康德的自然法思想，而法家的观念有点像黑格尔的国际法思想。和平相处是我们应该坚持的国际法原则，但这一原则是和尊重其他国家主权等原则一起发挥作用的。虽然黑格尔的绝对国家观念带有霸道色彩，但其对近代教育理念也产生了很大影响。一个国家的内政需要德治和法治的综合，这样才能富强起来；一个国家的外交也需要包括经济、政治和教育在内的综合国力的提升，所谓弱国无外交便是这个道理。因此，对中华法文化中“平天下”的礼乐文明，我们也应该进行创造性转化和创新性发展。

① 西方法律思想史编写组.西方法律思想史资料选编[M].北京:北京大学出版社,1983:143.

第三节 天人合一观对传统律令文明的影响

与西方法文化将人法与物法分开不同，中国传统文化中的天人合一观念体现了中国古人对天地万物的直觉或感悟，其中蕴含着一种朴素的人与自然和谐共生的人文教化精神，形成的是一种“人法地，地法天”的律令文明制度体系。

一、天人合一观对传统土地法的形塑

中华民族是典型的农耕民族，人们将土地比作大地母亲，从土地那里获取生活资源，将农业作为主业，对耕牛等生产动物有着很深的感情，犁等铁制品历史悠久。而且人死之后也要入土为安，叶落归根，这就是老子所谓的“人法地”。与西方法律文化中将土地制度视为“物法”不同，中国农民不将土地视为“物”或财产，而是将土地视为“衣食父母”，法家以奖励耕战而得势，儒家提倡的宗法制更是将“人法地”具体化、制度化，从而形成具有很强中华民族特色的传统社会土地法的天人合一的德性和理性特征。

（一）天人合一观对传统土地法的德性形塑

清代龚自珍在《五经大义终始论》中说：“圣人之道，本天人之际，胪幽明之序。”在天人合一观的影响下，他在《农宗》中提出国家、宗法、礼乐都源于“农”，说明了土地法是传统制度文明的重要内容。中国土地法的立法历史从“井田制”、田律到户婚律，再到20世纪20年代土地法单列，逐步在土地立法中植入了浓厚的宗法情感德性因素。

神农氏是传说中的农业开拓者，也是农耕文化的创始人。远古人民过着采集和渔猎的生活，神农氏发明木耒、木耜，教会人民农业生产，并且

通过“结绳为治而统其事”（《说文解字·序》）。《易经·系辞》说，神农氏“斫木为耜，揉木为耒，耒耜之利，以教天下”。《礼·含文嘉》说，神农“始作耒耜，教民耕种”。据《周礼》《汉书》等史书记载，西周及夏、商都实行“井田制”，理论上“普天之下，莫非王土，率土之滨，莫非王臣”。“每一里见方的耕地都以‘井’字形的深沟划成相等的9块100亩地块，中央的一块是‘公地’，由8户人家共同耕种，收成全部归领主；边上的8块授予每户一块，各自耕种，收成归农民自己。土地不得买卖。每3年‘换土移居’（轮换耕地与住房）。”①

春秋时期，随着铁制农具、牛耕的出现，“井田制”逐渐瓦解，出现了以家庭为单位的“私田”。但不管是“井田制”时期，还是“私田”出现后，宗法制与土地资源的占有、使用和流转都联系得很紧密。宗法制度是由氏族社会父系家长制演变而来的，是王族、贵族按血缘关系分配国家权力和土地资源，以便建立世袭统治的一种制度。龚自珍说：“周之盛也，周公、康叔以宗封。其衰也，周平王以宗徙。”（《龚自珍全集》卷一）《孟子·梁惠王上》记载：“五亩之宅，树之以桑，五十者可以衣帛矣；鸡豚狗彘之畜，无失其时，七十者可以食肉矣；百亩之田，勿夺其时，数口之家，可以无饥矣。”这也反映了“私田”是以家族所有的形式出现的。

自耕农法律保护的体系化是从秦朝开始出现的，《史记·秦始皇本纪》裴骃《集解》记载“使黔首得自实田”，证明了封建私有土地制度的确立。根据1980年在四川省青川县出土的秦武王二年（公元前309年）的《为田律》，秦国法律规定在每顷（100亩）私人土地的四角上堆起四尺高、四尺见方的“封”。“封”即土堆，“封”与“封”之间以两尺宽、一尺高的“埒”连接，作为地界标志。土地的私有规模按照爵位来规范，有一定限制。汉朝还确立了以农为本的基本国策。贾谊《论积贮疏》言：“世之有饥穰，天之行也，禹、汤被之矣。即不幸有方二三千里之旱，国胡以相恤？……夫积贮者，天下之大命也。苟粟多而财有馀，何为而不成？……今驱民而归之农，皆著于本；使天下各食其力，末技游食之民，转而缘南亩，

① 叶孝信.中国法制史[M].2版.上海：复旦大学出版社，2008：43.

则畜积足而人乐其所矣。”因此，中国古代的农民地位比乐工、商人高，有的还可以举为官职。诸葛亮在《出师表》中自述：“臣本布衣，躬耕于南阳。苟全性命于乱世，不求闻达于诸侯。先帝不以臣卑鄙，猥自枉屈，三顾臣于草庐之中……”就是封建官员落魄之际，也喜欢归依田园。如陶渊明的《归园田居·其一》载：“开荒南野际，守拙归园田。方宅十余亩，草屋八九间。榆柳荫后檐，桃李罗堂前。”

西汉中后期以后，土地兼并十分严重，逐步形成了一些士族大户的庄园经济。士族指世代为官的名门望族，经济上占有大片土地和山泽，思想上崇尚门第高低。曹魏政权实行的九品中正制，是士族制度的重要标志。东晋南朝时，士族非常重视编撰家谱，讲究家族土地占有制度。但士族大户的庄园经济是以封建社会等级政权为基础的，三国两晋南北朝时期，几乎每一个朝代都力图实施某种土地制度，意图控制土地，这些制度在不同程度上调整了当时的土地所有权，如西晋的“占田制”、北魏的“均田制”，但都以宗法制为基础。这些土地制度对中国封建土地制度产生了深远影响，进一步促进了以家族占有土地为特征的小农经济的形成，以及农民对土地家园的情结。

在唐律中，土地权益与户婚制度紧密相连。唐律中的《户婚律》主要规定有关户口、赋役、田宅、家庭、婚姻等方面的问题。土地有公田和私田之分，公田是归朝廷或皇室所有的土地，私田是归地主所有的土地，但这种私田与西方国家私人土地有区别，不能自由买卖。《户婚律》中有“卖口分田”之罪。国家对私人占田有限制，对任意占田过限者处以相关刑罚。唐末以后，随着门阀士族的消亡，官僚士大夫地主土地占有制度迅速发展。如唐朝诗人刘禹锡《乌衣巷》所描述的：“旧时王谢堂前燕，飞入寻常百姓家。”两宋时期，废除均田制，承认土地私有权。为此，地主阶级的政治学家们提出了重建宗法制的要求，他们在各地建立起由同姓同宗的各个家庭组成的宗族组织，规定了田宅买卖“先问亲邻”等制度，加强了宗族制度与土地制度的联系。《大明律》是中国法制史上又一部具有代表性的法典，确立了对荒地的先占原则，虽然废除了田宅买卖“先问亲邻”的法定程序，但推行“申明亭”“乡约”制度，加强了宗族组织在乡村管理中的地位，进一步将土地占有、使用、流转的制度民间化。在清朝时期，宗族制度又有了很大发展，族规、乡约成为法制体系的组成部分，《大清律例》规定宗族对户婚田土有调处、裁决之权，形成一些强宗大姓的宗族组织。

农耕社会聚族而居，精耕细作内敛式自给自足的乡村结构和生活方式的形成，体现了天人合一观对传统土地制度德性塑造的影响。现代社会，农村环境的变化需要我们反思农耕文化在土地资源保护中的作用。当然，农耕文化也是与一定生态环境相适应的，由其衍生的制度文明的德性具有相对性。不同生态环境塑造了不同的文化生态，历史上由于片面重视农耕文化，将宜林和宜牧的土地视为荒地开发，导致生态环境恶化的例子屡见不鲜。黄河流域是我国古老文明的发祥地，历史上土地肥沃、森林茂盛、水草丰富，但是由于不断开荒种田，森林遭到大面积砍伐，水土流失日益加剧，黄河泥沙含量不断增加，河床日趋增高，成为今天的“悬河”，这也是我们应该引以为戒的。

（二）天人合一观对传统土地法的理性形塑

农耕文明是产生于前工业时代的文明样式。在中国传统制度文明中，农耕制度文化无疑是一种典型的生态保护制度文明形态，形成了以家、宗族为基本法律单元的国家结构形式，以传统田制、水法为主体法律部门的制度体系。中国的农业起源时间早，炎帝始作耒耜，教民农耕，种五谷，奠定了农耕基础，男耕女织，衣食无忧，这就是几千年来中国人的生存模式和智慧体现。中国丝绸享誉世界，正是中国妇女最伟大的贡献和最醒目的文化身份。而中国男性发明创造实践的农耕文明和土地耕作种植，使我们的生存获得了永久的保障。

精耕细作农业是对中国传统农业精华的一种概括，体现了耕作方式由刀耕火种到铁犁牛耕的转变。春秋时期出现了当时世界上最先进的垄作法，西汉时实行代田法，强化了精耕细作技术，体现了我国土地法的理性发展。北魏《齐民要术》是世界上现存最早的杰出农书，书中所引《氾胜之书》

《四民月令》等现已失传的汉晋重要农书，表明了我国古代农业运作技术的发展。《齐民要术》推崇耿寿昌之常平仓、桑弘羊之均输法皆为“益国利民，不朽之术”，作者贾思勰，生活于中国北魏末期和东魏（约公元6世纪）。贾思勰青年时代，正值北魏孝文帝所倡孝文汉化运动的高峰，朝廷议政以农为首，督办农业，违者免官。唐文宗太和九年(公元485年)又实行均田制，把无主荒地分给无地或少地农民耕种，规定种植五谷和瓜果蔬菜或植树造林。统治者的励精图治，农业生产的蒸蒸日上，为贾思勰撰写农书提供了便利的条件。

关于耕牛保护的法律条款，如《秦律十八种·厩苑律》规定，如果用牛耕田，牛因过度劳累致使腰围减瘦，每减瘦一寸，主事者要受到笞打十下的惩罚。唐代除在《厩库律》中规定牲畜的饲养、管理和使用外，还颁行《厩牧令》《太仆式》等有关厩牧事宜的专门法律。《唐律疏议·厩库》：“厩者，鸠聚也，马牛之所聚。”在农业社会中，马牛等牧畜既是生产工具，又是重要的运输工具，故杀官私马牛、乘官畜损伤或载私物以及损败仓库物品，都要受到处罚。

水利工程，历来是农田水利法的关注重点。例如，宋神宗在位期间由王安石主持新政变法工作颁布了农田水利法。此法令规定各地兴修水利工程，用工的材料由当地居民照每户不等高下分派。只要是靠民力不能兴修的，其不足部分可向政府贷款，取息一分，如一州一县不能胜任的，可联合若干州县共同负责。张载对王安石新政变法有异议，对王安石提出的“天变不足畏”更是反对，并因此辞官回到陕西眉县横渠镇。但不管是新学还是理学，抛开伦理因素，对水利工程都是很重视的。张载提出“井田制”未得到皇帝的批准，他辞官后回到横渠故里，与弟子自置田地，画井分田，同时又大修渠堰，用于浇灌农田，试图解决百姓吃饭难题。

但是，中国法律的理性化进程与西方比较，还是处于劣势。明代徐光启在他的《农政全书·水利篇》中引入西方《泰西水法》的记载，《泰西水法》是一部介绍西方水利科学的重要著作，《四库全书提要》对此作了较为详细的介绍，称“是书皆记取水蓄水之法”，明确指出：“西洋之学，以测量步算为第一，而奇器次之，奇器之中，水法尤切于民用，视他器之徒矜工巧，为耳目之玩者又殊。固讲水利者所必资也。”

清末以来，西方工业文明和科学思想对中国农业文明和传统天人合一思想产生了很大冲击。但是，农耕文明绝不是过时的、可以弃之不要的旧物件，它是我们的过去，也是我们的未来，只是耕种的技术更加现代化。在今天，农耕文明也仍然是城市社会和工业文明的“后花园”或“山水田园风景”。农耕文明是工业、后工业社会及其时代的有机组成部分，是我们今天的生态景观、生态智慧、生态世界。中国传统天人合一思想中蕴含的整体主义观念与现代西方出现的系统科学也有许多共同之处，因此，对中华民族的传统农耕文明不能一概否定。

二、天人合一观对传统水法的形塑

中华民族几千年的农耕文明起源于黄河流域，黄河生生不息地孕育着一代代中华儿女。与农耕文明相适应，中华民族有着丰富的水资源管理制度体系传统，形成了中华民族独特的天人合一的水文化情结和“地法天”的水资源管理体制。

（一）天人合一观对传统水法的德性形塑

考察中华民族农田水利法制发展史，不难发现，天人合一水文化与我们传统农耕制度文明的孕育、发展关系密切。水常流不息，能惠及一切生物，载舟浮桥，水力输运，能容万物。在中国传统文化中，人们不是把它视为“物”而是视为“有德的君子”。所以君子遇水必观，这是古代哲人孔子对于水性精辟的概括。水不管如何安放，都没有高低之分，好像守法，所以人们将水与公平、法律联系在一起。许慎《说文解字》载：“灋，刑也，平之如水，从水。廌，所以触不直者去之，从去。”《无量义经·说法品》亦载：“法譬如水，能洗垢秽。”老子对水也有自己的独特见解：“上善若水，水利万物而不争，处众人之所恶，故几于道。”（《道德经》第八章）运用比喻形象生动地反映出水性的公平、无私和包容。

李悝在《汉书·食货志》中指出，“治田勤谨，则亩益（增产）三斗。不勤，则损（减产）亦如之”。西门豹治邺的故事流传很久，人们却忽视了故事背后的法制环境。西门豹是中国战国时期魏国人，魏文侯时期任邺令。他初到邺城，为治理水患，遂颁律令（应该是落实《法经》的具体规定），禁止巫风，教育了广大百姓。他又亲自率人勘测水源，发动百姓在漳河周围开掘了十二渠，使大片田地成为旱涝保收的良田。引漳十二渠，是我国见诸文字的最早的大型引水渠系统工程，老百姓因此而家给户足，生活富裕。

从农耕文明的历史上讲，水的问题应该是最重要的。我国历史上对水资源实行国家统一管理的思想就非常明确。尧舜时期的司空、先秦的川衡和泽虞、秦汉的都水长丞、东汉的河堤谒者、隋唐水部郎，都是掌水事的官员。过去地方官吏的职责之一是治水。隋炀帝开凿大运河，给了扬州水陆漕运便利，使得经济重心逐渐南移至长江流域，以扬州、成都（益州）为东西两个中心，当时的谚语称“扬一益二”，唐朝后期更是有“天下之盛，扬为首”的说法。在干旱少雨的地区，水成为农业生产和农民生活的稀缺资源，如甘肃是中国灌溉农业发展最早的地区之一。西周时期，公刘率领的部落曾在泾川境内，利用泾水灌溉农田。西汉初年，汉武帝曾在河西大兴水利，《汉书·匈奴传》记载了这一事实：“汉渡河，自朔方以西至令居，往往通渠，置田官吏卒五六万人。”然而到了明清时期，政府大力移民充实边疆，开荒大军挺进河西走廊，过度农垦使得湖面开始萎缩。明清时期，河西许多县志中特设《水案》一章，记载县域间、上下游间争水的纠纷。清代乾隆《镇番县志》曰“河西讼案之大者，莫过于水利一起，争讼连年不解，或截坝填河，或聚众毒打”，水案往往致伤人命，即使官府严判也无法根本遏止。康熙六十一年（公元1722年）的洪水河案，即是镇番百姓控告洪水河上游武威县高沟寨军民开垦土地、截流水源所引起的纷争。

水资源对农耕文明的重要性，促成了中央对水资源的统一管理。美国学者魏特夫在《东方专制主义》一书中认为，由于中国的水利工程十分艰巨，所以必须高度集中劳动力和管理才能完成这些水利工程，因此这种水文化造成了中国封建社会政治权力的集中和专制。魏特夫看到了中国传统制度文明与水文化的关系，但其评价失之偏颇。在中国天人合一的传统水文化中，水是公平、德性的象征，正是水赋予了中国传统制度文明德性特征。

（二）天人合一观对传统水法的理性形塑

《周易》为中国古代群经之首，它以高度抽象的六十四卦的形式，在阴阳二元论基础上阐述了自然界和人类社会的各种各样的变化规律，对中国传统制度的理性形塑产生了巨大的影响。《周易》认为，世界由木、火、土、金、水五行构成，其中一个元素就是“水”，它与其他四大元素的相生相克，形成中国古代天人合一的宇宙观和世界观，所谓“润万物者莫润乎水”。

与天人合一水伦理文化相适应，我国水制度也历史悠久，根据《逸周书·大聚解》的记载：“禹之禁，春三月，山林不登斧，以成草木之长；夏三月，川泽不入网罟，以成鱼鳖之长。”该禁令理性地反映了水润万物的功能。“流水不腐，户枢不蠹”出自《吕氏春秋·尽数》，也反映了古人对防治水污染的理性认识。《吕氏春秋》是在秦国丞相吕不韦主持下，集合门众客编撰的一部名著，此书以儒家学说为主干，以道家理论为基础，以名、法、墨、农、兵、阴阳家思想学说为素材，熔诸子百家学说于一炉，闪烁着博大精深的智慧之光。

水不仅会给人带来利益，也会给人带来灾害。水性还有“淫”的一方面，即狂怒奔泻，恣意泛滥，必制约之。从器物层面上讲，郑国渠、都江堰、灵渠、大运河等水利工程是中华民族兴水利、除水害的知识结晶；从制度文明层面上看，水利工程的兴建、维护等离不开传统水法的保障。

闻名世界的都江堰工程，建堰时的指导思想就是道家的“道法自然”。都江堰工程蕴含着丰富精深的分水、泄洪、排沙、沉沙、稳定引水量等水利科学哲理。其鱼嘴位于金刚堤的顶端，与金刚堤、飞沙堰、宝瓶口连成一体，选址十分科学合理。相传李冰修堰时立下了“万世治水之法”：“六字诀”和“八字格言”，即“深淘滩，低作堰”；“逢正抽心，遇弯切角”。历代遵循，岁岁落实，故使名堰历久不衰。中国水利学之父郑肇经所著《中国水利史》，写到四川水利时指出：“吾国言水利，蜀为最先。蜀水之利，都江堰为最著。大禹蜀人也，开明蜀帝也，李冰蜀守也，俱有功于蜀，此后踵武前贤，功在生民者，项背相望。”

秦朝时水利法规包含在《田律》中，西汉制定了《水令》，唐代制定了我国历史上第一部较完善的水利法规——《水部式》，内容包括农田水利管理，碾的设置及其用水量的规定，航运船闸和桥梁渡口的管理和维修，渔业管理以及城市水道管理等内容。《水部式》中的一些原则至今还在用。例如，为了防止水轮用户与农民争夺浇灌用水，《水部式》中有这样一条规定：“诸灌溉小渠上先有碾硙，其水以下即弃者，每年八月卅日以后，正月一日以前，听动用。自余之月，仰所管官司于用硙斗门下着锁封印，仍去却硙石，先尽百姓灌溉。若天雨水足，不须浇田，任听动用。其傍渠疑有偷水之硙，亦准此断塞。”①宋朝的《农田水利约束》对跨地区水利工程进行责任分配。县不能办的工程，上归州官负责；跨州工程，呈报朝廷，候旨举办。如此，形成了权责分明的理性法律条款。其中“修筑圩堤以障水患”，“开导沟恤，归之大川，通泄积水”等条款，将古人治水的科学知识纳入法律体系。宋神宗熙宁四年（公元1071年）又补充了这样一款规定：凡兴修农田水利的官员，分别按灌溉田亩千顷以上、五百顷以上和百顷以上三个等级予以褒奖。该法颁行后，出现了“人人争言水利”的局面，因急功近利，忽视了社会发展的客观规律，导致变法后期失败。

三、天人合一观对传统山林法的形塑

习近平总书记曾指出：“山水林田湖是一个生命共同体……人的命脉在

① 刘俊文.敦煌吐鲁番唐代法制文书考释[M].北京：中华书局，1989：331-332.

田，田的命脉在水，水的命脉在山，山的命脉在土，土的命脉在树。”①在中国传统文化中，“仁者乐山”“智者乐水”“盛德在木”，就体现了古人对“山水林田湖草生命共同体”的朴素认知。

（一）天人合一观对传统山林法的德性形塑

森林对于人类社会可持续发展非常重要。从《诗经·伐檀》中我们可以看到古人狩猎、农耕、车轮行走的生活图景。《孟子·梁惠王上》记载了“五亩之宅，树之以桑，五十者可以衣帛矣”的男耕女织的田园生活。唐代柳宗元的作品《种树郭橐驼传》中记载了种树为豪富人观游及卖果者营生的渠道。唐代诗人白居易创作的《卖炭翁》说明了树木“伐薪烧炭”的功能。正如《礼记·月令》中载：“孟春之月，盛德在木。”

正是因为认识到森林生态系统对人类的作用，中国古代山林保护制度文明萌芽甚早。溯至唐虞，即有“帝尧命益作虞，使掌山林薮泽之政”（《史记·五帝本纪》）的传说。山虞的职权是“掌山林之政令，物为之厉而为之守禁”（《周礼·地官》）。管仲认为：“为人君而不能谨守其山林菹泽草莱，不可以为天下王。”（《管子·地数》）我国见诸文字的最早的森林法是湖北云梦睡虎地出土秦简（云梦秦简）中的《田律》，其中规定：“春二月，毋敢伐材木山林及雍堤水。不夏月，毋敢夜草为灰，取生荔、麛卵谷，毋毒鱼鳖，置井罔，到七月而纵之……百姓犬入禁苑中而不追兽及捕兽者，勿敢杀；其追兽及捕兽者，杀之。”汉景帝曾下提倡种树的诏书达九次之多，诏称：“其令郡国务劝农桑，益种树，可得衣食物。”（《汉书·景帝纪》）汉律对园陵树木管理很严，规定“汉诸陵皆属太常，有人盗柏者弃市”（《三辅旧事》）。

至唐宋时期，除通过各种禁令加强森林管理外，还重视植树造林。唐代曾下令所有的驿站之间种上行道树，城乡植树之风盛行。到了宋代，为鼓励植树，下令凡是垦荒植桑枣者，免缴田租税赋，对于积极规劝百姓植

① 中共中央文献研究室.习近平关于社会主义生态文明建设论述摘编[M].北京：中央文献出版社，2017：55.

树，成绩卓著的官吏，晋升一级。《唐律疏议·户婚》记载："诸里正依令授人田，课农桑，若应受而不授，应还而不收，应课而不课，如此事类违法者，失一事，笞四十。"依照当时耕田法令，"户内永业田"必须种植"桑五十根以上，榆枣各十根以上"，如有违者"笞四十"，以示惩罚。

但元明以后，政府一方面增加了对护林、造林的奖励措施，另一方面又下令对山泽开放，如《元史·食货志》记载，成吉思汗即位后诏书天下："国以民为本，民以食为天，衣食以农桑为本。"并颁布了《农桑之制》，规定每丁每岁种桑、枣20株，如土性不宜，可改种榆、柳，但均以种活为标准。还严饬各级地方官吏督促实施，如失职或申报不实，须按律论罪。而《大元通制》第4条规定："诸王驸马及诸权贵豪右，侵占山场、阻民樵采者，罪之。"明太祖更以农桑为立国之本，令天下广植桑、枣、柿、栗、桃，仅金陵的钟山，就种植了50余万株，规模之壮观令人感慨。明宣德九年（公元1434年）下令禁伐森林，违者发配充军，还规定：武官毁林降级，文官毁林贬至边远地区，容情放纵者问罪，护林有功者提升。并且还规定：造林护林者奖，破坏森林者罚，涉及范围更广，从百姓到官员一律如此，违者要服牢役。但明朝中后期，因宫廷官府的营造以及矿山冶炼的需要，采薪烧炭的需求大幅增长。明弘治间兵部尚书马文升在《为禁伐边山林木以资保障事疏》中指出：今以数十年生成之木，供官私砍伐之用，即今伐之十去其六七，再待数十年，山林必为之一空矣。由于长期的砍伐，到清代前期我国的森林已主要集中于东北和西南地区。清代政府提出了择地开荒、积极垦种荒山野地、植树造林的主张，虽然致使森林砍伐速度进一步加快，但在一定程度上保护了部分地区的山林文化和森林资源。

与汉文化区域的农耕文明相比，东北、西南的一些少数民族，他们的文化属于山林文化，更是积累了丰富的传统森林制度文明，如西双版纳各民族都生活在热带原始森林中，这里有傣、汉、哈尼、彝、拉祜、布朗、基诺、瑶、苗、回、佤、壮、景颇等13个世居民族，这些世居民族多信仰小乘佛教，将一些树木视为神树，山视为神山，认为动物也有灵性。西双版纳现有的许多植物物种如菩提树、大青树、贝叶棕等都是在佛教影响下传入的。所以，他们十分强调人与自然的和谐，重视对森林资源的保护。西双版纳原始森林能够保留至今，可以说与世居民族的文化有很大关系。

在中国北方，大兴安岭以西主要是草原游牧文化，长城以南是中原农耕文化；大兴安岭以东，长城以北，一直到外兴安岭以南都可以定义为森林文化。与南方洒脱出世的山林文化不同，白山黑水之间的东北山林文化具有一种豪放尚武的风格。古代东北先民长期处于“无市井城廓，逐水草而居，以射猎为业”（《元史·地理志》）的状态，农田的垦殖或森林的开采，规模比较小。

努尔哈赤对以往氏族围猎组织加以完善创新，形成了八旗制度，这是一种适应森林游猎生活方式的森林文化。清朝入关以后，驻防关内的八旗军面对的是纯粹的农业文明社会以及繁华的市井生活，他们与游猎驯牧生产逐渐疏远。而对具有皇陵风水的东北实行的封禁政策，在一定程度上保护了东北原始森林，这种“封禁”制度相当于现在的生态保护区域制度。例如，咸丰八年（公元1858年），何秋涛在《朔方备乘》中，对清末弛禁开放前东北原始森林资源的状况进行了详细描述：“材木不可胜用……有熊及野豕、貂鼠、黑白灰鼠等物，皆资松籽、橡实以为食，又产人参及各种药材。”

但是相比农耕文明，山林文化在中国处于弱势。历史上因为决策上的失误引起的生态环境问题是很多的，比如围湖造田、把草原变成耕地等。1929年，梁希撰写的《民生问题与森林》一文中就作过精辟的论述，他指出人类早在原始社会就生活在森林中，“森林是人类的发源之地，人类所以发展到现在地步，都是森林的功劳”。后来农林分业，农家管着衣食，林家管着住行。所以那个时代的民生问题，一半是靠着农业，一半是靠着林业。到了19世纪，“森林不但管着‘住’‘行’，而且管‘衣’‘食’的一部分。国无森林，民不聊生”。“我们若要教我们做东方的主人翁，我们若要把我们中国的春天挽回来，我们万万不可使中国五行缺木，万万不可轻视森林”。

（二）天人合一观对传统山林法的理性形塑

生态学意义上森林指的是地球上那些长满了树的区域，这些区域给早期的人类提供了食物、燃料、木料、药材和其他生存物资，人类的文明起源与森林密切相关。古人很早就认识到森林是“物种之家”，制定了一些诸如“禹之禁，春三月，山林不登斧，以成草木之长”（《逸周书·大聚解》）的禁令。

春秋时代，古人就摸索出根据时令来安排森林砍伐的法律规范，如管子说，“山林虽广，草木虽美，禁发必有时”（《管子·八观》）；孟子说，“斧斤以时入山林，材木不可胜用也”（《孟子·梁惠王上》）；荀子说，“草木荣华滋硕之时，则斧斤不入山林，不夭其生，不绝其长也”（《荀子·王制》）。这些记述都体现了当时保护山林的政策。

汉代以后，掌握了“法、术、势”的统治者需要儒学的包装，一些儒士开始步入庙堂，出现了律令典章儒家化的趋势。汉武帝对董仲舒的“天人三策”深为赏识，森林制度也出现了伦理化倾向，皇家园陵树木受到特别保护。葛洪将这种制度化模式概括为“仁者为政之脂粉，刑者御世之辔策”（《抱朴子·用刑》）。没有登入庙堂的儒士，倾向于儒学的理性改造，东汉王充就是两汉时期山林儒学的代表，他作《论衡》，对两汉流行的天人感应的种种虚妄迷信作了系统批判，论证人世间所有的祭祀礼仪制度的产生“皆为思其德，不忘其功也”。他说：“王者父事天，母事地，推人事父母之事，故亦有祭天地之祀……山出云雨润万物。六宗居六合之间，助天地变化，王者尊而祭之，故曰六宗。”（《论衡·祭意》）这种对天人合一观进行自然理性解释的思想，对传统森林制度文明的理性形塑影响很大。如“川泽纳污，所以成其深；山岳藏疾，所以就其大”（《隋书·长孙平传》），该句不仅揭示了森林作为“物种之家”的生态整体思想，也被隋朝长孙平用来谏言隋文帝杨坚慎用刑罚。

一般认为，儒家文化属庙堂文化，佛家、道家文化则为山林文化。在中国历史上，山林保护制度文明的理性发展与道家、道教文化有很大关系。

道教提倡“贵生”“重现世”，极力以仙术妙法，寻找灵丹妙药，以便修道成仙，故而重视炼丹的化学、养生的医药等。在炼丹养生过程中隐逸山林，似闲云野鹤，所以道教多以山林文化的形式呈现。孙思邈是中国古代最伟大的医学家之一，被后世尊奉为“药王”，同时他也是一位地位很高的道教人物。在很多道教宫观里都有“药王殿”。他一生致力于药物研究，曾上峨眉山、终南山，下江州，后隐居太白山等地，边行医，边采集中药，边临床试验，是继张仲景之后全面系统研究中医药的“先驱者”。东晋葛洪是道家著名医药学家，世称小仙翁。他曾受封为关内侯，后受郑隐的神仙、遁世思想影响，隐居山林炼丹修道。中国的中药、气功等也常被道家用作研究物种之间、人与自然之间关系的科学知识依据。《神农本草经》中有，“土地所出，真伪新陈，并各有法”，强调了区分产地，讲究“道地药材”的重要性，说明了天人合一的理念。中药这一技术，从养生保健到治疗疾病，都提倡未病先防，既病防变，强调整体、综合调节的治疗方式，并不单纯针对某一靶器官、靶细胞发挥作用，而是在整体观念的指导下，注重综合治疗与调节，注重调和阴阳、以平为期，强调因人、因地、因时制宜的个体化诊疗模式，这些都是天人合一传统文化的体现。气功建立在中药、生态学基础上，遵循中国传统的“敬养生命，不害众生”的天人合一宇宙生命互动法则，以促进人与自然的统一。中药、气功等传统知识所蕴含的天人合一的科学理性表明了中华传统山林文化的博大精深，而这些思想为入世的儒家转化后就形成了劝制农桑、恩威并举的制度文明。

儒学天人合一思想吸收了佛教的一些理性戒律。佛教认为人生在世罪孽深重，应当深深忏悔和苦苦修炼，以求来世成佛，脱离苦海，因而向往西方极乐世界。在修炼成佛过程中，佛门视“戒、定、慧”三字为有机整体：戒者，戒律，为防非止恶；定者，禅定，求精神专注；慧者，智慧，悟解脱之道。山林使人清心寡欲，自然是佛家修行最好的住所。同时，寺院在幽静的山林之中，古树掩映，云雾缭绕，更显出佛的尊严和神秘，信徒们影不出山，迹不入俗，所以佛教寺院也呈现为一种山林文化。唐朝诗人王维，精通佛学，受禅宗影响很大，有“诗佛”之称。其古诗《山居秋暝》说："明月松间照，清泉石上流。"将中国传统文化天人合一的意境体现的妙不可言。佛学这种直觉的智慧，也蕴含着深刻的生态整体科学思想，对传统山林法的形塑也起到了一定作用。例如，五台山是中国佛教圣地，远古的五台山，深林巨壑，虎豹纵横；古木参天，森林遍布。自佛教传入以来就是隐真之宅、栖寂之所。在明嘉靖隆庆年间，五台山周围的居民"率以伐木自活，日往月来，渐砍渐尽"（《清凉山志》卷六），后来在佛教人士的建议下，朝廷严禁乱砍滥伐，从而保护了这一举世闻名的佛教圣地。

四、天人合一观对传统草原法的形塑

我国古代诗歌总集《诗经》中的《风》《雅》《颂》分别是地方的民歌、宫廷的乐歌、宗庙祭祀的乐歌和史诗，体现了中国传统文化和而不同、多元一体的特征。后来影响到传统制度文明，形成了礼、法、民风等多元化制度体系的和而不同，如《礼记・王制》云："岁二月，东巡守。至于岱宗，柴而望祀山川。觐诸侯，问百年者就见之。命太师陈诗，以观民风。"

（一）天人合一观对传统草原法的德性形塑

中国是地大物博、资源丰富的国家，从新石器时代开始，在不同的生态环境中，就形成了不同生态文化区的风俗和生活样式，如西部和北部游牧兼事渔猎文化区，体现出草原少数民族的游牧文化特色。但中华民族历史上就是一个多元一体的多民族国家，少数民族的游牧文化也因受到儒家天人合一观的影响而对中华民族具有统一的国家认同感。

草原游牧文化是中国西部和北部干旱、半干旱地区生活的先民创造的人与自然和谐发展的人类文明，主要分布在内蒙古高原、青藏高原、黄土高原等地区，也是中华各区域文化中分布最广的。中国游牧文化是中华文化的重要组成部分。历史上，游牧民族具有的勇敢、刚强、自然和谐等精神元素的草原文化通过与倡导仁治的中原农耕文化长期碰撞、交流、吸收、融合，形成了具有多元统一性的中华文化体系，再次体现了中华民族天人合一传统文化的博大精深。

游牧文化崇拜、依赖、适应大自然，与自然融为一体，完美的自然环境是畜牧业发展的基础条件和基本资源。蒙古包是历史上“逐水草而居”的游牧民族的传统民居。南北朝时期，黄河以北的北朝鲜卑族间流传着一首民歌：“敕勒川，阴山下。天似穹庐，笼盖四野。天苍苍，野茫茫，风吹草低见牛羊。”（《乐府诗集·敕勒歌》）寥寥二十余字，就展现出中国古代关外牧民生活的天人合一壮丽图景。在草原制度文明的构建上，“游牧社会和农耕社会在所有权观念的演化与表现上相差甚远，游牧社会的基本生产资料是畜群而非土地。”①游牧人以血缘为纽带，以地域分聚落，过群居生活。游牧社会，以家庭为细胞，以部落为单位，集体放牧，追逐水草而居。由部落占地放牧，家庭负责放养。在游牧社会中，牧民与牲畜相依为命，并形成特有的生命意识，不像农民那样把自己的人生和庄稼一道扎根在土地之中。经过长期的实践之后，游牧制度文明成为草原民族的主体文明，这是有其必然性的。

游牧文化与农耕文化有一个由冲突到融合的过程。中华文化实际上是由中原华夏农耕文化与其周边民族创造的游牧文化、山林文化、渔猎文化，以及东南沿海和岛屿上的海洋文化融合而成的。根据《史记》记载，赵武灵王推行胡服骑射，厉行改革，改变了中原军队中最初的宽袖的军装，采用“胡服”。此举奠定了中原华夏民族与北方游牧民族服饰融合的基础，进而推进了民族融合。秦汉时期，农耕文化逐渐向牧区推进。而魏晋南北朝时期，匈奴、鲜卑、羯、氐、羌等游牧民族越过长城一线，进入了农耕文化的领域，这样两大文化发生直接碰撞和融合。北魏孝文帝推行改革，公元485年颁布了《均田令》，对不同性别的成年百姓和奴婢、耕牛、还授土地方法都作了详尽的规定，促进了游牧文化与农耕文化的融合以及各族人民的发展。

在中国历史上，从三代开始，历经春秋战国、秦汉、三国两晋南北朝、

① 张世明.游牧文化与农耕文化类型学差异略论[N].光明日报,2013-06-13(11).

隋唐、宋元明清，游牧民族与农耕民族曾长期对立和融合，但也是在文化的碰撞中彰显了多民族传统制度文明和而不同的特征和价值取向。

（二）天人合一观对传统草原法的理性形塑

传统草原制度文明是在游牧生产的基础上，形成的与游牧生活方式相适应的宗教、风俗、习惯（习惯法）和成文法的总称。中国是世界上最早制定有关草原保护法令的国家之一，形成了一个独具特色的草原民族法律体系。元朝时期，游牧民族法律发展到顶峰，出现了《成吉思汗法典》《图们扎萨克图汗法典》《喀尔喀法典》等。《成吉思汗法典》又称《大扎撒》，是蒙古民族第一部成文法典，是北方游牧民族多个世纪以来形成的习惯和习惯法的大集成。《大扎撒》指出："禁草生而锄地"，"从冬初头一场大雪始，到来年春牧草泛青时，是为蒙古人的狩猎季节"，"战争间隙，要放马于草地饱食，禁止骑乘"。元朝汗廷北迁以后，官方禁止萨满教的陋俗，制定了《阿勒坦汗法典》，发展游牧，使老弱幼定居。清代的《喀尔喀七旗法典》规定："失放草原荒火者，罚一五"，这也是保护草原免受破坏的法律条文。

这些法律、法规在游牧社会生产、生活诸方面要求人、畜、自然三者之间平衡和协调发展，不希望人、畜无限制增加。元朝皇帝曾向全国颁布命令，禁止捕杀天鹅，这是人类为保护鸟类首次颁布法令。按内蒙古习惯法，凡对内蒙古人生产、生活起过重要作用的草原、森林、江河、湖泊、山岭等都要祭祀，污染大自然极不吉祥，是罪孽，洗衣物也要禁止。并且认为青草发芽后不许动土，哪怕挖一锹土也要举行宗教仪式，请求神灵保佑。这些充分说明在历史上中国游牧文明与草原生态环境有很大契合性。

辽、金、元三代的四百余年间，蒙古草原基本上属于游牧部落所有。尽管在此期间有过相当规模的屯田，但与汉、唐时期的以耕代牧不同，所实行的是以耕助牧政策，没有造成滥垦局面。到了明代，除在内蒙古河套地区再度出现屯兵驻扎外，已有许多内地贫民作为雁行式季节性移民或常住移民自发地迁入内蒙古地区，农耕规模再次扩大。清朝早在关外时期，就向外藩蒙古宣布《盛京定制》，入关以后制定了《蒙古律例》《回律》《西宁番子治罪条例》《西藏禁约十二事》。清光绪二十八年（公元1902年），废止实施了250余年的关于限制汉民移居蒙地的“边禁”政策，正式开放蒙荒，并改私垦为官垦。清统治者在内蒙古实施的这一所谓“新政”，敞开了内地汉民涌入草原地区的门户，汉民开始在察哈尔、乌兰察布等草原地区围栏轮牧，尔后有大批汉民移居昭乌达、哲里木等，使内蒙古固有的政治经济结构发生了根本性的变化，进而在司法制度领域出现了新的挑战和难以解决的生态保护问题。当今社会，要在现代化发展进程中保护草原生态，重视游牧文化教育和草原生态的整体保护问题是重中之重。

五、天人合一观对传统海洋法的形塑

从天人合一观念层面看，人们对海洋及海生动植物有着很深的神灵崇拜，中华民族的图腾——龙就被构想为生活在海中，可以腾云驾雾，掌管着人间的风雨雷电，后来成为皇权的象征。“海纳百川”出自晋代袁宏所书的《三国名臣序赞》：“形器不存，方寸海纳。”李周翰注：“方寸之心，如海之纳百川也，言其包含广也。”意指大海可以容得下成百上千条江河之水。元稹绝句“曾经沧海难为水，除却巫山不是云”，语出《孟子·尽心章句上》中的“观于海者难为水”，也从另一个侧面显示了海洋给予人类的丰富物产。因此，传统海洋法在中国传统制度文明中也占有一席之地。

（一）天人合一观对传统海洋法的德性形塑

在中国东部沿海地区，为适应海洋环境，产生了东夷部族的海洋文化和南方百越部族的海洋文化，但它们最终都被纳入了中原文化辐射范围之内。东夷又称夷，早期东夷是华夏族的一个重要组成部分，是伏羲氏后裔的一个部落族群。相传伏羲根据天地万物的变化，发明创造了占卜八卦，创造文字结束了“结绳记事”的历史。他又结绳为网，用来捕鸟打猎，并教会了人们渔猎的方法。周朝时的东夷变成古汉族对东方非华夏民族的泛称，特指今以山东为中心的东部地区，“夷”才开始有“东方之人”之意。山东海疆外受黄渤海的天然滋润，内承齐鲁大地的人文孕育，形成了鲜明的文化体系。西周初年，齐国创始人吕尚（姜子牙）“通商工之业，便鱼盐之利”（《史记·齐太公世家》），最早把海上产业当作治国资本。齐桓公时，任用管仲为相，利用各种手段来开发海洋，赚取最大利润。《盐铁论·力耕篇》就说：“宛、周、齐、鲁，商遍天下。”盐，是每家每户必备的调味品。“海王之国，谨正盐策。”（《管子·海王》）盐业是管仲在齐国力主发展的产业之一，他制定的《正盐策》是中国盐政的首部大法。

相比东夷部族的海洋文化，南方百越部族的海洋文化是在秦朝之后才逐步被纳入中原文化辐射范围之内的。隋开皇时期，贸易船队从广州的东南端珠江口黄埔南海神庙出发，途经南亚各国，越过印度洋，抵达西亚及波斯湾，最西到达非洲的东海岸，这就是古今闻名的“海上丝绸之路”。南海神的名字叫祝融，祝融本是楚人的始祖、火神。古人认为，南方属火，火又是光明的象征，火之本在水，故祝融合水火为一神。楚文化属于中原文化的一部分，这说明百越部族在隋唐时期受中原文化的影响很大。闽商是南方海洋文化的代表。闽商广义上指以福建、浙南、粤东潮汕地区和海外闽民系的从事商业的人们，被誉为“华商第一族”。闽商本源是龙魂，闽字门虫，古代福建以蛇为图腾崇拜，将蛇供奉门内，“蛇”为大虫，龙也，敢走天下，漂洋出海。

在中国本土的龙崇拜中，原来只有龙神崇拜，没有龙王崇拜，龙王崇拜是在佛教传入后引进的。龙王一词在我国道教中早已出现，但还不普遍。佛教经典传入中国后，龙王之说代替了河伯的传闻。东海龙王是神话传说中在水里统领水族的王，掌管兴云降雨。可见，海龙王信仰的形成受中国传统文化龙崇拜的影响很大。龙原本是中华先民崇拜对象，但随着专制程度的不断加深，君权日益膨胀，帝王之家凭借政治优势，将龙据为己有。《吕氏春秋》中，便有将晋文公“喻之为龙”的记载，其后有秦始皇称“祖龙”之说。秦汉以后，龙已定型为帝王化身、皇室专利。

宋朝是当时世界上最重要的海上贸易大国。随着海外贸易的发展，宋初，市舶制度已由唐代时中央临时派遣管理海外贸易的市舶使发展为常设机构市舶司，有广州、泉州、杭州、明州（今宁波）、温州、秀州（今嘉兴）、江阴、密州（今山东胶州）8处。宋代市舶司的主要职能是征收税款，处置舶货，办理船舶出港和回港手续以及招徕和保护外商等。随着东南沿海地区工商业和海上交通贸易的发展，海商阶层经济实力壮大，在商业经济领域异军突起，成为“经济新人”。但因其是民间的自由贸易，不可避免地与宋王朝市舶司的贡市贸易和官商贸易发生矛盾和斗争，因此遭到官府的限制与禁止。在这样的情况下，“市通则寇转而为商，市禁则商转而为寇”（《御倭杂著》），不少海商铤而走险，以海盗的身份进行海上“贸易活动”。在海洋文化方面，与正统官方制度文明不同，妈祖崇拜已成为闽商最典型的海洋制度文明的德性象征。相传妈祖是宋代一个极富有东方文化特色的女子，因她在大海上抢险救人，泽被一方，被朝廷赐封，沿海人民便尊其为海神，立庙祭祀。《元史·祭祀志》说：“惟南海女神灵惠夫人，至元中，以护海运有奇应，加封天妃神号。”妈祖起初作为民间信仰，后来成为道教信仰，最终成为历朝历代国家祭祀的对象。与西方世界的海洋之神波塞冬形成鲜明的对照，西方海神波塞冬手持三叉戟，象征着西方冒险、征服、掠夺的海洋文化精神；而在中国百姓的妈祖信仰之上，人们看到的是和平、自由、平等、共存的海洋文化精神。

（二）天人合一观对传统海洋法的理性形塑

管仲的“唯官山海为可也”（《管子・海王》），可能是最早的海洋法律制度。“山海”就是铁和盐。司马迁在《史记・货殖列传》里，将早期海洋法律制度的建构追溯到姜太公，他说：“太公望封于营丘，地舄卤，人民寡，于是太公劝其女功，极技巧，通鱼盐，则人物归之，襁至而辐凑。故齐冠带衣履天下，海岱之间敛袂而往朝焉。其后齐中衰，管子修之，设轻重九府，则桓公以霸，九合诸侯，一匡天下；而管氏亦有三归，位在陪臣，富于列国之君。是以齐富强至于威宣也。”

在天人合一观的形成及其对传统海洋法的形塑上，管仲的作用也是很大的。面对当时“竭泽而渔”的经济开发，为了有效利用齐国的林木和渔业资源，他倡导“山泽各致其时”（《国语·齐语》），可以说是历史上最早的自然环境保护思想，阐明了“渊深而鱼生之，山深而兽往之”（《史记·货殖列传》）的生态规律。

战国时期，我国沿海地区的海洋经济逐步向中原农耕经济转化，海洋经济转化为农耕经济后，海水倒灌是我国沿海地区经常出现的环境问题。北宋天圣二年（公元1024年）秋，范仲淹任兴化县（今江苏省兴化市）县令，全面负责在通州、泰州、楚州、海州沿海重修一道坚固的捍海堤堰。不久，绵延数百里的悠远长堤，便凝然横亘在黄海滩头。盐场和农田的生产，从此有了保障。往年受灾流亡的数千民户，又扶老携幼，返回家园。人们感激县令范仲淹的功绩，都把海堰叫作“范公堤”。

宋朝时期，海洋经济复兴。位于浙江省盐官镇南门外的盐官海塘，是我国古代三大水利工程之一，有文字记载的历史就可追溯到唐开元元年（公元713年）盐官重筑“捍海堤”。在元泰定时期，这里就发生过海水倒灌的严重环境损害，当时“风潮大作，冲捍海小塘，坏州郭四里”（《元史》卷六十五），元泰定四年（公元1327年）朝廷不得不下旨造木柜囤石修堵盐官海塘岸。由于封建统治者认为人与海洋的沟通需要借助于神灵，海神可以决定沿海所有人和物的命运，所以，公元1730年在盐官建了一座庙宫，专门祭祀“浙海之神”。在中国南方，皇家式样建筑一般是不允许建造的，但是在盐官，却破例由清朝雍正皇帝下旨、国家拨款、政府要员监督，建造了这么一个规模庞大的建筑群，这说明古代统治者十分注重精神信仰在海洋环境保护中的力量。当今社会，传承中华民族优秀的海洋传统文化，可以提升中国传统文化天人合一精神在海洋经济和海洋环境保护中的影响力。

想象有时是科学发展的动力。海市蜃楼是一种光学幻景，是地球上物体反射的光经大气折射而形成的虚像。地处渤海、黄海交界地的蓬莱，自古就以海市仙山闻名于世。相传蓬莱作为神山的名字早在秦始皇之前就流传开了。海洋赋予了沿海居民丰富的资源，人们也就对海洋百般热爱。面对连续千里的山东海疆，山东先民最早构思出海上仙山，给它起名为蓬莱山。“蓬莱”一词是美好的象征，它既代表一座海上仙山，又成为众多神山仙洲的总称，同时还意味着一种超脱尘俗的仙境。秦汉时期，方士徐福三次东渡求仙，秦始皇亦多次巡幸山东半岛，汉武帝求仙有过之而无不及，他们虽未能如愿，却无意间推进了造船、航海和港口业的发展。指南针就是在这一过程中产生的。指南针是用以判别方位的一种简单仪器，中国是世界公认的发明指南针的国家。南宋时，指南针普遍应用于航海，同时传到阿拉伯地区。13世纪初指南针传入欧洲，指南针在航海上的应用，为哥伦布发现美洲新大陆的航行和麦哲伦的环球航行提供了助力。这些都大大加速了世界发展的进程。

海洋经济和科技的发展，客观上为传统海洋制度文明的发展提供了条件。但洪武四年（公元1371年），朱元璋颁布诏令“濒海民不得私自出海”，开启海禁时代。明永乐三年（公元1405年），郑和率领大规模船队，从苏州刘家河泛海到福建，再由福建五虎门扬帆，远涉重洋，翻开了中国古代海洋文化新的一页。宝船一至，东南亚国家举国轰动，纷纷前来与郑和洽谈生意。巩珍的《西洋藩国志》中也记载：“开诏颁赏，遍谕诸藩。”郑和时代东方海洋和平贸易秩序的建立，为人类合理利用海洋和开发海洋提供了一种文明范式。

中国古代文明中灿烂的航海历史不容否认，但海洋文明也确实没有成为中华文明的主流。古代重内陆渔业，轻海疆渔事，明清两次海禁，阻碍了海洋的发展进程。

第四章　西法东进中天人合一教育理念的危机

法治文化是法治建设的重要内容之一，最能体现一个民族的制度文明特色。党的十八届四中全会通过《中共中央关于全面推进依法治国若干重大问题的决定》，鲜明提出了建设社会主义法治文化的重大意义。所谓法治文化，包含以法治理念和法治精神为内核的法治文化观念、法治文化氛围、制度化模式、法治思维、公民法治素养等多方面内容，是法治建设的根本支撑和保证。与西方生态文明制度体系展开历史和现实的法治文化比较，深入理解中国传统法文化中天人合一教育理念的问题和优势，有利于开展落实社会主义核心价值观入法的法治文化建设工作。

第一节　西方法学话语体系中的天人关系

与中国古代农耕文明不同，西方农业文明以海洋文化为基础，农业商业化和工业化比较早，由此催生了西方民商法律发达的市民社会法治文化。西方法治社会发展几百年，建立了庞大的“主客二分”法学话语体系，在很多方面促进了社会发展。但是20世纪以来，全球化过程中出现的霸权主义、环境污染等事件，引发西方法学话语体系的合法性危机。20世纪60年代，西方国家出现法律的范式转换，一些生态主义法学者提出了与人权相对立的“自然界权利”。在西方这种主体、客体二元化法学话语体系的合法性危机中，弘扬中华法文化中天人合一教育理念的正面法治价值导向，可以弥补西方法治建设的不足，从而在人类社会向生态文明转型过程中重塑中华法文化的话语权。

一、人文主义教育理念对制度文明的影响

西方人文主义是指开始于古希腊的一种文化传统，倡导以人为本，弘扬自然的人性，关心人的精神生活，尊重人的理性和人作为精神存在的价值。西方从地理学上讲一般是指西欧，狭义上指欧洲西部濒临大西洋的地区和附近岛屿，包括英国、法国、德国等。但西方一词更多是在政治学上使用，泛指移植西欧政治法律制度的国家，例如美国、日本等。

（一）古希腊罗马人文主义教育理念对罗马法的影响

如果说中华法文化是“人法地”，西方法文化则是“人法天”。根据古希腊神话传说，居住在奥林波斯山上的天神宙斯主宰着天地万物，欧洲居民是宙斯化作一头牛将海洋的女儿驮到欧洲大陆后繁衍生息的子女，与神同形同性。古代希腊人是用典型的“神人同形同性论”来彰显人性的，这使得整个希腊文明都带有人本主义的色彩。在制度文明方面，古希腊神话充满着对人性的探寻与尊重，也由此形成了西方法律文化以人性和神性为自然法的人文主义思想的摇篮。

在古希腊文化中，人与自然的关系被认为是人与神的关系，人法要服从神法（或自然法）。海神波塞冬的威严与大地无穷无尽的生命力及洪水相匹敌，被称为大海的宙斯，是仅次于宙斯的强大掌权者。自然灾害常常是人格化的神所产生的，其解决途径依据神人共同遵循“命运观”的宿命论安排。据古希腊最伟大的悲剧作家埃斯库罗斯的《被缚的普罗米修斯》描述，人类之所以饱受灾难、瘟疫的祸害和折磨，是因为打开了藏有天界诸神惩罚人类的潘多拉之盒。古希腊文学中的神和人都具有自由奔放、独立不羁、狂欢取乐、享受人生的个体本位意识，而在困难面前又表现出艰苦卓绝、百折不挠的精神。因此，古希腊的自然法是从人性中产生的，这也形成了古希腊法哲学的人文主义情怀。

在西方传统法律文化中，从希腊开始的法治教育就是以提高人的理性认识和行动能力为目标的。希腊人认为法律和理性是一个东西，法治教育就是对人的理性进行培养。柏拉图的《理想国》特别重视教育的作用，认为教育可以完善人的本性。公元前5世纪，古希腊智者的兴趣就由研究自然转移到研究人，这是古希腊人文主义思想的发端。古希腊智者普罗泰戈拉说："人是万物的尺度。"①苏格拉底和智者一样，也是集中研究人的哲学家，但他与智者强调人忽视神相反，苏格拉底认为，天上和地上各种事物的生存、发展和毁灭都是神安排的，神是世界的主宰。人能有知识，是因为人得到了神的特别关爱，被赋予了神性的一部分，因而有了灵魂。他提倡人们认识做人的道理，过有道德的生活。

在苏格拉底、柏拉图以前，早期的自然哲学家集中于对宇宙本原的探讨，他们很重视对自然科学的研究，但思想却打上了宗教神话的烙印，把人和自然、思维与存在看成浑然一体的东西，他们的思想观念有点类似于老子、庄子的"道法自然"学说。受苏格拉底哲学影响，综合其他学说，古希腊产生了古代自然法学思想。斯多葛学派是古希腊关于自然法论述的集大成者，他们认为世界理性决定事物的发展变化。所谓"世界理性"，就是神性，斯多葛学派认为它是世界的主宰，个人只不过是神的整体中的一分子。宇宙间的各种事物如果依照本性而运动或活动就是善的或好的，人也不例外。斯多葛学派代表人物芝诺指出，与自然相一致的生活，就是道德的生活，自然指导我们走向作为目标的道德。其中自然指的是本性、规律或理性。而人类社会中个人与个人之间存在着一种共同的理性，即自然法。

与斯多葛学派主张"人法自然"的观点不同，柏拉图提出了理念说。柏拉图是苏格拉底的学生，他把人的灵魂认识的东西称为"理念"，以此来指导人们的行为。柏拉图认为，理念在感官事物之外，是万物的本原，人类的正确目标就是要在自己的灵魂中发现理念。柏拉图把世界划分为可感世界与理念，认为那些只爱好具体事物如美的声调或形象的人只有意见而

① 柏拉图.泰阿泰德篇[M]//柏拉图全集：第2卷.王晓朝，译.北京：人民出版社，2003：664.

无知识，只有那些认识美自身即美的理念，而且将其与具体事物区分开，而不互相混淆的人才是有知识的人。与大多数著作一样，《理想国》也是以苏格拉底为主角用对话体写成的，是西方政治思想传统的最具代表性的作品，通过苏格拉底与他人的对话，给后人展现了一个完美优越的城邦。国家的智慧要求统治者有治理整个国家的知识，柏拉图认为只有少数人通过教育才能具有这样的智慧。柏拉图的理念观被其学生亚里士多德批判继承。亚里士多德是现实主义的鼻祖，他不同于他的老师柏拉图，他以自己假定的理想国衡量现实，重哲学的人治而不是法治，既重视理念，又注重经验事实。亚里士多德把这两方面结合为一，创立了庞大的哲学体系。亚里士多德在代表作《政治学》一书中，对人性和理性持怀疑态度，主张从现实的国家出发，为引导人们过有组织的生活，必须实施法治教育。亚里士多德认为法律的来源不是人的理性或者学者的思考，而是历史和传统中为人们所遵循和认知的东西，也就是历史的理性。因此，他主张法治优于人治。

古罗马吸收了古希腊人文主义思想精髓，进一步将其运用于现实操作，产生了西方社会早期市场经济的经典法律——罗马法。在古罗马时期，法学是世俗性的学问，人性和以人的理性为基础的自然法更是得以彰显。而且古罗马人比古希腊人更重视实在法的建设和职业化的法学教育，法学教科书《法学阶梯》《学说汇纂》成为“引证法”，从而使各种学说、思想、作品受到法律保护。在罗马私法中，人成为法律主体，自然成为权利的客体——物，人与自然的关系转化为了人与物的法律关系。

罗马法是建立在简单商品生产基础之上的最完备的法律体系，它对简单商品生产的一切重要关系，如买卖、借贷等契约以及财产关系都有非常详细和明确的规定。罗马法明确了为公共使用目的而划分的几类财产，土地成为不动产，是一种财产形式，种植、养桑、开矿等为用益物权，罗马人将这些土地开发出来的产品通过海洋运输到各地交换。海洋、公共河流、公路等不可有物，意指不可作为个人财产所有权客体的物，为罗马市民的公共物而得到法律保护。

罗马法中的人格概念，构成了当今法学界有关法律主体理论研究的话语平台。但是，共和时代早期古罗马法中的法律人格，仅限于罗马城邦中的市民。共和时代后期，在罗马对整个地中海地区的征服过程中，伴随着商品经济的迅速发展，商业经济和商业城市的出现，商业利益对罗马举足轻重，以至直接影响国家政策。而早期市场经济关系已经深入广大城乡地区，法律人格的范围不断扩大，形成了承认各族人民为法律主体的万民法。

在罗马法中，债是一种固定为一定给付的“法锁”。如果欠债不还，债务人会被罚为债权人的奴隶，也就失去了法律人格，债权人可以像处理财物一样处理奴隶。罗马法的债权制度催生了协商、守约的契约精神，使之成为地中海沿岸乃至西欧各国法律文明的主流，推动了海商法、城邦民主等制度的建立。

（二）中世纪经院哲学教育理念对罗马法复兴的影响

中华农耕文化、山林文化和畜牧文化等体现的是对自然的崇拜，所谓的天人合一不具有宗教性。利玛窦在他的日记中这样写道：“虽然这些被称为儒家的人的确承认有一位最高的神祇（祇），他们却并不建造崇奉他的圣殿。没有专门用来崇拜这位神的地方，因此也没有僧侣或祭司来主持祭祀。我们没有发现大家都必须遵守的任何特殊礼仪，或必须遵循的戒律，或任何最高的权威来解释或颁布教规以及惩罚破坏有关至高存在者的教规的人。也没有任何念或唱的公众或私人的祷词或颂歌用来崇拜这位最高的神。”① 而西方农业文明则是对神的敬畏，具有很强的宗教性。基督教就是反映西方农业文明中人与神、人与人、人与自然关系变化的历史的宗教。

古罗马帝国中后期，频繁发生的自然灾害或瘟疫使业已危机丛生的社会局面更加动荡，而传统宗教无以应对，于是社会出现了普遍的信仰危机。根据早期教会史家的记载，基督教徒在这个危机的时期，大力宣扬超越利己的教义，并开展了卓有成效的社会救助行动。因此，基督教的影响迅速扩大，皈依者迅速增多，形成了对异教的强大挑战。从这种意义上说，帝国中后期的瘟疫为基督教的发展与壮大提供了有利的契机，加快了它战胜

① 利玛窦.利玛窦中国札记[M].何高济，王遵仲，李申，译.北京：中华书局，1983：102.

异教的进程，并在一定程度上改变了欧洲社会甚至人类历史的发展走向。

随着基督教成为罗马帝国国教，出现了以奥古斯丁为代表的教父哲学。奥古斯丁的《上帝之城》，提出了“神国和俗国”“神法和人法”的划分。奥古斯丁用上帝的理性取代斯多葛学派的普遍理性，提出了永恒法、自然法和人法的区别，通过“原罪”论证将基督教教义融入人法之中。奥古斯丁的这种以神学为基础的政治、法律思想，在西方基督教文化的发展中起了重要的作用，古希腊罗马的自然法思想也在神学的笼罩下得以幸存。

中世纪的自然法又称神学自然法。在中世纪的封建社会时期，天主教会是最大的封建统治者，它支配了中世纪的世俗权力和精神生活，哲学、法学不过是用理性解释信仰的工具，成了神学的“婢女”。这时人们所注意的中心不是世俗生活而是脱离世俗的天国。在神学自然法的预设中，人是上帝的子民，却是自然界中物的主宰。《圣经·创世纪》第一章24节中上帝说：“让我们照着自己的样子造人吧！让他们管理海里的鱼、空中的鸟和一切牲畜、野兽及爬虫。”这是一种独特的人与自然的宗教伦理关系。正是由于人类被赋予了对自然界的统治权，人们无法平等地善待大自然，导致了对自然与环境的过度开发和利用。到11世纪教皇格里高利七世时代，教会主宰自然资源分配的权力达到了神圣不可侵犯的高度。教会通过封建领主的土地捐赠、信托等方式也获得很多不动产，逐渐与封建领主结成更为紧密的联盟，而这些都是土地食利阶层。封建社会的采邑分封制、长子继承制使得一些贵族子女成为骑士，农民成了依附于土地的农奴，因此他们对土地并没有很深的情感。

后来，城市、海商的繁荣，催生了新的商人等贵族阶层，这些新贵族促进了文艺复兴和罗马法复兴。到了13世纪，经院哲学的代表人物托马斯·阿奎那继承和发展了亚里士多德关于法学的思想，用“人”的眼光观察、了解和分析法学问题。亚里士多德十分重视理性认识在认识中的作用，认为只有通过理性，才能认识事物的普遍本质。阿奎那认同亚里士多德的观点，但他认为理性是有局限的，必须用宗教信仰来补充，使理性服从于信仰。托马斯将法分成“永恒法”“自然法”“神法”“人法”。所谓“永恒法”即“上帝对创造物的合理领导”“托马斯在此把斯多葛派的自然法思想吸收到神学中来，但是他又给自然法打上了神学的印记，把自然法说成是永恒法的一部分，从而也就把自然法的起源放到了神身上”①。

罗马法复兴的运动，改变了天主教会对教育的垄断局面。11世纪，意大利创办波伦亚大学，由学生雇老师，众多被称为注释者的语法学、修辞学和逻辑学的学者聚集在一起，共同评注古老的罗马法典。皇帝费德里克一世于1158年颁布法令，规定大学不受任何权力的影响，作为研究场所享有独立性，但是基督教作为一种西方文化精神传统仍对西方法治产生很大影响。中国的农民依恋土地，而西方的农民却追求迁徙自由，并没有中华文化落叶归根的故土归属感。这与中世纪骑士们希望通过参加国王十字架战争而获得一些新封地，农奴则向往自由的城市等历史文化背景有关。欧洲中世纪的农民也没有东方农民的农业情怀，其强烈的个人权利本位的传统文化与生态环境的关系更多是理性的而非感性的。因此，与中国通过宗法制联系农民与土地的情感关系不同，西方国家农民土地权属在世俗社会是通过国王分封获取的，在宗教上是通过上帝恩赐完成的。

韦伯在《新教伦理与资本主义精神》中认为，西方文明不同于其他文明的一般特征，就是理性主义。西方法治文明的产生，宗教发挥了巨大的作用。韦伯论述了新教伦理与隐藏在资本主义发展背后的资本主义精神之间的生成关系。他说：“在一部世界文化史中，即便是从纯经济的角度看，我们的中心问题，归根到底，也不是资本主义活动发展本身……中心的问题毋宁是：以其自由劳动的理性组织方式为特征的这种有节制的资产阶级的资本主义的起源问题。”②韦伯认为，基督教中的清教教导人生要勤俭、诚实、守信用，从而有助于西欧产生出资本主义。韦伯看到了宗教文化在资本主义工业文明时期的作用，而没有看到西方理性文化对生态破坏的后果，所以他对西方宗教文化的理解是过于褒扬的。

---

① 张传有.西方社会思想的历史进程[M].武汉：武汉大学出版社，1997：111.

② 马克斯·韦伯.新教伦理与资本主义精神[M].于晓，陈维纲，等译.北京：生活·读书·新知三联书店，1987：13.

（三）启蒙时期的人文主义教育理念与古典自然法学派的产生

西方文明的三大源头分别是古希腊罗马文化、中世纪基督教文化和近代启蒙思想。在欧洲文艺复兴的推动下，西方世界重新挖掘和继承了古希腊的人文主义文化传统，并创造出了以实验为基础的近代科学，极大地改变了人类的历史进程和生活面貌，也使得西方国家迅速从农业文明转化为工业文明。

在西方法律思想史上，启蒙运动和古典自然法是工业革命的思想动力。启蒙运动的核心是理性，即人自己思考，运用自己的智力去认识、判断和理解事物。在启蒙运动思想形成中，古代和中世纪自然法思想的影响占据着重要地位。而古典自然法，更是汲取了古代和中世纪自然法思想的精华。古典自然法学派就是在18世纪反封建的启蒙运动和革命斗争中，代表新兴资产阶级利益并以强调自然法为特征的一个法学派别。

西欧封建社会的后期，一系列科学技术的发明和重大的地理发现，促进了资本主义生产方式的形成和发展，激化了社会内部的各种矛盾，加快了新旧思想交替的进程，同时，因为中世纪大学教育脱离实际的经院哲学的推演方法，导致法学教育与社会实践逐渐分离，经院哲学日趋崩溃，中世纪时期西方的经院哲学教育理念即转变为近代启蒙教育理念。追求科学知识，要求个性解放，反对宗教桎梏，是当时人们的一般精神面貌。文艺复兴时期，自然哲学的代表人物英国哲学家培根提出“知识就是力量”。培根是提出近代教育理念的第一人，他把经验当作统一思维与存在的关键，在近代哲学史上第一个提出思维的主体“人”应该主动干扰自然，使之服务于人类。他为近代哲学中统一思维与存在的要求和思维趋势打下了一定的基础。笛卡尔是近代提出唯理论的第一人。他排斥一切外在权威，把人的思维当作哲学的开端，认为教育除强化和开发人类理性之外并无其他作用。他的“天赋观念”说，主张单凭思维中的普遍性概念即可把握最高真理；他的怀疑一切的主张，就是清除成见，完全运用思维以达到客观真理。笛卡尔的这些思想实际上割裂了思维与存在的统一关系。

以启蒙思想为基础，继承古代和中世纪自然法思想的人本主义思想，产生了古典自然法学派。古典自然法学派是在17、18世纪反封建的启蒙运动和革命斗争中，代表新兴资产阶级利益的、以强调自然法为特征的一个法学派别，该学派主要代表人物有荷兰的格劳秀斯和斯宾诺莎、英国的霍布斯和洛克、意大利的贝卡里亚、德国的普芬多夫和沃尔夫、法国的孟德斯鸠和卢梭、美国的杰弗逊和潘恩等。该学派在抽象人性的基础上，强调人法与物法的区别，假定了一套超越实在法的永恒正义原则。古典自然学派法学家们在主张工业革命的基础上进一步推动社会变革，强调人的理性、人性、人的权利（包括私有财产权），这些思想激发了人们进行科学技术研究的活力，为工业革命的深入开展提供了制度和思想保障。当然，由于采取不同的哲学方法论，古典自然法对人性假设、理性的认识等观点的主张并不统一，有英国的经验主义、法国的理性主义、美国的实用主义等不同特色。如，孟德斯鸠的代表作《论法的精神》，主要思想为“三权分立”学说，这也成为资产阶级政治制度的基本原则，美国的1787年宪法就是三权分立的实践成果；卢梭的代表作是《社会契约论》，他也是思想最激进的启蒙思想家，其主要思想为“天赋人权”“人民主权”“社会契约论”，其创立民主共和国的主张，为法国资产阶级提供了革命的理论；康德的代表作为《纯粹理性批判》，主要思想为“人非工具”，他的理性批判哲学最终确立了人类的主体地位。

二、实证主义教育理念对制度文明的影响

19世纪是西方资本主义国家的稳定和发展时期。对于欧洲资产阶级来说，现实社会不是“理想的正义”，而是“秩序和进步”，要获得更多的实在利益。以边沁为代表的功利主义、以奥古斯特·孔德为代表的实证主义学说、以马克斯·韦伯为代表的理解社会学等教育理念适应了这一形势的需要，相继为西方工业文明的制度设计提出了学理论证。

（一）法学实证主义对法学基本范畴的分析

将法学作为科学，起源于西方启蒙学者的思想。孟德斯鸠认为，世界一切存在物都有他们的“法”，因此西方国家重视法学。被誉为“近代科学始祖”的法国哲学家、数学家、物理学家笛卡尔，在1637年发表了《正确思维和发现科学真理的方法论》，认为把科学研究应用于实践会有益于社会，科学家应避免使用模糊不清的概念，应该努力用数学方程来描述世界，开创了所谓“欧陆理性主义”哲学。

1800年，雾月政变刚刚结束，拿破仑成了法国的最高统治者，他赞同理性主义的立法方法论。随后，他正式命令四位法律专家起草民法典。拿破仑对这部民法典相当重视，曾多次亲自参与一些法律条文的讨论。经过三年半的修改、讨论，《法国民法典》于1804年3月15日由立法院通过，3月21日正式颁布施行，之后这部民法典又被命名为《拿破仑法典》。

19世纪是科学实证主义发展的重要阶段。科学实证主义的基本理想，在于观察、解释、分析和廓清外在的“实际存在”。法律实证主义，又称法律实证论、实证法学，是19世纪出现的一种法理学和法哲学流派，反对自然法学派主张的“自然状态”“天赋人权”“理性法”“自然法”“社会契约”等法学话语。其主张自然有自然的规律，人类有人类的规律，法律是人定规则。边沁说：“自然把人类置于两个至上的主人——‘苦’与‘乐’——的统治之下。只有它们两个才能够指出我们应该做些什么，以及决定我们将要怎样做。在他们的宝座上紧紧系着的，一边是是非标准，一边是因果的链环。”[①]这就是功利主义哲学思想，其主张法律是主权者的命令，是国家（或代表机构议会）制定的“实在法”。

启蒙运动在关于立法理念的革新上作了不少工作，但是在法治教育方面过于夸大了人的理性作用。在资本主义自由发展时期，急需提出一种新的法治价值系统。而边沁提出的功利主义哲学和科学实证主义法律制度设计，为西方工业文明的自由民主制度奠定了社会基础。边沁从不同角度和

① 周辅成.西方伦理学名著选辑：下卷[M].北京：商务印书馆，1987：210.

方面对法律进行了详细的分类。他从诉讼手续的角度，把法分为程序法和实体法；从法的应用范围的角度，把法分为地方法和普遍法；从法人地位的角度，把法分为国内法和国际法；从法的形式的角度，把法分为成文法和习惯法（不成文法）；从法的时效的角度，把法分为已废止法和现行法；从法的部门的角度，把法分为基本法和具体法，前者如宪法，后者如刑法、民法、诉讼法等。边沁的伟大梦想是在学理上澄清英国法中普遍性的不准确与紊乱之处，建立一个全面的完善的“万全法”。在《道德与立法原理导论》中，边沁阐述了他的功利主义哲学思想。边沁说：“功利是一个抽象的术语。它表达一个事物使某些恶不能发生或导致某些善发生的性能或倾向。恶即痛苦，或痛苦的原因；善即快乐，或快乐的原因。”①他以功利原则的价值判断为基石，对刑法教育进行了特别关注，提出了刑罚权的根据、罪刑相称、罪责自负、废除死刑等思想观念。

在法学中，“较为自然地”观察“一个法律的存在”以及“关于法律的学科的存在”，并且从中去建立“客观的”学术叙事，在19世纪中叶以及下半叶，逐渐成为法学实证主义的一个基本观念。在这样的历史语境中，伦敦大学法学实证主义者约翰·奥斯丁开设法理学系列讲座，阐明了“有关实际存在的由人制定的法的科学”的范围。而且，经过这样的努力，奥斯丁希望在法学实证主义的思潮中，开启分析法学的学术风格。奥斯丁从法的定义出发，认为权利、义务、责任、惩罚、赔偿等构成了法学话语体系的基本范畴，对英国的法学教育产生了深远的影响。

德国的资本主义法律制度的建立虽然晚于英、法，但其教育理念却站到了前沿。1871年以前，在政治层面上，德国尚处于四分五裂的状态，各邦之间在政治上只有松散的联系。但是，在经历了反法战争之后，德国民族意识高涨。在这样的时代背景下，形成了柏林大学“教研合一”“学术自由、教学自由、学习自由”的洪堡精神以及萨维尼的“法为民族精神”的观点。潘德克顿法学派在研究罗马法《学说汇纂》的基础上形成的概念法学，将实证主义法学发展到极致，为德国制定统一民法典提供了学理法

① 吉米·边沁.立法理论[M].李贵方,等译.北京:中国人民公安大学出版社,2004:2.

依据。

19世纪末，新功利主义法学者耶林对德国法学教育的实践转型发挥了重要作用，他认为概念法学只重视逻辑思维，忽视了“社会利益”“现实生活”等现实问题，主张通过目的解释加强法律的适用。他说：“法律家及外行人均会认为，所有权的本质乃所有者对于物之无限制的支配力，若对之加以限制，则会与所有权的本质无法两立。然，斯乃根本错误的观念，所有人不仅是为自己的利益，同时还须适合于社会的利益，行使权利方能达成所有权之本分。唯有在这种范围内，社会对于个人不予干涉。若对于广阔的原野，因所有人之怠慢不予开垦则放置，能够结谷物的场所让之生长茂密的杂草，或为享乐而用之为狩猎地时，社会对此，怎能安闲视之。因此，可耕作使用而不为耕作时，社会须使更有益于土地之利用者来代替之。”[①]他还进一步主张以“社会性的所有权”代替个人的所有权。

（二）法学实证主义对法律体系的构造

中国传统律令制度的特色之一是诸法合体。受西方科学实证主义法学的影响，清末改制时也对统一的《大清律例》进行了分门别类的部门法改造。《大清现行刑律》改变了旧律中按六部分类的办法，删去了吏、户、礼、兵、刑、工等各种律目，对旧律中纯属民事、商事的条款予以分出，中华法文化这才有了现代法学话语体系中的刑法学、民法学等称谓。

从广义上讲，实证主义法学也包括各种形式的分析实证主义法学、社会学法学以及历史法学。萨维尼认为：法学是一门历史性的科学；法学是一门哲学性的科学；法学是历史性与哲学性科学的统一体。历史性意味着法学具有语文学属性，法官只负责掌握规则并将其适用于个案，这些规则由法学予以阐述。从这个角度看，法官与法学家的职能是相同的。哲学性等同于体系性，就必须为一个统一体构造内在关联。为此，它必须为法学、为整个立法提供一般内容与一般任务。由历史法学演变而来的“潘德克顿法学”，以罗马《学说汇纂》中“人法”与“物法”等为其理论体系和概念

① 刘得宽.民法诸问题与新展望[M].北京：中国政法大学出版社，2001：69.

术语的历史基础，奠定了人与自然打交道的现代法律制度和法治大厦的最重要的学术法基石。时至今日，任何法律制度的完善，都是立基于概念法学的成就之上的。德国民法理论以及《德国民法典》的形成，可以说是概念法学最为辉煌的成果。

“潘德克顿法学”是形式实证主义法学，而孔德则是社会学实证主义者，他们都是像研究自然科学一样来研究法学。奥古斯特·孔德创立的实证主义学说是西方哲学由近代转入现代的重要标志之一。孔德把社会看成一个有机体，认为需要有一种新的共同信念来保证社会秩序的稳定。实证哲学家担任精神领袖，用精神的感染力去调节资本家与工人的矛盾①。德国最有影响的刑法学家李斯特，以孔德的社会实证主义为哲学基础，提出了通过社会防卫预防犯罪的观念。李斯特指出：社会防卫，尤其是作为目的刑的刑罚在刑种和刑度上均应适合犯罪人的特点，这样才能防卫其将来继续实施犯罪行为。

法学实证主义主张通过社会协作将个人与国家的法益保护结合起来，提倡刑罚的目的不仅是惩罚，更是教育。但是，法学实证主义主张的教育是功利主义的教育，忽视了教人们如何处理人与自然关系的环境教育。李斯特作为这一学派的代表人物，肇始于其的法益概念，在整个德国法教义学体系中处于核心地位。他的“犯罪的本质是侵害法益，刑法的目的在于保护法益”成为近代德国刑法学的基本认知。李斯特认为最好的社会政策就是最好的刑事政策，制定刑法的目的是教育而不是惩罚，与中国法文化中的“王者之政，莫急于盗贼”显然不同。中国法文化始终缺乏形式上刑法与民法的部门法分类和区别，而是改法为律、引礼入刑，体现了以儒家天人合一为主流的价值理念制度化与发展过程，形成了由上至下的“王者之政”与由下至上的“修身齐家治国平天下”的规范耦合。在正统的律令典章中，制度规范凸显了以家为基本法律主体单元的家国同构体制，市民社会没有从家庭、国家中独立出来。而在西方实证主义法学看来，犯罪是

① 王康.孔德与他的实证理论——纪念社会学的创始者孔德诞生200周年[J].社会科学战线，1999(1):226-233.

市民社会的必然产物，国家法律惩罚和教育的是个人而不是家庭。

（三）法学实证主义的理性误区

法学实证主义虽然否定“理性法”（形而上的正义法），但是他们将人的理性能力夸大了，以“人定胜天”的态度改造自然界和人类法律，由此也产生了一些不良影响。

18世纪发源于英格兰中部地区的工业革命影响了整个欧洲大陆，并带动了当时许多国家开展工业革命。煤炭可以说是近代工业的食粮，如果没有煤炭，就没有机器大工业的发展，也就没有工业革命。1785年，一个使用瓦特蒸汽机的纺纱厂率先建成。很快，蒸汽机在棉纺织业、毛纺织行业运用。工业革命之前，英国与世界上其他国家一样，都是以木柴作为基本燃料，由于英国的煤炭储藏量非常丰富，所以英国工业革命取得了蓬勃发展。相比农业文明，工业文明为人类提供了更加富裕的资源、能源供给。

工业革命时期，法国哲学家笛卡尔的理性主义哲学受到人们推崇。笛卡尔主张理性第一，认为人凭着抽象的理性演绎可以获得真理。在方法上，他强调“明晰”；在美学上，他提出要设立稳定、严格的规则；在对人的认识上，他把“灵”与“肉”截然对立，主张艺术应表现理性战胜感情。古典主义要求主题明确，重视理智、规则、逻辑性，但又推崇古典，以致泥古不化，这些特点都与笛卡尔的哲学思想有直接关系。可以这样说，笛卡尔的唯理主义哲学正是古典主义繁荣的哲学根基。而启蒙思想和工业革命是联系在一起的，对西方农业文明发展到工业文明阶段产生了深远影响。受笛卡尔理性主义影响，人对自然的依赖或敬畏之感逐步消失，土地、森林、河流、草原等成为人类肆意开发的资源和法律权利义务指向的自然客体。西方人源自古希腊的那种主宰、驾驭和改造自然的价值意愿通过自然科学技术的发展得以实现，人们获得了主宰和改造自然的强有力的能力。这个时期兴起的欧陆理性主义哲学使整个自然在西方人的眼里逐步变成了法律主体人之外的“物”。

终于，随着工业革命中科学技术的广泛使用，人类创造了蒸汽机、汽车和原子弹，修建了铁路、工厂，彻底地改变了整个世界，极大地丰富了自身的物质和精神生活，人类进入工业文明时代。但同时，工业文明在给人们带来众多享受的同时，也将人类居住的地球带入了一个危险的境地：全球大气污染、臭氧层空洞、热带雨林急剧减少、土地沙漠化、水资源污染和减少、大量物种消亡等。工业文明时期受理性主义思想影响形成的功利主义哲学、实证主义哲学在面对环境危机时显得无能为力。

农业工业化之后，随着人本思想的兴起，西方传统知识中的人生观和价值观都发生了极大的变化，人类在世界的地位也得到重新确立。人与自然的关系开始倾向于二元对立，人成为万物的尺度。浪漫主义先驱卢梭洞察到了人类理性的有限性，提出了"回归自然"的思想，这对西方文化中重新定位人与自然的关系产生了深刻的影响。受卢梭的影响，英国浪漫派诗人、湖畔派的代表人物华兹华斯塑造了"回归自然"的诗词。《英国美学杂志》1963年发表R.W.赫伯恩的论文《对自然的审美欣赏》，其中写道："如果我们将华兹华斯的眼光视为这一课题的近代史的高峰，那就不得不承认这高峰后面是一个低谷。今天我们是站在很低的立足点来考察这一课题的。华兹华斯笔下的自然是人类的审美和道德的教科书。然而我们所知的20世纪的人的典型形象就是被自然包围着的'陌生人'，自然对他不仅毫不重要，毫无意义，而且是'荒诞的'。"[①]因此，浪漫派文学是在对西方理性文化反思的背景下产生的。

1749年10月，在第戎科学院"艺术与科学的进展，对道德起了净化抑腐化作用?"的征文比赛中，卢梭的论文《艺术与科学谈》不仅获得了奖章，而且成为西方政治思想的转折点。他抓住18世纪理性主义哲学的主要弱点，即片面强调理性的重要性而忽视了感性的作用，肯定感情与良心的价值，认为大自然是一切真理之源，山间一个湖泊显示的教训比世上所有的大教堂宣扬的更多。他提倡"自然人"的观念，相信人性本善，但贪婪、专制的社会制度败坏了人性，提倡培育对自然之爱，视自然为一切之母和良师，反对科学过度发展，警告城市会因之堕落，这种思想成为生态主义

① 李普曼.当代美学[M].邓鹏，译.北京：光明日报出版社，1986：365.

思潮兴起的前奏。

近代科学发展四百年，建立了庞大的科学实证分析型学科体系，在很多方面较精确地研究了自然界。但科学技术是一把双刃剑，在促进社会发展的同时，用之不当也会给社会带来伤害。20世纪30年代以来，世界各地相继出现了严重的环境污染事件，其中世界闻名的八大公害事件，均发生在工业化发达的国家。例如，1948年美国宾夕法尼亚州匹兹堡市南面的多诺拉镇事件、1952年伦敦烟雾事件、1986年苏联乌克兰境内发生的切尔诺贝利核事故等。世界工业化的发展使征服自然的文化达到极致，一系列全球性的生态危机说明地球再也没有能力支持工业文明的继续发展。于是，20世纪六七十年代，西方国家出现了一些环保人士，他们主张以“生态经济”“生态财政”代替“市场经济”，检讨人类理性犯下的过错。

约翰·D.洛克菲勒，是美国的一大实业家，美孚石油公司（标准石油）的创办人。1882年，美孚石油公司成为美国历史上第一个托拉斯，它几乎控制了美国全部工业和几条大铁路干线。1911年5月15日，依据1890年的《谢尔曼反托拉斯法》，美国最高法院判决，将美孚石油公司拆分为约37家地区性石油公司。洛克菲勒也开始注重公益和环境保护。1929年建立的大提顿国家公园，就是洛克菲勒家族开创者老约翰·洛克菲勒购买并移交给国家公园服务处作为国家公园的。

宾夕法尼亚州是美国东部一州，为立国13州之一，这里曾经是原始森林覆盖的地方。19世纪末，宾夕法尼亚州匹兹堡却成为著名的钢铁城。安德鲁·卡内基是美国工业化时代的传奇人物。这个苏格兰移民的穷孩子，历经了美国“镀金时代”的风雨，造就了钢铁帝国的辉煌，成为美国历史上成绩显赫的“钢铁大王”。让世人惊讶的是，在自己事业的巅峰时期，卡内基又将几乎全部的财富捐献给社会。直到1948年美国宾夕法尼亚州匹兹堡市南面的多诺拉镇发生了环境污染事件，人们才体悟到卡内基的人生哲学。污染事故发生后，匹兹堡市制定了《匹兹堡市环境特别法》，开始进行严厉的环境整治。曾经有一家钢铁公司因为锈水外流，导致一个小湖里死了“32条可怜的小鲤鱼”，这家企业被市政府处以巨额罚款的同时，也被美国的多家银行联合列入黑名单，最终倒闭，这一事件甚至导致当时匹兹堡市市长失去了民众支持和连任机会。

三、西方法文化中人法与物法之分

西方法学话语体系是以权利、义务为基本范畴而构建的规则性思维话语体系。虽然同样继受了西方人文主义思想和法律实证主义思想，但由于不同民族文化基因的不同，西方国家出现了大陆法系的“物法”以及英美法系“财产法”两种处理人与自然关系的制度化模式，它们的共性是将对大自然的利用作为“物权”的内容。

（一）西方大陆法系处理人与自然关系的制度化模式

大陆法系与英美法系为当今世界两大重要法系。法系是若干国家和地区基于历史传统在法律实践和法律意识等方面所具有的共性而进行的法律分类。大陆法系的起源可追溯到古罗马时期，故又称为罗马法系、民法法系。注重法律的体系化、完整性和法典化一直是大陆法系国家法治建设的制度化模式。法国和德国是该法系的两个代表。

在法国，以资产阶级革命为动力，在古典自然法学和理性主义思潮的指导下以及罗马法的直接影响下，开创了以罗马法时期的《法学阶梯》为范本制定的有完整体系的成文法的模式。《法学阶梯》是罗马法时期法学家盖尤斯的代表作，该书分为人法、物法、诉讼法，将人与物区分开来。人法是对法律上作为权利和义务主体的人的规定。罗马法上所说的物，泛指除自由人以外，存在于自然界的一切东西。《法国民法典》由总则和三编构成，第一编是“人”，主要是关于个人和亲属法的规定，即法律主体的有关规定。第二编是“财产及对所有权的各项限制”，主要是关于法律客体“物”的有关规定。第三编是“取得财产的各种方法”，主要是关于财产流转、债务关系的规定。

在德国，围绕民法典的制定，出现了日耳曼法学派和潘德克顿法学派的争论。潘德克顿法学的集大成者是著名学者温德莎德，他也是《德国民法典》起草委员会的委员长。他按照罗马法《学说汇纂》起草的“五编制”民法典最终为议会采用，因而《德国民法典》分总则、债务关系法、物权法、亲属法、继承法五个部分。但相对于《法国民法典》，《德国民法典》更适应垄断资本主义经济发展的需要，它摒弃了《法国民法典》所有权绝对原则，对所有权的行使增加了某些限制性条款，如相邻关系中的权利协调等，为环境法的发展奠定了基础。

大陆法系国家，不管是法国还是德国，自然资源都是作为财产权或物权的客体设计的，环境保护法是在民法典基础上发展出来的单行法。二战后，联邦德国制定了《联邦环境保护法》和一系列单行法律规定。环境保护法也是法国一个新的部门法。这些国家都逐步通过单行环境法将土地规划、自然资源保护、公害防治、公园休闲纳入公法体系，使得环境保护逐步从民法中脱离出来，萌生了环境权制度。所谓环境权，就是人有享有优美的大气、水资源等生态环境和生活环境的权利。它与物权不同，物权是把自然资源当作“物”，其对人而言仅仅是一种利益，而环境权则包含着人对自然的情感，但环境权不作为物权的精神价值追求还没有被法治实践广泛认同。

（二）英美法系处理人与自然关系的制度化模式

英美法系又称普通法系或者海洋法系，是指以英国普通法为基础发展起来的法律的总称，以英国、美国为代表。英美法系不讲究法律体系实体内容的完整性而重视程序正义，其权利体系的制度化模式是从司法程序的缝隙中逐渐渗透出来的。

在英美法系的法院建筑中，常常会看到一位蒙面女神的雕塑，她手持天平或一手持天平、一手持宝剑，这位女神是古希腊的正义（也是司法）神忒弥斯。据说这位正义女神通过司法活动主持宇宙间的正义。古罗马人接受了古希腊的正义（司法）女神，但将其分为正义女神朱斯提提亚、公正女神埃奎塔斯等诸神形象。现代英国的“衡平法”（Equity）一词即来源于罗马的公正女神埃奎塔斯（Aequitas），有公平正义的含义。

英国的土地、水资源、森林等利用保护制度开始是以普通法上的权利存在。普通法是巡回法官在地方习惯法的基础上，根据公平、正义等自然法思想创立并发展起来的适用于整个国家的法律。英国土地、水资源、森林法律以普通法为基础，但并不仅指普通法，还有衡平法和制定法。所谓衡平法是在普通法不能弥补损失的情况下所适用的法律，衡平法是对普通法的补充，如土地信托，就是衡平法创设的一种财产权类型。

后来，议会掌握立法权后，英国出现了大量关于土地规划、环境保护的制定法。英国的制定法与大陆法系的法典不同，一般是单行的法律和法规，所以比较零碎。牛津大学教授威廉·布莱克斯通是主张系统整理英国法的第一人，其著作《英国法释义》从个人权利、物权、侵害私人的行为和侵害国家的行为四部分内容剖析普通法的基本原理，系统地阐述了英国法，并将长期以来散见于各个案例的普通法进行了整理，将它们纳入了逻辑化的体系之中[①]。布莱克斯通的努力并没有促成英国向大陆法系的靠拢，反而推动了英美法系的发展。

与大陆法系相比较，英美法系具有很强的灵活性，能够适应社会变化而创新法律。在美国，环境保护得以产生的重要理论根据就是“公共信托论”[②]。美国学者萨克斯提出，“象（像）清洁的大气和水这样的共有财产资源已经成为企业的垃圾场，因为他们不考虑对这些毫无利润的人们普通的消费愿望，更谈不上对市民全体共有利益的考虑了。而这些利益与相当的私的利益一样具有受法保护的资格，其所有者具有强制执行的权利”。萨氏的理论将环境利益区别于私的利益，他认为“只有当我们一方面提出这样的问题、另一方面又意识到将公共权利的正当性作为与传统的私的财产利益相对等的东西来看待时，才能说这时我们才开始走上建立有效的环境法体系的真正道路”。萨氏将环境利益与公共利益、公共权利相联系，并认为“象（像）大气、水这样的一定的利益对于市民全体是极其重要的，因

① 林海.布莱克斯通：将英国法带入新大陆的人[N].检察日报，2013-06-04(3).

② 陈泉生，郑艺群，周辉，等.环境法学基本理论[M].北京：中国环境科学出版社，2004：451.

此将其作为私的所有权的对象是不贤明的”[①]。但萨氏的环境利益观念仍属于财产权范围，不属于人的精神追求目标。

（三）中华法系处理人与自然关系的制度化模式

中华法系不同于大陆法系，未将环境视为物权客体；也不同于英美法系，没有将环境资源视为信托的财产。其环境权利观念与西方国家不同，是一种和谐共生的需求，这受到了儒家天人合一思想的影响。

中华法系是世界法律文化的重要组成部分，中国天人合一的传统法律文化中蕴含着丰富的处理人与自然关系的权利观，就是人的需求要顺乎自然，这正是环境权的本质所在。在道家思想中，天人合一的“天”，是自然之天，人是自然之人，因此，道家虽然承认人的合理需求，但是反对人能动地改造自然。在中国人的心目中，最有影响力的天人合一观是儒学“天理”与“人欲”的思想。儒家，尤其是宋朝以后的新儒家，所发展的天人合一学说中所说的天，是带有某种道德意志的天。孔子说：“天之未丧斯文也，匡人其如予何?”（《论语·子罕》）这里的“天”就是义理之天。在儒家理论中，人性是天理的表现，天人合一就是人性与天理合一。在天人合一思想的指导下，人们的处世规则和权利观念是中庸。“致中和，天地位焉，万物育焉。”（《中庸》）所谓“致中和”，就是对人生境界的理想追求，相当于西方法律文化中的“伦理权利”。儒学天人合一的指导思想，阐述了中国儒学权利观念的精神，即重视对人的教化和提高人的文化素质，而不能陷于“物欲”之中，人欲要顺应天理，做到人与人、人与自然和谐。

与儒家中和思想对比，权利以法家“定分止争”的实用理性存在，没有了“天”和“自然”的约束，而是人性的表征。所谓“靠山吃山、靠水吃水”，实质是对古代环境权利思想的形象描述。郑国子产说：“天道远，人道迩，非所及也，何以知之?”（《左传·昭公十八年》）《荀子·天论》更进一步说：“天行有常，不为尧存，不为桀亡。应之以治则吉，应之以乱则凶。强本而节用，则天不能贫；养备而动时，则天不能病；修道而不贰，

① 汪劲.论现代西方环境权益理论中的若干新理念[J].中外法学,1999(4):31.

则天不能祸……唯圣人为不求知天。”因此，法家的权利观比较接近西方法学的权利观。法家乃是一种纯功利主义的思想体系，这种学说从“好利恶害”的人性出发，论证法律具有“定分止争”的作用。我们也可在历史文献中看到一些与西方法律文化中“权利”相类似的词。例如，商鞅在《商君书》中道：“一兔走，百人逐之，非以兔可分以为百也，由名分未定也；夫卖兔者满市，而盗不敢取，由名分已定也。”在这里，他就讲到了法律的作用，即定“名分”，也即后代法律意义上的权利和义务。同样的话管仲在《管子・七臣七主》中也曾说过：“律者，所以定分止争也。”梁启超认为，《管子》中所说的“分”，就是权利。创设权利，必借法律，故曰定分止争也。人民之所以乐有国而赖有法者，皆在于此。中华法系天人合一的权利观念和“定分止争”的实用理性，形成了中华法系“外儒内法”的特色，成为中华儿女在同自然打交道时所遵循的行为规范和伦理观念。《唐律疏议・厩库律》中有关公私牲畜的饲养、管理的规定，《唐律疏议・盗贼律》中有关非时烧田野、盗决堤防、修堤失时罪的规定，反映了唐律中环境权意识的萌芽。唐朝的立法思想是“德礼为政教之本，刑罚为政教之用，犹昏晓阳秋相须而成者也”（《唐律疏议・名例律》），其中的环境权利意识与环境义务规范相交融，成为完备的封建法律形态。

（四）中西方法学话语体系的比较

与西方法学话语体系将人与自然、市民社会与政治国家、自然法与实在法、公法与私法、人法与物法二元对立不同，中华法文化中的天人合一话语体系蕴含着人与自然、市民社会与政治国家、自然法与实在法、公法与私法、人法与物法之间“合二为一”的生态整体主义的规范有效性主张和制度落实机制。

在西方法文化话语体系的建构中，由柏拉图开端、经笛卡尔完善的精神、物质二元论存在着文化与自然、价值与事实，以及“法治”教育与“德治”教育的脱节。罗马法学家将罗马法区分为公法与私法、人法和物法，其中的法律行为、法律主体、权利、义务、责任等概念构成了法学教育的基本范畴。道德话语湮没在法学话语体系之中。在中国传统法文化中，“道”相当于西方法文化中的自然法，“礼”和“法”作为实在的规则体系对应着西方的民法规范、刑法规范。儒家天人合一话语体系是一种“心物一体化”的思维范式，以“格物致知”作为方法论，“天道”以“礼”和“法”表现出来。根据辩证唯物主义观点，作为意识形态的人定法来源于社会规律，但具有文化发展的独立性、特色性。中国传统制度文明实质是在以农耕文明为代表的经济基础上，根据“山水林田湖草是生命共同体”的朴素认知，构筑的治国理政的礼法规范。国家、宗法、礼乐都源于“农”，是诸子百家思想在政治社会层面汇集与融合的产物。在正统的律令典章中，制度规范凸显了以家为法律主体单元的伦理法特色，如《唐律疏议》中户婚、厩库、擅兴、贼盗的分类排列与罗马法中人法、物法的分类排列就不同，比较重视家园情怀的培育而不是物质利益的追求。

第二节　西法东进中的文明冲突

亨廷顿的“文明冲突论”提出伊斯兰文明和儒家文明可能共同对西方文明发起挑战。亨廷顿注意到了文化在未来世界发展中的重要性，但对中华文化的理解偏离了“和为贵”的主旨。

一、海洋文明与农耕文明的碰撞

在中国古代，自然经济长期占据统治地位。秦以来，就建立了以封建家长制为基础的自给自足的农耕模式，商品经济并不发达；汉代实行重农抑商政策，商人尽管有钱，但不得穿丝绸衣服，不得乘坐车辆；明清时期推行海禁政策，所以中国农耕文明的商业性较弱。与中国小农经济下的农耕文明不同，西方农业文明是以大庄园领主制为基础的，农业商业化和工业化比较早。

（一）西方海洋文明的法律制度文明特色

海洋文明是因特有的海洋环境而在经济发展、社会制度、思想、精神和艺术等方面形成的社会文化。在西方，因其法律制度与海洋文明密切相关，所以民商法律制度较为发达。

西欧的历史在很大程度上是以海洋为中心展开的。无论是亚历山大大帝的马其顿王国，还是后来的罗马帝国，都是围绕地中海建立的。古希腊法、罗马法、《罗得海法》《阿马斐表》《奥尼朗法》《海事法集》，其中的共同海损、保险法、公司法等制度都与沿海经济发展有关。

西方海洋文明的发源地是古希腊。古希腊地处地中海东部，其多山环海的自然地理条件，决定了土地不适合种植粮食作物，而适合种植葡萄和橄榄。海岸曲折、岛屿密布与海产资源丰富决定了古希腊人只有通过商业贸易才能维持其生存和发展，而这种贸易只能是海外贸易，这又决定了古希腊工商航海业居主导地位的民族特性。在制度文明方面，古希腊的海商法起源较早。

古希腊政治家德拉古于公元前621年整理雅典法律，制定出了一部完整的法典。从该法典规定的法律条文来看，偷窃水果、懒惰等都要判处死刑，其性质相当于现代的刑法。他的继任者梭伦将他的法典废除，保留有关谋杀的部分，规定了更多民商法方面的内容，如：禁止输出谷物，准许输出橄榄油、葡萄酒等到国外；鼓励种植经济作物和造船；鼓励传授技术。这改变了法典的刑法属性使其具有商法属性。梭伦按财产的多少将全体公民划分为四个等级，不同等级的公民享有不同的政治权利①。谁的财产多，谁的等级就高，立法权也就逐步为一些财阀集团把控。因此，希腊农业文明的商业性较强，商人地位也较高。

西方海洋文明的另一个起源地是古罗马，它与古希腊文化一脉相承，其法治文化的商业性更重。与古希腊属于海洋民族不同，古罗马一开始属于内陆民族，罗马共和国以前主要靠耕牧生存，具有上古农民和牧民粗犷

① 顾准.顾准文集[M].贵阳:贵州人民出版社,1994:171.

和务实的特点。但是，古罗马崇尚武力，通过对古希腊、埃及、高卢等地的征服，形成了一个环地中海的罗马帝国，使古罗马内陆的“市民法”变成了“万民法”。海洋文明催生了债权、契约制度等民商法律制度，罗马法也成为简单商品经济下最完备的法律体系。罗马共和国的运行机制，就像一个股份有限公司，具有很强的商法性质，如：公元前578年，罗马王政时代的第6个王——塞尔维·图里阿执政，效法雅典的梭伦进行立法改革，废除了原来以血缘关系为基础的三个部落，按地域把罗马分为四个区域，并按财产多少将罗马居民分为五个等级，财产低于第五等级的为无产者，不列入等级。关于等级划分，老塞翁的方案是组建195个百人团，取代过去300家老户公民的“胞族会议”，“百人团会议”处理国家重大事务，如通过法令，决定战争与媾和，选举执政官等。有钱贵族在百人团会议中操纵绝大多数选票，因此拥有国家大事的决定权。罗马共和国末期，声名显赫的罗马首富马库斯·李锡尼·克拉苏，就是通过商业投机暴富成为三大执政官之一的。克拉苏组织了一个当时还非常罕见的消防队，趁房主们在因房子失火而恐惧不安之时，以极低的价格买下正在着火的房子及与其相邻的房屋，然后才开始扑火。就这样，克拉苏获得了数以千计的房子，然后再以高价出租。布匿战争后，罗马共和国占据了海洋霸权，粮食主要依赖国外输入，虽是农业社会，但在经济上进行以交换农产品为目的的商品生产，形成了发达的手工业、商业文明。

工商业文明起源于古希腊，之后扩展到古罗马和西欧，因而欧洲文明又称海洋文明、商业文明。西方海洋文明不同于东方的农耕文化，主要表现如下：由于欧洲农业早期就步入商品经济时代，西方人四海为家，不像东方人这样留念故土；西方人的饮食也不同于东方，他们的农作物主要是大麦、小麦，喜欢建立森林和草场这样的大规模庄园，而不像我国阡陌结构的田地。在罗马帝国的全盛时代，政局相对稳定，经济空前繁荣。作为横跨欧亚非的海上贸易霸权强国，罗马的经济主导地位已经从自然经济开始转变为商品经济。城市里手工业作坊和商店鳞次栉比，大小城市网形成了许多内外贸易中心。乡村则随着大土地所有制的发展，出现了“拉蒂芬丁”的大庄园。所谓“拉蒂芬丁”，意为大地产，是指罗马共和国末期出现的贵族奴隶主的大农庄。这些大庄园以市场为导向，根据各地的资源优势，从事专业化的商品生产。在意大利中部的土质肥沃地区、城市近郊或交通方便地带，建立一些中型农庄，利用奴隶劳动种植葡萄、橄榄等经济作物，从事专业化的商品生产；在意大利南部，多经营大牧场。

中世纪的欧洲，日耳曼各部族侵入西罗马帝国，在占领的土地上建立了许多“蛮族”国家。日耳曼各王国国王通过封赏土地给贵族、骑士和教会，形成了采邑分封制的封建土地制度。随着封建化程度的加深，西方国家从物质上支撑西欧文明的荣誉属于“扛着锄头的人（Man with the Hoe）——农民。就社会经济来看，农村几乎返回到“家庭经济”，商业化的城市逐渐凋零。可自11世纪以后，西欧城市繁荣、商品经济活跃，罗马法得到复兴，城市法、商法、海商法体系得以形成和完善，农村经济又融入市场经济中。到了中世纪后期，随着生产力的发展、经济的繁荣和科技的进步，城市形成的同时出现了城市法、商法。14—17世纪，在欧洲垄断贸易中起过重要政治作用的汉萨同盟，也是以德国北岸的卢贝克港为中心，由围绕波罗的海的城市联合而成的。15世纪以后，城市工商业进一步恢复和发展，促进了商品经济关系向农村的渗透，农业生产开始了结构性变化，商品化农业比率更是增加。国王依靠商人、市民打垮封建贵族建立政权，有效地瓦解了封建庄园领主的“家庭经济”。农业商品经济的发展促使西方法律文明趋于成熟，从而使西方法律制度出现了罗马法的复兴，在相当程度上促进了西方社会以个人权利为本位的法律文化的兴起，奠定了工业革命的思想和制度基础。

（二）西方农业文明与中华法文化农耕文明的比较

由于我国自秦朝以来就建立了统一的封建帝国，在长达两千多年的封建社会，一直是自给自足的小农经济，根植于小农经济的那种农耕文明，与西方庄园经济有着许多不同。

西方文明的源头是古希腊，古希腊实行城邦制度，在城邦社会，国与家是分开的。在古希腊的村落中，血缘村落逐渐被地域化的村落取代，而罗马帝国从一开始就是一个摒弃农村公社制度，实行财富统治和土地私有的西方式国家。后来征服西罗马帝国的日耳曼人是一个有着游牧传统的民族，恺撒曾在战记中提到他们对农业生产缺乏热情，不愿从事耕作以待收获，日常饮食则以奶酪、肉类为主，被视为蛮族。在中世纪，日耳曼部落实行的是马尔克公社体制，河流、森林、山坡、牧场属公社所有。日耳曼部落征服西罗马后，摧毁了奴隶制，但也接受了罗马基督教和罗马法律制度。正是日耳曼部落征战奖赏惯例与罗马土地私有制的影响和作用，产生了独特的欧洲采邑分封制，不动产制度成为封建法的核心。

在众多“蛮族法典”中，法兰克王国的《萨利克法典》对封建土地法产生了较大的影响。《萨利克法典》是法兰克国王克洛维统治时期的习惯法和王室法令的汇编。在法兰克王国农业耕作无疑已成为法兰克人的主要生产方式，其证据就是法典中出现了大量处理农耕纠纷的规定。例如：擅自翻耕他人土地者罚款15金币，翻耕后又私自播种的罚款45金币；如果有猪或其他牲畜跑到别人谷田中，牲畜的主人罚款15金币。与罗马法的“个人本位”特征具有明显的区别，日耳曼法的保护中心和出发点是团体，即家庭、氏族和公社，而不是个人。例如《萨利克法典》第45章对迁徙的规定：如果一个人打算由一个村迁徙到另外一个村，必须征得迁入村全体居民的同意，只要有一个人反对他的迁入，即可向他提出警告，使他搬走；假使他拒绝搬走，居民就可偕同证人，到村会去控告，或呈报伯爵，将他驱逐。又如，作为氏族成员，当本氏族有人受到外氏族人侵害时，必须与其他氏族成员共同进行血亲复仇或共享赎罪金。

随着日耳曼“蛮族”对罗马的征服，日耳曼公社土地所有权逐步解体，西欧形成了贵族大地主所有制的庄园经济。封建领主的庄园是自给自足的自然经济生产单位，在庄园里从事农业和手工业生产者大都是农奴或依附农民。庄园的土地一般分为两部分：领主的自营地和农民的份地。领主自营地由农民耕作，农民的一切生产主要为领主及其服役人等提供生活资料，其次也为农民自己提供有限的生产与生活资料。服役人除为领主无偿耕作外，还要负担砍柴、筑路、修宅、运输等各种杂役。此外，教会的什一税也是农民的沉重负担。

"中世纪黑暗时代"是一个被历史学家普遍接受的说法，是由14世纪意大利文艺复兴时期人文主义学者彼特拉克所提出的。他周游欧洲重新发掘和出版经典的拉丁和希腊著作，志在重新恢复罗马古典的拉丁语言、艺术和文化，对于自公元401年罗马沦陷以后发生的变化与事件，他认为不值得研究。人文主义者看历史并不按奥古斯丁的宗教术语，而是按社会（学）的术语，即通过古典文学和艺术来看待历史，所以，人文主义者把这一千多年古典文化发展的停滞时期称为"黑暗时代"。而对"黑暗时代"，许多现代的负面观念来自十七八世纪启蒙运动中的伏尔泰和康德的作品。亨利·菲尔丁的《汤姆·琼斯》、狄更斯的《双城记》描写的农奴形象，多为淫荡者、酗酒者与赌棍，如莫莉、"复仇女神"、德发日太太等。19世纪初，浪漫主义运动转变了这种对"黑暗时代"负面观念一边倒的趋势，给出了一幅中世纪时由封建制庄园和一批商业城市，如巴黎、里昂、马赛、科隆、特里尔、斯特拉斯堡、汉堡、威尼斯、热那亚等形成的一个以地中海为中心的贸易区的祥和的图景，回应启蒙运动中的理性主义以理性完全超越感性的做法，对正在兴起的工业革命所带来的环境破坏与污染进行了批评。

客观地评价，中世纪的庄园制为工业革命后大面积的农场化、规模化生产打下了基础。英国是最早发生资产阶级革命的国家，地产流转市场也形成较早。英国的圈地运动，使得农奴成为工厂的雇工，脱离了与土地的人身关系而成为资本主义大农场的工人，所以英国是最早实现工业化的国家，而自耕农在19世纪就基本没有了。而法国1804年颁布的《法国民法典》和德国1900年的《德国民法典》都曾宣布废除长子继承制，试图保障更多自耕农的利益。法国的小农经济，并不像英国那样在竞争中被淘汰，而是广泛长久地存在着。当我们读到《法国民法典》第524条的条款时，我们仿佛看到了18世纪末迷人的法兰西田园风光。家畜、农具、种子、蜂房和酿酒的木桶，在《法国民法典》中一一亮相，果树伸到了邻家的院子该如何处理，法典也进行了详细规定。也许正是在《法国民法典》中读不出多少都市风景，所以有学者认定《法国民法典》是“18世纪农业经营的法”，“展现的景观并非都市风景，而是农村风景”[①]。与《法国民法典》相比，19世纪末的德国正处于自由资本主义向垄断资本主义过渡的时期，所以《德国民法典》中规定了所有权、契约自由社会化原则，但也以大量篇幅对容克贵族的土地所有权以及基于土地私有而产生的其他权利进行保护，因而《德国民法典》体现了庄园制的特色，更适应当时的资本主义农业经济向工业化、商业化的发展，这也反映出《德国民法典》是德国资产阶级和容克封建贵族相妥协的产物。

工业革命后，西方国家农业采用资本主义农场方式经营，机械化程度较高。为了避免农庄土地分割致使农业经营的土地分散，1933年德国的《世袭农地法》和1960年法国的《农业指导法》重新限定农场由一个继承人继承。这种土地集约化经营的模式适宜工业化运作。同时，欧洲农业的商业化程度也很高，农民生产不是为了自给自足，而是为了销售农产品赚取利润。因此，农场主一般都根据地理情形大面积地种植一些农作物，如麦类、玉米、马铃薯、瓜果、甜菜、向日葵、亚麻等。农场的规模也很大，正是这种规模化的庄园生产，使得农场主可以大面积种植单一作物品种，并同食品加工企业间订立农产品长期购销合同。如甜菜农场与糖厂，奶牛农场与奶制品厂，水果、蔬菜生产者与这类产品的加工制造厂之间直接发生的买卖法律关系。农民所需的生产资料，如良种、饲料、设备、燃料等，则由有关厂家按照合同如期供给。除了农业，畜牧业在欧洲也占有重要地位，农场主除种植农作物外，还大面积种植牧草，或将农作物直接用于饲养牲畜。

在中国，秦汉以后实行土地诸子均分制。《史记·商君列传》记载，秦国的“分异令”规定：“民有二男以上，不分异者，倍其赋。”隋唐时期，宗祧继承是嫡长子继承制，土地则是诸子均分制。唐代《户令》中规定：

① 孟勤国.常识与事实的距离有多远——关于法国和德国民法典的一个话题[J].法学评论，2009(6):155.

“诸应分田宅者，及财物，兄弟均分。”两宋至明清时期，大体上沿袭唐制。宋朝强化了宗族在田产中的先买权。明朝时期，随着商业化的发展废除了“先问亲邻”的环节，但土地买卖仍掌握在宗族长老手中。清代继承分为身份继承和财产继承，身份继承包括宗祧继承和封爵继承，财产继承也略有变化，以家长的遗嘱为准。民国时期，南京国民政府的继承法废除宗祧继承，在财产继承上实行平等继承的原则，这是中国土地及继承制度的重大变化，反映了近代西方民法典对中华法系的影响。但与现代化的西方农业法典相比较，小农经济的局限性也不利于农业经济规模化调整。

（三）海洋文明与农耕文明的制度碰撞

西方人在全球范围内的航海活动，促进了海洋文明的极大发展。1492年，意大利热亚那人哥伦布与西班牙国王达成契约，由国王资助到海外占领“新陆地”，开辟了海外殖民的新航路。1497年，在葡萄牙的资助下，达·伽马绕过好望角，横渡印度洋，于1498年到达印度。1519年，葡萄牙人麦哲伦在西班牙国王的支持下，横渡大西洋，再沿南美大陆海岸向南航行，穿过麦哲伦海峡，到达菲律宾群岛。从此以后，西方就进入了一个崭新的航海时代。根据教皇1493年的裁定，海洋通航垄断权以大西洋上的子午线为界，子午线以西归西班牙，以东为葡萄牙所有。

国际法的产生与海洋文明联系在一起。催生国际法理论确立和发展的有两个基本概念，一个是国家主权，一个是领土。而这两个概念的产生与海洋密切相关。16世纪的荷兰是世界上的海上强国，为顺应这一局势，被中外学者奉为“国际法之父”的荷兰人格劳秀斯积极鼓吹“海洋自由论”，其主张实际上是为当时荷兰的海外贸易提供理论支撑，其著作《海上自由论》也就成为国际法的经典著作。

国家主权是指对内具有至高无上的权力，对外具有独立平等权。在中世纪之前的西方，传统文化中没有主权国家的概念。出生于法国的让·布丹是近代西方最著名的法学家，他的《国家六论》被誉为西方关于国家主权学说的最重要论著。布丹认为主权是国家的主要标志，其目的是排除教皇对法国的干扰。在领土争端上，欧洲大陆与海洋中的英国在历史上就纠缠不清。亨利二世是英格兰国王（1154—1189年在位），1150年，他从母亲处继承了诺曼底，1151年，他从父亲处继承了安茹，19岁时他与阿基坦的埃利诺结婚，又得到了作为嫁妆的阿基坦。因此，亨利二世是法国的诺曼底公爵、安茹伯爵和阿基坦公爵。这使他实际上成为法国最大的领主，这也导致英法百年战争的开启和国际法中领土主权观念的产生。1648年，西班牙王国、神圣罗马帝国、奥地利大公国的哈布斯堡王朝和法兰西王国的波旁王朝、瑞典王国以及神圣罗马帝国境内勃兰登堡、萨克森、巴伐利亚等诸侯国在德国明斯特市和奥斯纳布吕克市签定了和约，从法律上正式确认了国家主权的概念，象征着教皇干预的结束和民族国家的开始。

近代西方主权国家形成后，主权之争导致了具有国际法性质的海洋法的产生。荷兰人格劳秀斯在让·布丹国家主权学说的基础上，提出了关于海洋法的一些新的措施和理论。格劳秀斯抨击葡萄牙对东印度洋群岛航线和贸易的垄断，主张殖民主义和海洋自由，这种主权理论是在西方海洋扩张和殖民的时代背景下提出的。而以英国塞尔顿为代表的海洋闭锁论则为英国海洋法的发展提供了政策服务，自16世纪后，英国先后击败西班牙、荷兰，逐渐成为具有全球海洋霸权的国家。

与西方海洋文明相比较，学者们一般将中国传统文明归为农耕文明。如冯友兰先生将希腊称为“海洋国家”，将中国称为“大陆国家”。中国也有历史悠久的海洋经济和海洋文化，但为什么始终属于农耕文明呢？从法律制度的特征分析，主要原因在于对海洋的法律定位不同。

中国传统制度文明效力所及的范围是“四海之内”。《论语·颜渊》有：“四海之内皆兄弟也。”四海之内的“四海”并不是指当今的渤海、黄海、东海和南海四海，而是指古代的疆域范围。《礼记·王制》中说得明白：“西不尽流沙，南不尽衡山，东不尽东海，北不尽恒山。凡四海之内，断长补短，方三千里。”从这里可以看出，“四海”实际上指的就是当时疆域的范围，和真的大海没有关系，泛指天下、全国。而在西方，海洋比较早地被纳入了法律调整的范围，马汉在《海权论》一书中说：“谁控制了海洋，谁就控制了世界。”[①]

马克思、恩格斯认为，在人类文明初期，地理环境对于人类的物质生产活动和社会生活具有决定性的影响。海洋文明需要以一定的制度文明为条件，否则海洋扩张只会成为国际社会交往的障碍。重农抑商，忽视海洋经济不是儒学天人合一观的价值追求，只是封建统治者维护皇权的需要。由于我国封建社会长期的重农抑商政策，商品经济发展缓慢。在中国这个一直保持着稳定的农业文明的国家，强烈的宗族观念和地域观念扎根于中华民族的农耕文化之中，这有其封闭性的一面。但是，正是中华民族的这份家国情怀，形成了天人合一的宇宙观。与西方海洋商业文明影响下的西方人喜欢迁徙、四海为家不同，中国商人走西口、闯关东，最后还是希望衣锦还乡、落叶归根。当西方海洋文明与中国传统社会的农耕文明相碰撞后，其长处和短处也就显现出来了。

（四）中国农耕文明遭遇海洋文明后的应对

与西方海洋文明的民商法文化、土地庄园文化、国际法文化不同，中华法文化中的天人合一宇宙观蕴含着与西方法文化话语体系不同的价值追求，有利于构建公平合理的人类命运共同体的法秩序。

1.加强中国海洋文明制度保障的必然性

西方人在全球范围内的航海活动，使世界各地的联系越来越紧密，他们也就把自己的法治文化输入发现的“新世界”中，强行地改造殖民地为他们自己的家园，并由此逐渐把世界各地、各国联系在一起。所以说，西方海洋文明有很大的扩张性。帝国主义和殖民主义长期将殖民地国家作为其原料供给基地，掠夺与控制它们的自然资源，这必然引发殖民国家与被殖民国家的矛盾。

清末，西方舰船来到中国沿海口岸之后，因海权而起的纠纷日益增多，清廷始有运用国际公法保护本国海疆之意。恭亲王在奏折中以《万国公法》为据称：“外国持论，往往以海洋距岸十数里外，凡系枪炮所不及，即为各

① 阿尔弗雷德·塞耶·马汉.海权论[M].一兵，译.北京：同心出版社，2012：2.

国公共之地，其开往占住，即可听各国自便。”西方国家的海洋文化对中华民族的农耕文化造成极大的冲击。为了维护主权，清廷不得不学习、借鉴国际公约，进行法律改革，清末环境卫生法、矿业法等与生态保护相关的法律也就列入清末改制的范围。民国时期，《中华民国民法》《中华民国土地法》《中华民国水利法》《中华民国森林法》《中华民国矿业法》等一系列资源开发和利用的法律都是在半殖民地半封建的社会中制定的，实施效果不佳。

第二次世界大战结束之前，海洋法等法律秩序基本稳定。战后，美国总统杜鲁门发表了《大陆架》和《沿岸渔业养护》两个海洋政策宣言，他主张美国对领海外的海底地下资源和沿岸渔业行使国家权利，继续将西方海洋文化强行输入其他国家。1946年，南京国民政府与美国签订了《成渝铁路修建协定》《中美友好通商航海条约》等一系列不平等条约，国家资源主权为美国侵占。

2.构建国际海洋新秩序的意义

新中国成立后，废除了不平等条约和国民党政府的法统，制定了一些自然资源保护方面的规章制度。但是，当时中国特色社会主义法治理论体系还不成熟，社会主义资源开发方面的制定法还处于“摸着石头过河”的阶段。1958年，在联合国第一次海洋法会议（日内瓦会议）中，发展中国家为维护国家主权，强烈要求行使自然资源永久主权，否定了西方殖民主义的生态文明制度模式。1974年4月6日，邓小平率团出席了联合国大会第六届特别会议，阐述了毛泽东提出的“三个世界”的重要理论和发展中国家的权利主张。1974年4月，联合国大会第六届特别会议通过了发展中国家提出的《建立新的国际经济秩序的宣言》和《行动纲领》。《建立新的国际经济秩序的宣言》明确指出每个国家对自己的自然资源和一切经济活动拥有充分的永久主权。同年12月，第二十九届联合国大会通过的《各国经济权利和义务宪章》再次确认了自然资源永久主权的原则。

改革开放之初，我国沿海开放战略确立。1982年，联合国第三次海洋法会议通过并对各国开放签字的《海洋法公约》，进一步将领海等纳入自然资源永久主权范围，中国于1982年12月10日签署该公约。1984年，大连、秦皇岛等14个沿海城市，被国务院批准为全国首批对外开放城市，增加与扩大了对外开放的窗口。东海争端的悬而未决，南海局势的暗潮涌动，唤醒了中华民族的海洋意识，构建保障中国海权的法律体系刻不容缓。党的十八大以来，习近平总书记在一系列重要讲话中继承和发展了传统文化天人合一的宇宙观，提出了“一带一路”倡议。“一带一路”借用古代陆上丝绸之路的历史符号，充分依靠中国与有关国家既有的双多边机制，借助行之有效的区域合作平台，打造现代“丝绸之路经济带”和“21世纪海上丝绸之路”。对于海洋，不应限于利益之争，而应合作共赢。海纳百川，就显示了中国传统文化的包容精神。2017年11月9日，习近平主席同美国总统特朗普举行会谈时说：“太平洋足够大，容得下中美两国。”当今世界正发生复杂深刻的变化，国际投资贸易格局和多边投资贸易规则正酝酿调整。“一带一路”倡议的提出，符合国际社会的根本利益，彰显了人类社会的共同理想和美好追求，有利于国际社会构建公平合理的新海洋文明秩序。

二、“市民法”与“教育法”的矛盾

西方法律文化是以“人法与物法两分”为要点的制度文明，制度设计又是以“人”为中心的，因此，西方国家的制度文化中“人”和“自然”是分离的而不是统一的。这种西方传统文化中孕育的大陆法系的物权、英美法系的财产权，都是一种“市民法”，法律文化的功利性较强。而中国天人合一传统文化形塑的农田水利法、森林草原法却是一种追求人与自然和谐的“教育法”，传统制度文明的礼乐美学色彩较浓。

（一）英美法系法律文化视角下“物法”的制度设计困境

从法律文化角度来审视西方制度文明的演变，就像从礼乐美学的角度来洞察中国传统制度文明的形塑一样，可以使我们更容易理解天人合一思想对中国传统制度文明的影响，以及西方生态保护制度的“物法”特征。

1.英国法律文化视角下“物法”的制度设计困境

在文艺复兴运动中，资产阶级思想家抨击封建神学的蒙昧主义和禁欲主义，要求以“人”为中心，而不是以“神”为中心来考察人与自然的关系，提倡“人性”、“人道”以及“人权”，主张个性解放和自由，形成人文主义的世界观。如莎士比亚的戏剧，探讨了人生中情感与理性、欲望与道德、个体与社群、自尊与谦卑的冲突与困惑，把对人性的诠释提高到了一个新的阶段，以至近三百年的所有新兴哲学都能从他的作品中找到某些端倪。受文艺复兴的影响，霍布斯、洛克等英国自然法学者已经用人的眼光来观察国家。洛克将财产法归结为自然法，洛克写道：“所谓人的自由，就是不受别物的支配，只受为判断所指导的欲望的支配。”①

18世纪，英国工业革命开启了人类工业文明的时代，英国第一次工业革命使得曼彻斯特的纺织工业和伯明翰的钢铁工业迅速发展，其工业产品销往海外。在这种时代背景下，财产法在英国普通法中的地位更加重要，但环境问题也开始产生。布莱克斯通的《英国法释义》，分述了人权、物权以及私法上的不法行为和公共不法行为四部分内容，环境问题在公共不法行为的规制范围内。爱略特的《弗洛斯河上的磨坊》讲述了一个发生在19世纪英国农村弗洛斯河岸边的故事，农户塔立弗经营着祖传的磨坊，一家人过着小康生活。可好景不长，有个律师在上游办起了工厂，大量的河水被分流利用，农户塔立弗的磨坊不得不破产。弗洛斯河案件反映的是英国农村向工业化转变过程中的水资源利用纠纷，但法律侧重保护的还是私人财产权。狄更斯的《雾都孤儿》等作品深刻地反映了工业革命时期英国伦敦大气污染严重的社会现实。狄更斯的《我们共同的朋友》一书，描述了伦敦到处混乱、充满灰尘、废纸满街飞的状况。从狄更斯的文学作品中我们不仅看到了人们对环境权益的需求，也看到了整个社会陷入功利主义的状态，在这种情况下，英国法律体系中，财产法仍占据主要地位，生态环境保护法还没引起重视。

18世纪末和19世纪初的英国浪漫派诗人、湖畔派的代表华兹华斯，对

① 洛克.人类理解论：上册[M].关文运，译.北京：商务印书馆，2017：273.

资本主义工业所带来的环境污染、生态失衡、“大城市病”等社会现象深感失落，他常徒步游览自然风光，缅怀原生态的自然环境。同时华兹华斯阅读了法国启蒙主义时期思想家的著作，深受法国启蒙主义时期卢梭“回归自然”思想的影响。他的山水诗极其灵秀，名句如：“我好似一朵孤独的流云。”[①]浪漫主义极大地丰富了西方法律文化的精神内涵，凸现了人与自然的和谐关系的重要性，帮助人们认识到土地、水资源等不仅是财产，还是人类生存的环境，从而推动了英国法重新确立了主客体关系，并开始重视环境保护的单项立法。1848年颁布的《公共卫生法案》就产生于此期间。19世纪末和20世纪初，英国的环境问题更加严重。托马斯·哈代的作品反映了资本主义侵入英国农村后，使农村的生态环境急剧变化。他观察了家乡多赛特郡地区的农民在工业化大开发浪潮中所受的灾难，但他用唯心主义解释社会变化的原因，认为支配人的命运的是一种“弥漫宇宙的意志”。哈代的观点是生态主义思想的萌芽，也说明了西方工业文明对农村环境和传统文化的破坏。虽然哈特不能从法治建设的角度给出农村生态保护的良方，反而将其归于“弥漫宇宙的意志”，但其作品反映出英国人民对城乡一体化法治保障的需求。于是，1947年英国的《城乡规划法》规定，一切私有土地将来的发展权转移归国家所有，财产法进一步向环境法转向。

2.美国法律文化视角下“物法”的制度设计困境

从法律文化的角度分析美国生态法的演变，我们可以看到二战以前美国法律制度的商业法特征，也可以看到美国法从“物法”向“环境法”的转向。

在美国生态保护法的发展历史中，受到中国天人合一思想影响的美国生态文学对美国环境法的生成是产生了很大影响的。从梭罗的《瓦尔登湖》、爱默生的《论自然》到惠特曼的《典型的日子》、约翰·缪尔的《我们的国家公园》、奥尔多·利奥波德的《沙乡年鉴》，美国的生态文学宛如发端于山间的溪流，汇入生态保护的法律文化，如今已是一条波澜壮阔的大河了。

① 刘若端.十九世纪英国诗人论诗[M].北京：人民文学出版社，1984：8.

这种生态法律文化在当时还只是一种小文化传统，占主流的是冒险开拓的商业文化。1776年美国独立时，只有东部大西洋沿岸的十三个州，而它的西部是6.5倍于美国东部的“荒原地”。1748年，弗吉尼亚州俄亥俄土地公司的组建，可视为美国开始西部开发的标志。为了开发西部，美国于1784、1785和1787年制定了三个土地法，宣布西部土地国有化，决定将公地向自由移民开放。西部的开发在美国国内引起了大规模的移民运动。不断涌入的移民和西部新发现的矿藏，使得美国的工业化极速发展，国家财富迅速增长。到20世纪初，美国已经是世界上最强的工业国了。1873年，马克·吐温出版了小说《镀金时代》。从此，人们用“镀金时代”这个词来形容美国西部开发时代。

当时的美国，就是一个商业社会。费孝通先生在《美国人的性格》一书中说：“经济自由主义其实是指不受政治权力干涉而言，可是，可以限制竞争自由的不单是政治权力，最重要的是经济权力。”①为了便于经商，美国人在未制定民法典、刑法典的时候，却从19世纪末20世纪初开始，由各州代表组成的全国州法律统一委员会议陆续起草了一些单行商事法规，如1896年的《统一流通票据法》和1906年的《统一买卖法》等，供各州立法机关用。在统一州法全国委员会和美国法学会的共同努力下，由美国现实主义法学家卢埃林主持起草的《美国统一商法典》，就反映了美国社会对商业的重视程度。

美国作家海明威，曾被誉为美国国家精神的象征。海明威在《老人与海》中刻画了一位古巴老渔夫与一条巨大的马林鱼在离岸很远的湾流中搏斗的硬汉形象，他用大马林鱼象征人生的理想和人类作为生命本身不可避免所具有的欲望，用大海象征变化无常的人类社会，老渔夫则是与强大势力搏斗的人类勇士的代表。书中那句“人可以被摧毁，但是不能被打败”，激励了无数美国人。

但是，伴随环境危机和生态环境保护运动，美国法律文化领域中生态保护的理念逐步增强。美国现代小说家约翰·斯坦贝克的《愤怒的葡萄》

---

① 费孝通.美国人的性格[M].北京：文化发展出版社，2017：92.

以美国20世纪30年代经济恐慌期为背景，描写俄克拉何马的农民因土地被大公司没收，无家可归，只得离开世代耕耘的土地向西迁移，想在加利福尼亚州寻找出路的故事。斯坦贝克认为，目的论的思维，即为任何事物寻找目的和阐释的思维，是社会的主要问题。这种思维会导致社会中的人产生一种破坏的激情，要求自然中的一切事物都要符合人的旨意，于是美国人在环境方面的破坏到了对人类精神本质背信弃义的地步。相反，他认为对待生活的最好方法就是非目的论。

美国环境法的历史可以追溯到早期普通法教义中去。第一部环境成文法为1899年制定的《河流与港口法》，该法限制在港口排放污染物，避免污染河流，后来这部法律为美国《清洁水法》所替代。美国环境法的大规模制定应该是工业化、西部大开发后环境问题严重化的时候。以美国生态学者蕾切尔·卡逊出版的《寂静的春天》为标志，美国的生态保护立法进入一个新时期。两年后设立的《荒原法》和她并无直接关系，但也是这个时代大背景下的推动产品，是美国政府从法律上对“生态运动”的回应。美国生态法文化的“荒原”情怀也由此形成，但是这种情怀与中国天人合一理念是不同的。20世纪60年代末到80年代初，美国的环境制定法发展突飞猛进。联邦议会随后制定了大量的环境法律，包括美国《国家环境政策法》《清洁空气法》《联邦水污染防治法》《综合环境反应、赔偿与责任法》等。因此，《寂静的春天》的出版应该被视为现代环保运动的肇始，是美国生态意识觉醒的标志，是生态保护新纪元的开端。

（二）大陆法系法律文化视角下“物法”的制度设计困境

大陆法系受理性主义哲学影响很大，立法一般是法典化的。物法、物权法作为专门法学术语出现在《法国民法典》《德国民法典》中，构成了民法典的核心内容，环境法是在物法、物权法基础上衍生的法律。由于不同的民族文化特质，两国的民法典具有不同特色。因此，从法律文化角度我们可以洞见法国、德国这两个典型的大陆法系国家“物法”与“环境法”的关系。

1.法国法律文化视角下“物法”的制度设计困境

法国是一个热爱文学艺术的国度，因此其法律也具有文学性，有人说《法国民法典》就是一部“出色的法国文学著作”。人与自然的关系不仅是法国文学关注的重点，也是法国民法关注的重点。1789年法国大革命后，法国形成了注重描写自然景色、抒发主观感受的浪漫主义文学，如乔治·桑的小说《魔沼》，全书没有复杂的情节和冗长的理论阐述，而是自始至终充满诗意，小说中农村的宁谧、神秘而独特的景色，激发了人们对大自然的热爱。

然而，法国大革命后制定的《法国民法典》，首先开始了人法、物法的二元分离。究其原因，法学与文学虽然同属于人文科学，都注重人文主义的关怀，但法学更重视的是理性，因此受理性主义影响更大。《法国民法典》规定所有法国人都享有民事权利，围绕着人这个中心，物法开出了详细的财产权清单：土地及建筑物为不动产，属于所有权的客体，而河川、天然林等的所有权归属，法典未明确规定。

在《法国民法典》规定的绝对所有权制度下，法国农业长期以来是资本主义条件下的小农经济，经营分散，技术落后。收录在巴尔扎克《人间喜剧·乡村生活场景》中的一部作品《农民》中，其介绍了法国大革命后贵族的土地被分割成小块出售，农民根据《法国民法典》获得了土地所有权，但农民只是表面上取得了胜利，真正的胜利者却是资产阶级，因为农民在取得土地的同时，又陷入了高利贷及其他剥削形式的蛛网之中，小农经济毕竟不能使农民摆脱贫困的命运。“最肥美的土地，最漂亮的庄园，对那些只能享受其景色的人来说，很快也就变得淡而无味了。和戏院模拟的布景相比较，大自然的美反而显得平庸。这时，巴黎的各个方面都显得闪闪发光。”[①]“农民由于其社会功能的性质，过着一种纯物质生活，并且经常和大自然融合在一起，与蛮荒状态相去无几。艰苦的劳动压垮了身体，也就夺去了其本身对思想的净化作用，对无知的人尤其如此。”[②]如此形象

① 巴尔扎克.人间喜剧:第18卷[M].北京:人民文学出版社,1994:26.

② 巴尔扎克.人间喜剧:第18卷[M].北京:人民文学出版社,1994:57.

的文学语句，却道出了农村生态保护与社会经济发展之间的矛盾关系。

环境资源作为一种公共资源，不能仅仅是“物法”，在法国法学理论中也得到承认。1833年，第戎法学院院长V.普鲁东所著《公产论》，首次对公产理论作出系统阐述。普鲁东认为，公共水资源、森林草原等这些公共的财产，是非生产性财产，应该受到特殊的保护，即行政法的保护。《法国民法典》第538条和541条是一些涉及公产的法律规范，但没有细化。可是对于风景林、环保林的管理则适用的是行政法。法国政府1827年颁布的《森林法》、1860年颁布的《山地造林法》，具有环境行政法的属性，或者说是民法的特别法。

施韦泽是法国20世纪人道精神划时代的伟人，他提出了“敬畏生命”的伦理学思想，批评了以康德、费希特、黑格尔为代表的思辨哲学，反对人的理性对自然的强制，将非人类生命视为人类生命的共同体，这种思想与中国传统文化天人合一观相似。但是，施韦泽过分强调自然界的权利，这种偏激的环境伦理主义思想难以在以理性主义为根基的法国法律中实现。

2.德国法律文化视角下“物法”的制度设计困境

19世纪末，英国作家J.K.杰罗姆根据自己在德国的游历，写了一部《三人同行》，此书因对当时德国风土人情的有趣介绍，常年被用作德国学校的教材。书中谈到德国人对丢垃圾行为的法律规制时，说到了德国人对待生活秩序、生态保护和传统文化的态度。与中国传统制度文明的德性相比，德国人更重视理性。

《德国民法典》是一部代表西方制度文明的经典作品，也是一部“物法”。在德国，法律与文学似乎存在一些矛盾，热爱理性秩序的德国人制定的《德国民法典》，虽然思维缜密、概念严谨，却深奥晦涩。当然，理性的德国法律制度也有感性的渗透。例如，最初的德意志人生活在森林之中，德国文化与森林有不解之缘。《格林童话》产生于19世纪初，是由萨维尼的学生、德国著名语言学家、出生于莱茵河畔的雅各布·格林和威廉·格林收集、整理、加工完成的德国民间文学。白雪公主、小红帽等童话故事，总是让德国孩子们对森林里的精灵充满好奇和敬畏，让人觉得森林是这个世界上唯一一个这样的地方——人在那里过着人原本的生活。因此，德国人热爱森林和森林中的动物，是一种源自心底的爱。《德国民法典》第90条第a款规定："动物不是物。它们受特别法的保护。法律没有另行规定时，对于动物适用有关物所确定的有效规则。"这就将动物排除在一般意义上的物之概念之外。要保护动物，就必须保护森林。除了每个州都有《森林法》《自然保护法》《鸟类保护法》等外，德国在1920年就制定了《联邦森林法》，可森林法律地位的确立却成了法律上的难题。

德国法律和文化体现着德国人的民族精神，即理性的"物法"重于感性的"环境法"。人们总是将萨维尼与歌德相媲美，的确，他们二位都是法兰克福人，萨维尼主张法律是一种民族精神，这与歌德的人文思想一脉相承。萨维尼法学思想中"民族精神"的提出受到了赫尔德的影响，而赫尔德可以说是歌德的老师，受康德的影响极深。赫尔德认为，人类和自然的成长与衰颓都是依循相同的法则，因此，他将历史视为所有人类共通的有机演变，而显示于各民族特有文化的发展中。他主张各民族本土文化的发展，产生一种表现于艺术与文学的"民族精神"。1770年，赫尔德在斯特拉斯堡会见年轻的歌德，并在艺术与文学上深深地影响了歌德。歌德的文学作品增强了德意志人民的民族自豪感，而萨维尼的法学著作则彰显了德意志民族的法律精神。可是，萨维尼关于法的"民族精神"与歌德关于文学的浪漫精神又不同。萨维尼主张在一种法律秩序中平衡地生活，而歌德则沉湎于不断改造和征服自然的想象之中。德国生态保护法的生成，就是这种"感性与理性"冲突与平衡的体现和演化结果。

（三）中国法律文化视角下"人法地"的环境法

虽然中国环境保护方面的实在法是20世纪80年代对西方法律移植的结果，但观念上的环境法则可追溯到传统社会的天人合一思想。19世纪末以前，中国并不存在西方意义上的物法，取而代之的是一种人与自然和谐共生的环境法。古代中国，传统社会出现的农田水利法、森林草原法都可以归为环境法。

从生态理念的渊源来看，中国环境法的历史悠久。在《诗经》中，古人采用赋比兴的手法，就体现了人与自然之间的和谐美。“赋者，铺也；铺采摛文，体物写志也。”（《文心雕龙·诠赋》）这个解释就体现了古人的天人合一观。在唐宋及以后的诗词歌赋中，情景交融的意境美更是跃然纸上。在传统环境制度文明的设计中，农田水利法、森林草原法等都不是孤立的，其透露的德性和理性精神，也都与天人合一观相吻合。

从法律形式看，中国传统制度文明的礼乐美学特色较强，而西方法律文化的科学理性较强。可以说，西方科学从技术上、文学艺术从观念上促成了西方生态保护法的生成。而在中国，传统文化天人合一的思想虽然孕育着人与自然和谐的现代化生态伦理观念，塑造的传统制度文明不仅存在于理性的律令典章中，也存在于民间的礼乐文化中，但关于环境科学、生态法治技术层面的建设不够发达。而且，中国传统制度文明过分重视伦理、人情，使得“物法”的特征不明显，人对自然资源合理利用的“资源物权”没有得到良好的保障，法律制度设计、人的主体性特征不够明显。

在当代生态文明法治建设中，我们要学习其他国家的优秀法治文化，但也不能忘记本国的优秀文化传统。西方哲学将人作为主体对待，将自然界作为客体对待，二者的关系是对立的。与中国法律文化相比，西方法律文化中“物法”色彩较强，而中国更重视人性美。中国天人合一教育理念不仅要求建立人与人文明相待的社会，也要求人与自然之间建立起文明的合乎道德的关系。1860年英法联军火烧圆明园后，法国作家维克多·雨果曾发表著名的抗议信，愤怒地谴责了侵略军毁灭东方文化的罪恶行径。他在《就英法联军远征中国给巴特勒上尉的信》中，热情讴歌了东方灿烂的文化艺术，将之与古希腊的文学艺术相媲美，并对圆明园的生态美给予了高度评价①。

---

① 程曾厚.雨果和圆明园[M].北京：中华书局，2010：102.

（四）文明碰撞中环境教育理念的兴起

由于不同的法律文化其法律渊源不同，生态文明制度体系生成原理在不同国家也是不同的。大陆法系国家注重区分公法和私法，生态文明制度体系的生成主要是民法中“物法”的环境化，体现了私法公法化的教育理念的变迁。而在英美法系国家，由于没有法典化的民法，生态文明制度体系则是伴随公民环保意识的提高而独立生成的。

欧洲的文艺复兴，就是以人文主义来挑战中世纪的封建“神法”，追求个体人的自由、平等和私权维护。18世纪初至1789年法国大革命前的启蒙运动，更是将人的理性、人权推到一个新的历史高度。1789年8月26日颁布的《人权和公民权宣言》（简称《人权宣言》）就是启蒙运动的成果，其人本主义法律思想进一步体现在1804年3月21日通过的《法国民法典》之中，规定自然资源始终作为“物法”的调整对象而存在。在此阶段，虽然卢梭提出“人类应该回归自然”，但人本主义思想始终处于主流地位，环境保护法没有从民法典的框架中突破出来。由于法国是一个很重视文化和教育的国度，其城市建设中的古迹保护、公园设置等被行政公法关注。法国较早就在民法典之外制定了《森林法》等单行法律，环境教育也兴起较早。

二战之后，由于没有传统成文法典的羁绊，美国的环境教育和法治走到了世界前列。针对美国联邦最高法院处理塞拉俱乐部诉莫顿一案，1972年，美国人C.D.斯通提出了著名的给予树木和其他自然物以法律资格的提案。可以说，美国的这个判例开启了环境法学界关于生态主义与人本主义的争论。1982年10月28日，联合国大会通过的第371号决议即《世界自然宪章》指出：“每种生命形式都是独特的，无论对人类的价值如何，都应得到尊重，为了给予其他有机体这样的承认，人类必须受行为道德准则的约束。”美国田纳西河流域管理局诉希尔案也是生态主义者经常提及的典型案例。1967年，美国联邦议会批准美国联邦机构田纳西河流域管理局在小田纳西河上修建一座用于发电的水库。工程先后投入了一亿多美元，但1975年生物学家发现小田纳西河中有一种濒临灭绝的小鲈鱼，这种小鱼在1973

年颁布的《美国濒危物种法》的保护范围之内。根据此法，美国最高法院于1978年6月15日做出了终审判决，颁发大坝停建的禁令。

西方国家的这种极端环境保护主义还是受到不少批评。1972年，联合国召开环境会议，这是一次国际社会广泛关注的关于环境和环境教育问题的盛会。会议上许多发展中国家对发达国家提出的环境保护标准深怀疑忌，因为一开始发达国家就将环境保护提到一种很高的标准，限制了发展中国家的发展机会。发达国家由于经济发展水平较高，其环保要求和标准也较高，这就使得他们对环境人权的界定脱离了发展中国家的实际情况。发展中国家本身经济发展水平就不高，还需要在发展中提高环境质量，根本无法达到发达国家提出的“良好环境权”标准，这在客观上导致了发展中国家与发达国家在处理环境问题和进行环境教育时思路不同。发展中国家认为，今天的环境污染多半是西方发达国家对资源的过度开发与破坏，长时间片面追求经济增长速度积累产生的。发达国家的经济发展模式是先污染后治理，发达国家经济发展起来了，但给全球带来的环境负面影响是不可逆转的，全球性的温室效应、臭氧层破坏、酸雨等环境问题的出现，发达国家有不可推卸的责任。

三、西方生态伦理主义的教育学转向

在文化和环境问题日益复杂的当今社会，如何运用法律方法保护生态环境，学界观点并不一致。西方传统法学范式的典型特征是“主客二分法”，即将“人法”和“物法”分开，环境资源法只是“物法”的特别法。20世纪60年代以后，随着生态伦理主义的产生，西方出现了生态人本主义的教育学范式向生态伦理学的教育学范式的转向。

（一）生态人本主义的教育学范式

在中世纪，文化、科学两者虽然和神学合为一体，但基督教认为，人通过一定的锻炼可以理解神的智慧。文艺复兴以后，通过实验方法研究自然，文化和科学才分道扬镳，自然哲学是建立在牛顿动力学的基础上，而康德则开创了人文科学的新范式。

从生态哲学的角度来看，人作为法律主体的理论来源于康德哲学中的主体概念。康德哲学与美学的主体性体现了一种深刻的生态人本主义思想，与近代以来工具理性所强调的功利主体性及其所表现的功利主义思想形成了鲜明的对比。康德将世界划分为“现象界”与“自在之物”世界，将人的认识分为“感性”“知性”“理性”三个环节，他认为感性是经验的，知性是概念性的，把感性获得的外在经验材料通过人自身的知性（纯粹概念）加工，可以形成“理性”的知识。人的“理性”认识只能达到“现象”，理性要求对本体——自在之物有所认识，但这已超出人的认识限度，必然陷入难以自解的矛盾。在现象与本体之间，有一道不可超越的鸿沟，在鸿沟上架起一座桥，使现象过渡到本体。这座桥梁，便是自然的目的性。自然界借着人主观的美感，过渡到其目的，即客观的本体。康德对人的理性批判是西方理性精神的一次飞跃。康德否定意志受外因支配的说法，认为意志为自己立法，从康德的生态人本主义出发，生态保护以科学理性为基础，因人的感受力而得到道德关心和法律保护。

康德主观唯心主义在强调主体性的同时，忽视了客观真理的存在。他的追随者进一步引导法哲学研究离开了当代的科学，使法学归属于艺术。德国法学家耶林曾经从法学受立法者的影响以其固有的本土性等方面出发，认为法学不是一门科学，并提出：“人们可以问道，有哪一门科学，竟需仰赖立法者之心情，使今日有效之事物，于明日遭废弃，使于某处为假之事，于他处为真？有哪一门科学，竟需受国家边境界桩所限？”①

与以康德为代表的生态人本主义哲学不同，以德国费尔巴哈为代表的形而上学唯物主义学说、英国边沁为代表的功利主义学说，都从人的物质需求方面探讨了生态保护的法理依据。

费尔巴哈认为，人作为一个自然的存在物，是以身体（肉体）为基础的灵魂与肉体、思维与存在的统一体；人在自然面前只能是消极的、被动

① 王利明.法学是一门科学[N].人民法院报,2013-02-08(7).

的，只是一种“具有纯粹自然性质的类本质的人”。以费尔巴哈的哲学理论为基础，自然界是人类生存的衣食之源，人类应该保护好自然环境，破坏自然环境最终也等于破坏人类自身的生存和发展。边沁在《道德和立法原理导论》一书中给出了功利主义的概念，他认为，自然将人置于乐和苦两大主宰之下，由此决定我们应当做什么，将会做什么。边沁及其功利主义学说的终极关怀是增加最大多数人的最大幸福，并将痛苦减少至最小。功利主义是一种工具主义的法治思想，是通过人的功利而不是意志来考察人与自然的关系，衡量环境立法。

在西方法学研究范式中，边沁的功利主义哲学一直占有重要地位。关于功利主义原理，边沁认为，趋乐避苦是人们一切行为的准则。功利主义的经济思想在一定程度上导致了环境的污染，但也促进了生态经济学的产生，并进一步促进了环境法学与经济学的衔接。

生态经济学就是从经济学的外部性理论角度研究解决“免费搭车”和“公地悲剧”问题的理论，为环境法律规则的制定提供了一种新功利主义的法学理论依据。美国经济学者萨缪尔森认为，外部性是指那些生产或消费对其他团体强征了不可补偿的成本或给予了无需补偿的收益的情形。外部性被认为是市场失灵的原因之一，由于污染是外部性的存在，商品的产量过大，大量的污染产生，而由于污染的成本是外在的，对污染负责的成本又太低，因此市场没有动机寻求单位产量商品产生污染少的办法，对污染物的循环使用和再利用也缺乏鼓励。因此，外部性的存在必然导致“免费搭车”和“公地悲剧”问题。“免费搭车”问题，在财政学上指不承担任何成本而消费或使用公共物品的行为。“公地悲剧”是1968年美国学者哈丁提出的著名的理论模型：假设有一片公共牧场，无偿向所有牧羊人开放，每个牧羊人从追求自身利益最大化的角度出发，都会倾向于放养尽可能多的羊，虽然他们知道如果每个人都这样做的话，牧场很快就会因过度放牧而退化，如果没有其他因素影响的话，草场沙化、羊群死掉的结果不可避免。为此，需要加强环境资源法的产权制度建设。

（二）生态伦理学的教育学范式

1869年，德国生物学家E.H.海克尔提出了物种变异是适应和遗传两个因素相互作用的结果，创立了生态学的概念。1935年，英国植物生态学家A.G.坦斯利提出了生态系统的概念，认为生物与环境有不可分割的依存关系，形成物流、能流的有序协调。在这些分支学科的基础上，孕育产生了生态伦理学的现代环境法学。

生态伦理学与环境法学的不同之处在于，生态伦理学以教育为主要实现方式，法学以实践理性为主要实现方式。20世纪60年代出现的生态主义的现代环境法学提倡回归自然，主张动物、大自然都有权利等观点，是生态伦理学与法学的交叉，体现了环境法学的教育学转向。典型生态主义者有：美国自然主义作家梭罗、美国自然保护运动的“圣人”约翰·缪尔、生态学家利奥波德、环境伦理学家罗尔斯顿、法国伦理学学者施韦泽以及挪威生态学者A.内斯等。在生态主义者看来，生态系统并不独立于社会系统之外，二者之间存在密切的互动关系。人应与自然保持和谐相处、协调进化的关系，人是“自然界”的权利代言人，对其他生命和生命支持系统负有伦理责任。

例如，法国学者施韦泽提出了“敬畏生命”，生物平等权利论，把伦理的范围扩展到一切动物和植物。美国哲学家利奥波德在《土地伦理》一书中呼吁建立一种处理人与土地、人与在土地上生长的动物和植物之间的伦理观，因此，伦理学正当行为的概念必须扩大到包括对自然界本身的关心。挪威生态学者A.内斯将生态学发展到哲学与伦理学领域，并提出生态共生等重要生态哲学理念，他反对浅层生态学试图在不变革现代社会的基本结构、不改变现有的生产模式和消费模式的条件下，依靠现有的社会机制和技术进步来改变环境现状，提出把“人—自然”作为统一整体来认识，处理和解决生态问题。这些生态伦理学的新观察视角和伦理观念，对环境法的发展产生了重大影响。

四、西方生态文明制度体系的发展

生态文明是人类文明发展的一个新的阶段，即工业文明之后的文明形态，是西方国家在经历了农业文明、工业文明之后的一个新的发展阶段。不同于农业文明的“靠天吃饭”和工业文明的“人定胜天”，生态文明强调人与自然、人与人、人与社会和谐共生、良性循环、全面发展、持续繁荣。将法律发展置于不同国家的不同法治模式和生态伦理教育的背景之中，我们就能理解生态伦理主义兴起对西方生态文明制度体系建构的不同影响。

（一）英国生态伦理主义中生态文明制度体系的发展

环境污染问题是工业文明时期的重要“市民法”问题，尤其在城市，环境污染问题更为严重。这是因为市民法的特征是重视个人权利，将法律主体设想为追求利益最大化的经济人，在追求个人利益的情况下容易造成环境污染。英国是世界上工业化最早的国家，环境问题出现得最早，也最早制定了一系列成文法。横贯英国首都伦敦的泰晤士河是英国的“母亲河”，然而，产业革命后该河成为伦敦的一条排污明沟，污染严重。最令人震惊的是，1878年“爱丽丝公主号”游艇在泰晤士河北岸贝肯顿下水道出口处沉没，死亡人数达640人，多数人并非溺水而亡，而是因污水中毒而死。面对已令人无法忍受的河流污染，“1858年英国议会通过的《大都市地方管理法修正案》，其中特别规定限制污水排入泰晤士河。1876年英国议会通过《河流防污法》，这不仅是英国历史上第一部防止河水污染的国家立法，也是世界历史上第一部水环境保护法”①。

此时的英国不仅有河流污染问题，还有雾霾问题。跨泰晤士河两岸的英国伦敦，现在是欧洲最大城市和经济中心、世界最顶尖的金融中心，却曾是著名的雾都。狄更斯的小说《荒凉山庄》中就细致描述了伦敦铺天盖地的黑雾。1952年发生了“伦敦烟雾事件”，当时，伦敦歌剧院正在上演

① 曹方超.伦敦:全流域治理泰晤士河污染[N].中国经济时报,2016-01-22(A14).

《茶花女》，观众却看不见舞台，歌剧被迫散场。这次事件使英国政府认识到大气污染问题的严重性，他们决定采用严格的大气污染防治法加以解决，于是1956年英国《清洁空气法案》通过。

随着生态伦理主义的发展，人们对农村自然田园风光的憧憬促进了英国的农村生态环境法制保护的发展。作为最先发生工业革命的国家，英国的乡村风景受到城市发展的蚕食和冲击，在这种背景下，英国的自然教育理论应运而生。乡村保护协会是英国最早的环保组织之一。1926年，英国城镇规划委员会主席帕特里克·艾伯克隆比爵士发表了环保作品《英国的乡村保护》，倡导成立乡村保护协会。书中警告：随着经济发展带来的城市扩张，各地缺乏统一管理规划，使城镇和乡村之间没有明显分界线，城市如此发展将可能侵吞整个乡村的自然生态与传统人文景观。乡村保护协会从成立伊始，就与那些充满了浪漫主义、试图将传统毫不改动地加以保存的理想主义者不同。乡村保护协会承认现代化的发展趋势不可逆转，他们所试图保护的是能与现代化融为一体的乡村，他们所反对的也只是不加限制的城市扩张。通过这个组织的活动和努力促成了英国很多环保法令的颁布，例如1947年的《城乡规划法》、1949年的《国家公园和乡村土地使用法案》、1955年的《绿化带建设法》，等等①。

（二）美国生态伦理主义中生态文明制度体系的发展

美国是一个移民和商业化的国度，其法律制度也具有浓厚的“市民法”特色。纽约是美国殖民开发的最大城市及第一大港，被视为都市文明的代表，纽约城市圈是世界上最大的商业中心之一。即便如此，美国社会还是较早地出现了一些生态主义者。美国自然主义者梭罗，因对烦嚣的纽约都市生活不满，于是到瓦尔登湖畔搭起木屋，开荒种地，写下了《沃尔登，或林中生活》。他把关于自然的观察与体验详细地记录下来，并赋予其通俗的哲学意义。梭罗除了对古希腊罗马的古典文化情有独钟之外，还对东方文化怀有浓厚的兴趣，书中多次引用孔孟之道来佐证他的思想。19世纪

① 吴源林，晓文.英国保护乡村运动八十年[J].世界博览，2007(4)：48-53.

初，美国开始工业化，南北战争之后则步入成熟阶段。在从南北战争至第一次世界大战的不到50年的时间里，美国鼓励西部开发，其间制定的《宅地法》《通用矿业法》都是鼓励美国公民到西部定居和开垦土地，从而将美国变成了城市化的国家，其版图也向西部延伸。

美国环境法大规模的制定应该是工业化、西部大开发后环境问题严重的时期，这其中有生态伦理主义者的功劳。生于苏格兰的美国国家公园之父约翰·缪尔，是美国荒原文化的积极倡导者。1903年，他在陪同罗斯福总统游览优美胜地的途中，产生了利用联邦政府的资源来保护美国自然环境的想法，于是向总统提出了通过立法建立国家公园的制度。从1872年设立黄石国家公园后，美国国家公园体系不断扩大，许多文物古迹、历史地、观光大道、游憩区等区域也被纳入国家公园体系。1916年，美国国会颁布了《国家公园基本法》，规定了国家公园对培育公民环境保护意识的功能。正是由于国家公园制度的推广，美国的自然教育在全世界具有很强的影响力。

被誉为“生态伦理学之父”的利奥波德则进一步将生态伦理学引入大学课堂。1933年，利奥波德成为威斯康星大学农业管理系的教授，他的文章被汇编成著名的《沙乡年鉴》，该书被誉为“绿色圣经”。但美国大学的生态伦理教育普及却经历了诸多周折，例如：美国科普作家蕾切尔·卡逊曾先后在霍普金斯大学和马里兰大学任教，由于生计所迫而辞职专门从事写作，她创作的《寂静的春天》所引发的一场官司，间接促成了美国联邦的《荒原法》《国家环境政策法》等法律制度的出台。在20世纪六七十年代，美国率先形成了系统性的生态文明制度体系。

（三）法国生态伦理主义中生态文明制度体系的发展

法国属于大陆法系国家，受古典自然法学理性主义思想影响，比较早地制定了民法典，形成了人法和物法的分立，强调个人自由和权利，环境法是随着工业文明的发展而由民法派生的特别法律。

拿破仑一世时期法国还只是农业国，《法国民法典》反映的是农业、农村、农民的生活环境，法国完成工业革命后，民法典已经难以规范工业革命带来的环境问题。在拿破仑三世当权的第二帝国时期，法国基本完成了工业革命，近代工厂也在各地普遍建立，环境污染问题也就更为突出了。为此，法国政府曾颁布了《山地造林法》《山地恢复和保护法》等。这些单行法律构成了民法的特别法，是法国环境法的雏形。

经过两次世界大战，法国的理性主义也受到了一些非理性思想的冲击。法国哲学家亨利·柏格森在其著作《创造进化论》中，全面阐述了其生命哲学体系，认为事物和状态不过是我们的心灵所采取的一种观点。受柏格森思想的影响，施韦泽提出了"敬畏生命"的伦理学思想。"法国哲学家加塔利在其《三重生态学》中提出精神生态学，认为自然环境、社会关系与人类主体性是'二律背反'的关系，其中任何一个领域取得长足进展，都会同时促进另外两个层面的完善，最终在外在生存环境和内在生命本体的双向互动中通达生态智慧，改善人类生态。"①

1958年在法国生态伦理主义的影响下，第一个生态农业组织（GAB）在法国西部诞生。1961年6月，法国生态农业协会（AFAB）成立，它借助当时强调回归自然的社会运动，积极推动了生态文明制度体系的完善。1976年，法国还将源于民法的关于农业、森林、矿业等自然资源法规整合为《自然保育法》。1981年，法国正式将生态农业相关标准写入法律。1998年，法国还制定了《法国环境法典》。

（四）德国生态伦理主义中生态文明制度体系的发展

比起英法两国，德国的资本主义发展起步得较迟但发展较快。18世纪下半叶，英国开始了工业革命，而此时的德国还四分五裂，德意志诸邦国受法国大革命和拿破仑战争的洗涤，各邦统治者纷纷进行资本主义性质的改革。19世纪初期，德国还是一个经济十分落后的国家。从19世纪30年代起，德意志开始启动工业革命。工业革命后，德国从农业国家变成了工业国家。从1879年起到第一次世界大战爆发，所有铁路都合并为"德国国

① 曾繁仁.发展生态美学 建设美丽中国[N].人民日报,2018-06-22(24).

有铁路”，一个巨大的国内统一市场逐渐形成。

在德国工业革命和资本主义制度建立过程中，法治教育发挥了重要作用。自罗马帝国时代以来，日耳曼人被看作滥饮无度的酒鬼和好打架斗殴的蛮人。为提高国民素质，路德提出了普及义务教育的思想。“17、18世纪之交，神学家、牧师奥古斯特·赫尔曼·弗朗克在格劳哈创办了一座连同孤儿院在内的虔信教‘学校城’，在那里面，最起码要把后代引导到修炼德行的正道上来，以此指引他们到达灵魂得救之境界。”[①]哲学家康德在其主要著作中所表现出来的那份对规范“条分缕析”的热爱，让普鲁士王国体验了整洁有序的意义。德国的资产阶级与其说是诞生于自由精神，毋宁说是诞生于秩序精神，且至今仍受累于斯。

对人与自然关系的哲学关注，是德国古典哲学的基本问题。第斯多惠反对德国教育目的中存在的狭隘的民族主义倾向和浓厚的宗教色彩，提出“全人教育”的理想。受德国古典哲学和教育学的影响，《德国民法典》体现了伦理学上的人格主义思想[②]。环境法也是受生态伦理主义的影响，在民法典的“物法”基础上产生的特别法，1990年，《德国民法典》对第90条第a款也进行了修正，规定“动物不是物”。

作为工业最为发达的国家之一，从20世纪20年代开始，德国的生态环境遭受工业和战争的双重重创，日益恶化。第二次世界大战结束后，随着生态主义理念在联邦德国的萌生，德国政府强力推进了环境教育和生态文明制度体系的建构。在德国与环保相关的法律法规中，经济环保法构成了德国环保立法的一个重要方面，并在一定程度上促进了德国经济生态化和绿色经济的形成与发展。

1972年，联邦德国通过了《废弃物管理法》，1994年，德国将原来的垃圾清除法改为《循环经济和废物处置法》，德国对垃圾处理的技术选择作了严格的规定。目前，德国拥有以《联邦环境保护法》（1974年颁布后经过了多次修订，现行版本是1990年版）为主体的世界上最完备、最详细的

① 特亚·多恩，里夏德·瓦格纳.德意志之魂[M].丁娜，译.北京：社会科学文献出版社，2015：356.

② 王水明.德国民法典体现了人格主义思想[N].检察日报，2016-04-14(3).

环保法。

综上所述，西方国家从农业文明、工业文明到生态文明的发展过程，有着其自身的政治、经济和文化基础，生态文明制度体系就是建立在纠正工业文明的理性误区基础上，逐步将生态伦理理念纳入法治建设体系的。但在西方生态文明的发展过程中，其生态文明、工业文明与农业文明制度化模式和法治精神具有一脉相承的关系，受到了古希腊罗马文化、日耳曼文化和基督教文化的影响，法律制度中人法和物法相分离，物法具有很强的商业法性质，环境保护法的出现只是对主流法律制度的一种纠偏。

第三节　天人合一教育理念创新的时代境遇

天人合一的法哲学内涵，不仅体现了人与自然和谐的生态价值观念，也体现了实现这种理念的人文秩序的教育构造。这是古人留给我们的宝贵文化财富，我们应该结合绿色发展的时代要求对其进行创造性转化，用其指导生态文明法治建设的实践。

一、近代以来中华法文化的话语危机

历史学者将1840年作为划分中国古代与近代的历史界限。1840年鸦片战争后西方列强对中国的侵略，使中国的农耕文明在与西方的工业文明碰撞的过程中感受到了政治、经济、文化、社会和生态的危机。英国近代科学技术史专家李约瑟的《中国科学技术史》一书，在对中国天人合一传统思想精辟总结的同时，又提出了著名的“李约瑟难题”，即为何近现代科技与工业文明没有诞生在当时世界科技和经济最发达繁荣的中国。清末至现代中国法文化的话语体系发展变迁证明，我们需要对中华法文化中天人合一话语体系所指向的“天理、人情”这种超越性的价值理念及其教育理念进行创造性转化和创新性发展。

（一）清末西方科学观念对天人合一话语体系的冲击

中西方不同的经济环境、不同的地理环境、不同的思维方式使二者的法律文化也存在巨大差异。自清末以来，中华民族的传统农耕文明和天人合一思想在西方工业文明和科学理性的冲击下岌岌可危，中国的法制现代化也是在西方法治文化的冲击下起步的。

中国封建社会的所有土地，如高山、谷地、耕田、荒原等，都归皇帝所有。统治者通过土地立法将农民祖祖辈辈固定在一定区域的土地上。为了避免农民起义，统治者通过擅兴律限制擅自兴兵和营造。因此，中国传统的律令典章制度是王权统治的工具。所谓“王者之政，莫急于盗贼”，中国古代法律多为刑律。

《大清民律草案》的起草是清末修律的重要组成部分，它标志着传统中华法系的解体和中国法律近代化的开端，是西方工商业文明对中国农耕文明产生影响的一个重要标志。1907年，清政府设立修订法律馆，并于1908年正式开始起草民法典，至1911年9月，《大清民律草案》起草完成。《大清民律草案》第一次从国家法层面将“土地”界定为“不动产”，使中华法系的土地制度转变为西方的工商业文明法律体系，土地成为民事法律关系的客体，为“所有人于法令之限制内得自由使用、收益、处分其所有物”[①]。清末，民法立法对西方土地这种“不动产”概念及土地法律制度体系的引进，实际上开启了中国继受大陆法系的德国、日本的民法物权概念的大门，而且它奠定了中国近代工业文明产生的法治化保障和生态保护法学产生和发展的基础，使中国传统天人合一的农耕文明向工商业文明过渡。

现代西方的环境资源法也是从民法、刑法这样的部门法中分化独立出来的。中国环境资源保护方面法律的生成，与西方国家的民商法文化的传入有很大关系。在内忧外患的背景下，清政府开始引进西方科学技术以治河、开采煤矿、兴办实业等，但环境污染也由此而加剧。

① 柴荣.清末中国民法思想形成分析[J].江海学刊,2007(4):159-165.

1.对土地的城镇化开发

中国的城市化发展与西方文明的影响有一定的关系。1842年，英国以武力侵略的方式迫使中国与其签订了《南京条约》，开放广州、厦门、福州、宁波、上海为通商口岸。1843年，英国强迫清政府签订中英《虎门条约》和《五口通商章程》。1845年，英国领事与上海道台签订《上海租地章程》，在上海划定租界，美、法继起效尤。租界土地的起先功能主要是设置码头、仓库，但随着城市化的进程，工业、金融业、居住、消费、服务等城市综合功能渐渐开发出来，土地的作用也从农耕取向向城市功能的综合取向演化。

随着人口增加和工商业的发展，城市的环境卫生与美化要求也凸现出来。首先是垃圾处理问题，租界环境条例中规定了：严禁路上倾积垃圾，禁九点钟后挑粪担等。在这些条例的管理下，1872年6月5日的《申报》刊载："各租界内，街道整齐，廊檐洁净。一切秽物亵衣，无许暴露。尘土拉杂，无许堆积。"1906年，武汉英租界就铺设了长达9653米的专用排粪便铁管，原有的明沟用于排雨水，这是武汉最早出现的雨污分流片区，对城市环境卫生进行了改善。当时，中西方都还没有环境保护的概念。清末，清廷推行的新政改革之中，现代意义上的水安全环境保护法律条款是归在"卫生行政"中的。城市化的发展也改变了农耕文明取水、用水的习惯，由于自然湖泊的卫生状态不佳，城市人们开始通过水工程取水、用水①。此外，城市的绿化问题也显现出来。清朝末年，欧洲式的公园传入我国。黄浦公园始建于1868年，是上海滩上第一家正式公园，也是外滩百年沧桑的见证者。1917年9月13号的新园规中第一条规定，该公园只供外国社区使用，从此公园禁止中国人入内，这也是近代中国历史上的一个屈辱。

2.对土地矿产资源的开发

鸦片战争后，帝国主义入侵中国，以掠夺的方式在中国相继开办矿业。在这种情况下，林则徐提出了开办矿业以增加财政收入，促进工商经济发展的主张，这在当时产生了很大的社会反响。19世纪70年代末，以郑观应

① 王建伟.清末民初，北京的城市化发展状况[N].中国文化报，2015-12-15(8).

为代表的维新派提出开发矿产、同外国人开展商贸战争来振兴工商经济。1895年，中日签订的《马关条约》，允许外国人在华投资开矿办厂。光绪年间，朝内维新派主张富国强民，予以国人与外国人同等权利开发矿山。

清末的矿业法始于光绪二十四年（公元1898年）制定的《矿务铁路公共章程二十二条》，次年6月又加修4条，这是中国矿业法的萌芽。光绪二十八年（公元1902年）又由外务部奏订矿务章程19条。光绪二十九年（公元1903年）商部又因“风气渐开，各商纷纷请办矿务，若无定章准驳，难期画一，况事关华洋交涉，尤宜审慎周详”①，奏陈重订矿务暂行章程。

在洋务运动的推动下，清政府收集研究英、美、法、德、奥等国的矿章，不断修改完善矿务章程，终于在光绪三十三年（公元1907年）8月13日出台了《大清矿务章程》正章、附章，并于宣统二年（公元1910年）修订。

这两个章程虽然规定得非常详细，但因为当时我国矿产资源大部分被洋人掌握，制定出的矿章也无法应用。1907年3月13日，《盛京时报》登载的《议饬各省保全矿权》中说：“闻政府王大臣会议，以东西各国通例，凡国内矿业采掘权，外国人均不得享有。中国自与各国交通以来，矿务屡被外人侵占，殊于国计民生大有关系。现农工商部已将矿务章程重加改订，外人虽有抗议，然此种问题不难解决，所有改订矿务新章，决意断在必行。并拟先电饬各省疆吏，务必极力保全本省矿权，凡有借款不准以矿山作抵，以保利权云。”

《大清矿务章程》涉及环保的条文规定在第十二章“树木水道”中，该章第57款“矿地树木”和58款“矿地水利”分别规定相关矿业的环境保护措施。至此，环境保护作为一个科学概念才正式出现在法律之中，在此之前，中国人文化观念中持有的是天人合一的“风水”观，而不是科学的环境保护概念。

风水，即堪舆。《淮南子》中有：“堪，天道也；舆，地道也。”堪舆学

① 李玉.论晚清矿章关于办矿洋商的规定及其效果[J].南京大学学报(哲学·人文科学·社会科学版),2002(4):131.

即天地之学，以遵循天地人合一为基本原则。《史记》将堪舆家与五行家并行，本有仰观天象，并俯察山川水利之意，后世以之专称看风水的人曰“堪舆家”，故“堪舆”民间亦呼之为“风水”。在土地开发过程中考虑“风水”问题，这与现代生态文明法律体系中的环境影响评价制度有很大的相似之处。所不同的是，现代环境影响评价制度是以生态科学理性为依据，“风水”因被视为迷信而没有被纳入法律关注的范围。清末洋务运动时期，清廷因修筑京通铁路引发了一场大争论。反对者认为：风水之说本为民意，开发土地有伤龙脉。而赞同者认为：儒家天人合一的思想使得中国传统文化蕴含着“和而不同”的精义，我们可以“师夷长技以制夷”。洋务派的代表人物张之洞在其《劝学篇》中，就对洋务派的“旧学为体，新学为用”指导思想作了全面系统的阐述，主张以中国传统的思想、文化、制度为根基，引进并应用西方先进的科学技术。

（二）民国时期天人合一教育理念影响下的法律制度

在南京国民政府时期，西方的科学、民主、法治观念多为执政当局所接受，经济建设也开始向工业化发展。因此，移植西方法律制度，学习西方法学话语体系也就推广开来。

南京国民政府制定的《中华民国民法典》，其法律制度多是移植《德国民法典》。当时，对于世界其他国家和地区有着广泛影响的民法典分别是《法国民法典》和《德国民法典》。《法国民法典》以个人为本位，主张所有权绝对原则；《德国民法典》以社会权利为本位，主张团体利益高于个人利益。吴经熊先生曾指出：“订立民法和个人著作是截然两事。著作也许是独出心裁，不落恒蹊为名贵；而立法本可不必问渊源之所自，只要问是否适合我们的民族性。俗言说得好，无巧不成事，刚好泰西最新法律思想和立法趋势，和中国原有的民族心理适相吻合，简直是天衣无缝！”[①]中国传统文化中天人合一思想指的是个体的“人”要服从整体的“天”，这与德国主张的团体主义不谋而合。

---

① 李达.法理学大纲[M].北京：法律出版社，1983：10.

在《法国民法典》的个人本位模式中，土地被抽象为一般的物；而在《德国民法典》社会权利本位思想的影响下，将土地从抽象的财产中分离出来，按照不同的性质和用途分类规范。“土地被划分为资源性土地、城市土地和农地，针对其不同的社会功能，赋予其不同的权能。例如，对资源性的土地，由于其蕴藏矿产、水资源等，因而其不仅是私人财产，而且涉及公共利益，不仅受私法调整，也要受到公法的调整。农地必须用于农业用途，不得转用于其他用途。城市土地的利用必须符合城市规划。”[①]为了快速促进中国社会从农耕文明向工业文明转型，《中华民国民法典》体现了一种非农地化的现代支配制度，又或者说将原有的农地转化为新的工商用地以迎合资本主义竞争环境。因此，南京国民政府又分别制定了土地法、水法、森林法、草原法、矿业法等。其中大多数法律条文是移植西方环境资源法，但也保留了中华传统法文化的一些基本特色。

1.土地法中“家”与“国”的关系变革

土地法在中华民国土地立法史上占有重要地位，孙科称其“体大而思精”。中华民国《土地法原则》虽然标榜“国家整理土地之目的，在使地尽其用，并使人民有平均享受使用土地之权利”，但在中国从农业文明向工业文明发展的过程中，农村仍处于半殖民地半封建社会，农民受封建政权的压迫剥削，土地权利法律的保障也不充分。鲁迅的《故乡》、叶圣陶的《多收了三五斗》、茅盾的《春蚕》，都形象地揭示了旧中国工业文明发展时期农村破产的现实。为了解决农民土地权利的法律保障和农村发展问题，1928年南京国民政府开始起草《土地法》，1930年公布《土地法》，但没有明确实施时间，1935年公布了《土地法施行法》，并宣布于1936年开始实施《土地法》。该法此后历经多次修改，体现了中华民国土地立法者们为实现孙中山“民生主义”之努力，但最终仍效果不佳。

在农村，《土地法》试图突破封建社会影响下的封建土地私有制度。所谓“溥天之下，莫非王土”（《诗经·小雅》），1930年《土地法》第7条将其改造为：“中华民国领域内之土地属于中华民国国民全体。其经人民依

① 韩松.农民集体土地所有权的权能[J].法学研究,2014(6):67.

法取得所有权者，为私有土地。”立法者虽然确立了以个人所有权取代家产制的制度，但农村土地所有权仍归属于家庭而非家庭中具体的个人。在城市，国民党中央第171次政治会议通过《土地法原则》的立法原则和基础，将城市土地纳入国家和政府所有范围之内，以实施城市规划及建筑法规①。

《中华民国土地法》中双重所有权制度以德国所有权社会化理论为依据，将中国传统文化天人合一的君主与封建地主之间的土地关系改造为“国”与“家”的关系。达马熙克的信徒、在德国任达马熙克秘书的单·威廉博士，1885年来华任德国驻广州领事馆的通译时，将达马熙克土地法思想带到中国，影响了民国时期的土地立法。1924年，单·威廉任广州市政府的顾问。他曾经亲手起草了《土地税原则》等法规，这为后来国民党的土地法奠定了基础。“近代地学之父”萧铮毕业于德国柏林大学，他也是达马熙克的学生。萧铮等中国地政学会派进一步介绍了达马熙克的土地国有理论，提倡“二五减租”、“扶植自耕农”、实行地价税等平均地权的主张。1946年的《土地法》第4条就明确规定：“本法所称公有土地，为国有土地、省有土地、市县有土地或乡镇有之土地。”可见，所谓的公有土地，已经通过法律特定化为各级政府所有。

2.水法中“天理”与“人情”的关系变革

按照民国时期的土地法，最广义的土地包括农地、林地甚至包括可通运之水道、天然形成之湖泽等。

水利实为利农要图，中国历史上就在尊重地方习惯法的基础上由国家统一管理水利。民国初年，全国的水利行政分散，张謇出任全国水利局总裁，开始统一全国水政，但并未实现事权专一。在水利法治方面，主要是出台了防洪抗灾的水利工程建设的政策，近代化的单行水事法律还没有形成。1922年，水利工程学会会长、著名水利专家李仪祉主张引进西方先进水利技术，提出了防治“土壤侵蚀”“土随水去”“防止冲刷、平缓径流”的治河方略，由于没有制度保障，其合理建议难以被采纳。1927年，南京国民政府成立，水利更分属不同部、会，多头管理。1929年1月26日，国

① 徐增娥.孙中山何以青睐德国人制定的青岛土地法规[N].大众日报，2012-02-07(9).

民政府公布《国民政府黄河水利委员会组织条例》，组成黄河水利委员会，试图统一管理黄河水利。1931年，江淮大水，全国舆论呼吁水政统一管理。1931年4月，第一届中国水利工程学会成立，学会的宣言中明确提出了依法治水的思想方针。1931年，全国内政会议上通过了编订水利法规、确定水权、发展水利的提案。1932年7月，国民党高层人士向"中央政治会议"提议统一水利行政1933年10月，"中央政治会议"决定由行政院拟订具体办法。1934年7月2日，"中央政治会议"召开第413次会议，修改通过了全国经济委员会拟订的《统一水利行政及事业办法纲要》，正式决定全国经济委员会为管理全国水利事业的总机关。1934年7月14日，"中央政治会议"第415次会议通过了全国经济委员会根据上述办法纲要拟订的《统一水利行政事业进行办法》，后由国民政府主席、行政院长、立法院长共同签署发布。

1942年，国民政府颁布了中国近代第一部《中华民国水利法》，首次提出水权概念，区分了水之所有权和水权，并以此为核心构建了一套比较完善的水利管理法制体系。《中华民国水利法》第2条规定："水为天然资源，属于国家所有，不因人民取得土地所有权而受影响。"第15条规定："本法所称水权，谓依法对于地面水或地下水，取得使用或收益之权。"国家掌握水资源所有权，是为了"行天理"；团体、公司或人民取得水权，是"尽人情"。

3.森林法中人与物的关系变革

近代中国最早的森林法始于1912年北洋政府拟定的《林政纲领》（共11条），随后在此基础上正式颁布了1914年《中华民国森林法》（共6章，32条）[①]。1915年开始以每年清明节为植树节，强化了森林法的实施效果。1932年，国民党政府修改后重新颁布《森林法》（共10章，77条），1945年再次修正公布（共9章，57条）。以上法律对林地、林权以及林地的管理和使用的规定渐趋详细，确立了为林业行政而于所有权加以限制原则，但是也存在通病，即主要是看重森林的经济价值，并未突出森林的生态和公

① 李可.中国森林立法史与《森林法》之修改[J].浙江林学院学报,2005(1):114-118.

益价值。

由于森林在经济、生态等方面的多项功能，民国时期的学者姚传法发表的《森林法之重要性》一文中强调：森林法为国家大法之一，在目前森林破坏影响国本之时，其重要性应与民法、刑法、土地法相比拟。可是，民国的《森林法》在军阀割据的局面下，难以实现林业的统一管理。在内忧外患、军阀混战的情况下，国民党地方当局为增加收入，而大肆发放各地林场权，使人民自由采伐，以致林政之统一上，阻碍良多。这反映了森林法的阶级性及其实施的历史局限性。但森林法也有社会性和科学性，其起草和颁布凝聚了林业学者的心血，例如著名科学家凌道扬于森林法中对“水土保持”的阐述，刘大悲在起草《中华民国森林法实施细则》时把保护原始森林和植物、大力发展经济林学写进了细则，这都使得《中华民国森林法》具有很强的科学性，体现出强烈的“民胞物与”的精神关怀。

4.草原法中民族关系的变革

元明以来，蒙藏地区就被正式纳入中国的版图。民国政府成立后，该区域基本上沿袭了清代对蒙藏地区的管理政策和法律。

1914年2月，民国政府内务、农商、财政等部及蒙藏事务局联合制定《禁止私放蒙荒通则》和《垦辟蒙荒奖励办法》，鼓励大兴开垦。从1916年，奉系军阀张作霖开始大量放垦，开垦大片草原为农耕地。放垦戍边虽然增强了边防，促进当地的经济发展，但也造成牧场缩小，损害了蒙古族牧民的利益，一些牧民被迫背井离乡。当地牧民多次到垦务局反对开垦，但当局并不采纳建议。1929年初，“东北易帜”后不久，张学良继续推行开垦蒙旗土地的计划，引起牧民不满。电影《嘎达梅林》就描述了20世纪30年代前后蒙古族传奇英雄嘎达梅林，为了保护草原与牧民，奋起反抗达尔罕王公勾结腐朽的民国政府以“放垦”为名出卖草原，勇敢进行武装起义的故事。

“九一八”事变后，东北三省迅速沦陷，日本很快将其侵略魔掌伸向内蒙古地区，内蒙古东部盟旗相继沦陷，西部盟旗也危在旦夕。然而，国民党政府却对日本侵略者采取妥协退让的“不抵抗政策”，推行“攘外必先安内”的政策；对待内蒙古民族，继续采取怀柔、羁縻政策，不仅没有兑现其种种开明、进步的许诺，而且在内蒙古推行设省置县、移民放垦等民族压迫政策。因此，蒙古族各阶层普遍感到了民族存亡的危机，一些蒙古王公“向心力既无，而离心力日深矣”，由此激发和催化了一场较大规模的以内蒙古自治为主旨的民族运动（史称“高度自治”运动）。在这种背景下，国民政府对这次内蒙古自治运动采取了“宣慰消弭”的政策，派员赴各蒙旗宣抚、劝阻自治[①]。政局都难以稳定，民国时期也就没有形成全国性的草原法。

5.矿业法中人权观念的变革

如果说土地法、水法、森林法、草原法是农耕文明时期的典型部门法，那么矿业法则是工业文明时期制度文明的典型。在新中国成立之前，民国政府产生过两个矿业立法高峰期，一个是以《中华民国矿业条例》为标志，一个以《中华民国矿业法》为标志。

民国时期，工业发展和长期战争急需矿产品，加速了矿业开发。1914年3月，北洋政府仿照日本的矿业法，在《大清矿务章程》的基础上制定了《中华民国矿业条例》，明确提出了矿业权的概念，规定：“矿业权视为物权，准用关于不动产法律之规定。”[②]这是我国从农耕文明向工业文明演变时期制度发展的体现，作为一种新的法律主体的矿工不同于农民。《大清矿务章程》虽然也有关于矿工的规定，但《中华民国矿业条例》还规定了特殊矿工，如对妇女、儿童的权利保护，对封建社会重男轻女的观念有了突破。

南京国民政府在1930年颁布《中华民国矿业法》。该法第一条宣称：“中华民国矿领域内之矿，均为国有，非依本法取得矿业权，不得探采。”这为国家行使矿产资源管理权、税收权和推动矿业权流转提供了法律依据。其后南京民国政府对该法进行了多次修正，到1942年相对完善。在此期间，其还制定了近百部关于矿业管理方面的法律、法规和规章，例如《矿

① 秦永章.民国时期第七世章嘉呼图克图在内蒙古的宣化活动述略[J].民族研究，2010(6)：83–91.

② 孟子寻，李雪.北洋政府时期中国矿业法规评述[J].沧桑，2014(4)：49.

业法施行细则》《矿场法》《矿业登记规则》等。其中《矿场法》是民国时期保障矿工安全与健康的特别立法，确立了矿工安全与健康优先原则，在一定程度上也体现了《中华民国矿业法》的“德性”特征。但是《中华民国矿业法》的核心是矿商对矿业权的取得与保有，本质上是一部资产阶级法律，并不是以矿工的权利为核心的。

6.赈灾法中“天灾人祸”识别认知的变革

环境问题的产生，有的是因自然灾害，有的是因人为。当然二者之间存在某些联系，不能截然分开。民国时期，灾荒既多且重，但现代意义上的环境保护法没有产生，因此人们多将环境破坏视为自然灾害的结果。面对频繁的灾荒，赈灾事实上成为民间的经常性活动，随之而来，赈灾的法律规制需求也就出现了。

1928年，南京国民政府在南京设立了“全国赈灾委员会”。该委员会直属于国民政府，1930年易名为“赈务委员会”。除此之外，一些私人或民间社会团体、慈善组织也自发成立了一些非官方或半官方的赈灾机构，例如“中国华洋义赈救灾总会”“中国红十字总会”“世界红十字会中华总会”等。为了规范赈灾行为，1933年南京国民政府通过了《中华民国红十字会管理条例施行细则》，明确中华民国内政部为主管官署，将赈灾纳入官方管理。赈灾机构的出现和法治化运行，体现了现代人对“天灾人祸”的理性看法。

（三）新中国天人合一话语体系的曲折发展

新中国成立后，在党的领导下，人民群众的生产生活环境发生了翻天覆地的变化，建立在社会主义制度基础上的土地法、水法、森林法、草原法等单行环境法律都得到了发展。改革开放后，通过借鉴西方的一些先进的法治经验，我国更是建立了环境保护制度体系。

1.“民以食为天”的法学话语体系的重构

人法地，说明了民以食为天，也说明了土地对人类生存发展的重要性。新中国成立之初，中央人民政府就颁布了《中华人民共和国土地改革法》，废除地主阶级封建剥削的土地所有制，实行农民的土地所有制，实现了“耕者有其田”。为了解决农村中出现的新的分化现象，1955年11月，借鉴苏联经验，全国人民代表大会常务委员会通过了《农业生产合作社示范章程草案》；1956年6月，全国人民代表大会通过了《高级农业生产合作社示范章程》。这些章程从国家政策上构建了中国特色社会主义农村土地集体所有制度。

集体所有制的形成，也是新中国为了发展生产、兴修水利、抗御自然灾害而设计的。水利是农业的命脉，旧中国频繁的水患导致民怨。新中国成立初期曾进行了大规模的农田水利建设，并取得了辉煌的成就。中国人民政治协商会议第一次全体会议把“兴修水利，防洪抗旱”写进了《共同纲领》。1950年，淮河发生特大水灾，党中央高度重视，毛泽东主席批示“一定要把淮河修好”。中央人民政府政务院发布《关于治理淮河的决定》，这是中华人民共和国成立后中央政府就大江大河治理作出的第一个决定。

中国传统社会以汉文化地区的农耕文化为主，人们对森林蓄水的生态功能也有认识。在此基础上，国家也积极保护森林。1955年，毛泽东号召“绿化祖国”“实行大地园林化”。1956年，中国开始了第一个“12年绿化运动”。1963年5月27日，国务院还颁发了具有行政法规性质的《森林保护条例》。

新中国草原法的制定体现了平等、团结、互助、和谐民族关系，也凝结了少数民族群众的实践智慧和民生需求。1947年5月，在新中国即将诞生的曙光里，我国第一个省级少数民族自治区内蒙古自治区宣告成立。从此，民族区域自治——一个解决民族问题的“中国模式”开始在中华大地实践。1985年6月18日，全国人民代表大会常务委员会颁布了《中华人民共和国草原法》（2002年修订），标志着第一部全国性的草原法正式出台，这就从法律上巩固了草原居民的经济基础。在遵守国家宪法和法律的前提下实现民族区域自治，这为草原文化和生态保护提供了法律保障。“禁止开荒，保护牧场”是乌兰夫根据清末和民国时期的大兴蒙垦使不少肥美草原荒漠化的教训中总结出来的，该建议为《中华人民共和国草原法》采纳。

在国家建设视域下，将民族区域自治制度和草原法结合起来，丰富了天人合一生态理念的内涵。

我国开始了从农业国向工业国转变的社会主义建设之路，但农业和农村仍然为城市发展提供基本生活保障。新中国成立后，为了尽快恢复和发展矿业，1950年12月22日，政务院通过了《中华人民共和国矿业暂行条例》，并于1951年4月18日颁布了《中华人民共和国矿业暂行条例细则》，明确矿产资源均为国有，分别由重工业部和燃料工业部主管，但准许以国营和私营两种形式共存。这反映了国民经济恢复时期允许私营商品经济成分有条件存在的特点。1965年12月17日，国务院颁布的《矿产资源保护试行条例》，从地质勘探、矿山设计、矿山开采、选矿、炼冶、矿产品加工和使用等矿产资源开发的各个环节以及地下水资源管理方面对保护矿产资源作出了具体规定，但这部条例在实施过程中也暴露出了工业文明发展中农耕文明的困境，如环境破坏、卫生安全等。

2.人定胜天的教训

“人定胜天”是“大跃进”提出的口号，“大跃进”和人民公社化运动是我国探索社会主义道路中的一次严重失误。由于人民公社的大锅饭体制，农民的生产积极性受到影响。吸取这次失误的教训，我国逐渐认识到，中国天人合一的传统文化塑造的农民与土地的情感关系需要法律保障。1962年9月27日，第八届中央委员会第十次全体会议通过《农村人民公社工作条例（修正草案）》，这一条例对农村集体所有的土地（山林、水面、草原）、牲畜、农具、劳动力进行了统一调整和固定，确定了“四固定”的重要的农业政策。1956年，根据农业生产的特点、生产力发展的水平以及农民的愿望，中国农村实行土地家庭承包经营制度。

“大跃进”至“文化大革命”时期，全国兴起大办水利的建设运动。中共中央、国务院下发的《中共中央关于水利工作的指示》《关于黄河中游地区水土保持工作的决定》等政策文件，对当时防洪、抗旱、排涝等都起到了重要的作用。但其中也有些不尽如人意的地方，如“大跃进”的“与天斗、与地斗”不符合天人合一的科学规律，破坏了生态环境；“文化大革命”中的“破四旧”对传统文化也造成了一定程度的损害。这说明，人与自然的关系不是“靠天吃饭”，也不是唯意志论，科学治水、依法治水是时代发展的必然要求。

治水与植树种草关系密切，可是这个生态规律很长时间都没有被法律化。改革开放后，森林立法才被提上议事日程。1979年2月23日，第五届全国人民代表大会常务委员会第六次会议通过了《中华人民共和国森林法（试行）》。1984年，第六届全国人民代表大会常务委员会第七次会议正式通过了《中华人民共和国森林法》。1984年的森林法明确提出“退耕还林、退耕还草、退耕还湖”，这是对森林文化保护的明智之举，应被看成是中国生态环境保护的一个转折点，但这部法律还没有将森林生态效益保护放到国家整体性生态安全的地位。1998年的特大洪灾，使全国上下更加深刻地认识到森林资源保护对水资源保护的重要性，国务院做出了“封山育林、退耕还林、恢复植被、保护生态”的决策，并启动了“天然林保护工程”。同年，第九届全国人民代表大会常务委员会第二次会议对《中华人民共和国森林法》进行了修订，建立森林生态效益补偿制度。目前，森林在国家生态安全中的地位已为国人所熟知。

不仅在农耕文明发达的汉族地区，少数民族地区也有“人定胜天”的教训。草原法的制定和实施，不仅关乎草原作为自然资源的生态安全问题，还关乎少数民族草原文化的继承和发扬问题。中国传统社会长期以来重视农耕文化胜过草原文化，滥挖、滥建的开垦导致草原退化、荒漠化问题严峻。在工业化时期，开矿与草原生态保护也有矛盾，例如晋陕蒙接壤地区是世界七大煤田之一，也是我国重要的能源基地，但由于此接壤区位于黄河中游，属于黄土高原和鄂尔多斯高原地带，因而该地亦属于典型的生态脆弱区。近年来煤田的开发进一步加剧了该地区本来就非常严重的水土流失、大地退化和风蚀沙化。2000年9月国务院发布的《关于进一步做好退耕还林还草试点工作的若干意见》，将草原生态保护放到了与森林生态保护同等重要的地位。

正如习近平总书记在全国生态环境保护大会会议中所说：“如果破坏了

山、砍光了林，也就破坏了水，山就变成了秃山，水就变成了洪水，泥沙俱下，地就变成了没有养分的不毛之地，水土流失、沟壑纵横。”“我们要认识到，山水林田湖是一个生命共同体，人的命脉在田，田的命脉在水，水的命脉在山，山的命脉在土，土的命脉在树。”[①]这是对传统文化天人合一整体环境概念的生动描述。

3.“环境保护”概念的提出

1970年之前的中国还没有普及“环境保护”这个概念，也没有环境管理的行政机关。1972年，中国政府决定派团出席联合国在斯德哥尔摩召开的人类环境会议，代表团由国家计划、外交、冶金、轻工、卫生、核工业、石油化工、农业等部门和北京、上海市的代表以及科技界代表、新闻记者等40多人组成。联合国人类环境会议结束后，联合国环境规划署成立。1972年，北京官厅水库突然死了上万尾鱼，在当时特殊的时代背景下，有人以为是阶级敌人投毒。后来，在周恩来总理的重视下，国务院发了三个文件，由万里任组长的官厅水系水源保护领导小组（简称领导小组）迅速成立，该领导小组也是国家最早成立的环保部门。1973年8月，国务院在北京召开第一次全国环境保护会议，专题研究和部署环境保护问题，各省区市代表及国务院有关部委负责人、工厂代表、科学界代表共300多人出席了这次会议，会议审议通过了中国第一个环境保护文件——《关于保护和改善环境的若干规定》，把“环境保护”这一概念推向了社会。国务院也成立了国务院环境保护领导小组办公室（简称国环办）。

在改革开放之初，人们的环境保护和资源保护意识比较淡薄，认为破坏生态环境是矿业开发过程中必然的事，从而不注意节约与保护资源，在开发过程中不注意保护生态环境，造成了资源的损失与浪费以及人类赖以生存的生态环境的恶化。1977年，主管全国环境保护工作的国务院环境保护领导小组办公室启动了环境保护法的起草工作。1979年9月13日，第五届全国人民代表大会常务委员会第十一次会议通过了《中华人民共和国环

① 中共中央文献研究室.习近平关于社会主义生态文明建设论述摘编[M].北京：中央文献出版社，2017：55-56.

境保护法（试行）》。作为中国第一部环境保护法律，该法在规定了各地建立环境保护的管理机构和环境影响评价、“三同时”制度等的同时，确立了经济建设、社会发展与环境保护协调发展的基本方针。1979年，在国家经济委员会领导下，还成立了由地质部牵头，冶金、煤炭、石油、化工、建材和核工业等部门参加的矿产资源法起草办公室，开始了起草工作。1984年10月30日，《中华人民共和国矿产资源法（草案）》第13稿经国务院常务会议审议通过。此次会议指出，矿产资源法的立法目的是保护矿产资源不受破坏、自然环境不受污染，促进我国矿业的振兴。

从20世纪80年代后期到90年代，人们从资源环境破坏造成的损失和给国家及人民带来的不良影响中逐渐清醒过来，开始认识到保护资源和环境的重要性。1984年5月21日，全国人大常委会审议通过了《中华人民共和国水污染防治法》，这是我国第一部有关污染防治的法律。1986年3月19日，第六届全国人大常委会第十五次会议通过了《中华人民共和国矿产资源法》，使中国矿业走上了有法可依的轨道。1987年9月5日，第六届全国人大常委会第二十二次会议通过了《中华人民共和国大气污染防治法》。1989年12月26日，第七届全国人民代表大会常务委员会通过了《中华人民共和国环境保护法》。

这些环境保护法律主要借鉴工业发达国家的法律制度，按照生态环境要素分类，分别制定了大气、水、土壤、生物等环境保护法，与传统文化“天”所包含的“大环境”概念有很大区别。20世纪60年代以后，借鉴西方将城市、农村、生态保护区域进行整体规划发展的经验，我国的环境保护也开始向系统化、综合性方面发展，出现了自然保护区管理条例、城乡规划法等区域生态环境法。城市与农村的协调发展，事关国家生态安全大局，是生态文明建设的重中之重。为了加强城乡规划管理，协调城乡空间布局，改善人居环境，促进城乡经济、社会全面协调可持续发展，2007年10月28日，第十届全国人民代表大会常务委员会第三十次会议通过了《中华人民共和国城乡规划法》，城市规划法转变为城乡规划法，这对改变我国城市、农村的二元化格局具有重要意义。2015年4月24日，第十二届全国人民代表大会常务委员会第十四次会议通过对《中华人民共和国城乡规划法》的修改，引入了主体功能区域规划制度，使之与生态保护制度更好地衔接。城乡一体规划有利于正确处理经济发展与环境保护、现代化建设与历史文化保护等关系，促进生态环境保护从单项治理到综合治理，从而实现习近平总书记在中央城镇化工作会议中提出的："让城市融入大自然……让居民望得见山、看得见水、记得住乡愁。"[①]农村美丽的土地、水资源、森林、草原等正是我们的乡愁，是中国传统文化天人合一思想的依托所在。

二、天人合一教育理念创新的必要性

法律是治国之重器，良法是善治之前提。在当代社会主义法治道路中，生态文明法治建设不仅需要将有利于生态文明建设的行为规范制度化，也需要用体现社会主义核心价值观的法治精神作教育导向。法治作为制度化的规范，是公民意志的集中反映，是引领和规范社会生活的准绳；法治作为一种价值观念，是在法律规范与法律实践的背后，支撑、引导它们的精神动力。法治精神清晰，制度安排才合理；法治精神深入人心，法治才能真正得到实施[②]。

（一）促进人与自然和谐共生的生态文明制度体系的落实

新中国成立以来，尤其是改革开放以来，我国制定了许多生态文明法律规范，可有法不依的问题仍然突出。如在水流域生态管理方面，由于水法和水污染防治法分别进行立法，导致形成了比较分散的部门管理体制，多个部门对水生态环境"齐抓共管"，也造成国家法律对环境管理的责任划分不够明确，环境管理难以协调。比如说，水域的船舶污染，既归海事部门管辖，也归环保部门管；沿岸开河口、挖沙等行为，不仅归水利部门管，

① 中共中央文献研究室.习近平关于社会主义经济建设论述摘编[M].北京：中央文献出版社，2017：168.

② 王松苗.彰显中国特色社会主义法治理念[J].求是，2015(10)：42-48.

矿产部门也“有份”，这种“多头管理”导致难执法。

在中国传统制度文明中，农田水利、森林草原、江河湖海不仅是联系在一起的，而且是天人合一的。中国环境保护有法不依，主要原因是缺乏天人合一宇宙观。“头疼医头，脚疼医脚”可以说是环境治理中的通病，说到底就是没有将山水林田湖草视为一个生命共同体，这也就导致在立法决策过程中分环境要素进行立法，在执法过程中“多头管理”。什么是环境?《中华人民共和国环境保护法》第2条规定：“本法所称环境，是指影响人类生存和发展的各种天然的和经过人工改造的自然因素的总体，包括大气、水、海洋、土地、矿藏、森林、草原、湿地、野生生物、自然遗迹、人文遗迹、自然保护区、风景名胜区、城市和乡村等。”而现在对环境概念的界定，其被分割为土地、水等各种零散的环境要素，在土地、水资源的各部门法中，“大环境”的观念还没有建立起来。

对于法律主体自然人而言，我们是与自然相分离的民法中的“人”，而不是环境法中的“人”。西方古典自然法学派以自然人的“本能说”为依据，塑造了民法中自然人的形象和权利体系。该学派认为在民法中，财产权、人格权、继承权等都是自然人的基本需求，人的生存需求形成了财产权，人的性需求形成了婚姻家庭，人的安全需求形成了侵权责任制度。当民法将这些权利确定时，自然人就变成了民事法律主体。格劳秀斯指出：“人的本性既然如此，那么，倘若要坚持一种秩序井然的社会，就得有必须加以实现的某些最低限度的条件或价值。具体说来，这些条件主要是：保障财产的安全、真诚无欺、公平待人以及在人的行为后果及其应得的赏罚之间取得普遍的协议。这些条件与其说是自愿选择的结果或习俗的产物，倒不如说是适得其反，因为选择与习俗是随情况的需要而定的。”[①]分析实证法学派否定自然法与自然权利，认为权利是法律的产物，权利只有成为法定权利后才是真实的，天赋人权只是一个美丽的神话。分析实证法学派不仅否定了自然权利，也否定了古典自然法学派的德治思想，他们设计的法定权利就建立在趋乐避苦的“经济人”人性基础上。所谓“经济人”，就

① 乔治·霍兰·萨拜因.政治学说史：下册[M].刘山，等译.北京：商务印书馆，1986：480.

是在思想上、行动上力争获得个人利益，追求最大限度的经济收入的一群无组织的个人。对个体当前短期经济效益的追求，是“经济人”的共性。也正是因为西方法律制度建立在“经济人”的人性基础上，西方的土地法、水法、森林法、草原法等都是“物法”。

西方法律制度“人法”与“物法”的分离，归因于主客体二元化思维范式影响下的法治精神不同。权利是法治精神的核心，关于权利的本质，西方法理学中有利益说、意志说、法力说、法益说等各种学说。普鲁士王朝法学家萨维尼提出权利的本质是“意志自由”。他认为，权利的本质是意思自由，或意思之支配，即权利为个人意思所能自由活动的范围，或个人意思所能自由支配的范围。故意思为权利的基础，无意思则无权利，权利的本质归结于意思。德国著名法学家耶林的“利益说”提出了一个目的性问题，即为什么和为了什么而意思自由？耶林认为，法律的目的是社会利益（社会生活条件），社会利益是法律的创造者。美国学者庞德提出权利是人们“合理期待”的一种利益。所谓合理期待，是指“一个人可以有以经验、以文明社会的假设或以共同体的道德感为基础的各种合理期待”[①]。西方的这些学者将法律视为理性的产物，他们对权利的界定都比较理性，忽视感性因素。而对于中国人来说，很多权利主张都是情感性的，如环境的舒适性、景观优美性、可欣赏性等，主张的都是一种精神性环境权利。这就说明中华法文化并不是将人法与物法绝对分开，物不是独立于人之外的为人自由意志支配的物，两者的关系表现为情景交融、心物一体。

在西方民法体系中，由于其对人性的假设是“经济人”，认为权利的本质是意志或利益，人与自然和谐的观念是难以确立的，环境法是从民法有关相邻关系、侵权行为的法律条文中推导产生的。在《法国民法典》和《德国民法典》出现的时代，人类这种自以为聪明、善于计划的“经济人”还没有感受到环境危机，民事权利的目的主要是保障人类的物质需求。环境是人类物质财富的资源渠道，只是一种资源、物或财产。当然，由于自

① 罗斯科·庞德.通过法律的社会控制:法律的任务[M].沈宗灵,董世忠,译.北京:商务印书馆,1984:42.

然资源是公共物品，为了防控“公地悲剧”，进入生态文明时期的西方国家也制定了许多环境法，但关于如何加强民法和环境法的协调，却成为法律实施的难点。

以天人合一宇宙观为基础设计环境法律制度，就需要相关立法部门改变民法中人的形象，重塑环境法中的人的形象，搭建民法与环境法沟通的桥梁。自然界是人类的生活环境，在长期的生产生活中，人对自然不仅有经济需求，也有文化和情感方面的需求。以天人合一宇宙观作为环境与资源保护法律制度设计的人性基础，才能塑造生态文明法治建设的天人合一精神性本色。

我国目前的环境法律体系主要是移植西方法律制度的产物，虽然从民法体系中独立出来了，但多为环境保护的行政管理法，对环境权的保护不足，中国特色天人合一宇宙观没有得到良好的体现。笔者认为，环境保护法不能仅仅是环境被保护法，而应该是环境权利法。现行的环境法执行力较差，其中的重要原因就是公众对现行环境立法的公信力感到不满。因此，环境立法的价值取向不能只考虑怎样增强、增大环境执法部门的处罚权力，而应该在维护公众环境权益、明确行政部门的目标责任制方面做好文章。当前，环境责任事故的屡屡发生，虽然是受公众法律意识淡薄、企业片面追求经济效益等因素的影响，但立法反映公众需求和保护公民权利的不足应当也是其中的重要因素。要从源头上防范生态危机，不仅要提高公众环境意识，还要在法治运行过程中实现和保障公众参与，重塑环境法中人的形象。

2014年4月24日，新修订的环境保护法在第十二届全国人大常委会第八次会议中以绝对高票审议通过，于2015年1月1日起施行。这次修订的一个重大亮点是专设一章规定了公众参与制度并设定众多制度支撑。其目的就是为了让法律建立在民心的基础上，获得公众的支持，并做到自觉遵守。立法机关在修订新环境保护法的过程中，根据十八大、十八届三中全会精神，新环境保护法构建了环境治理新格局，进一步突出界定了政府的环境责任、企业的环境义务，同时明确了公民和社会组织参与环保的权利义务，构建了多元共治、社会参与的环境治理新格局，为生态文明制度体系的落实提供了民心保障。

（二）促进法治精神与法律制度的有效结合

中华优秀传统文化是中华民族的根和魂，是中华民族生存发展的血脉与精神纽带，我们要对其心存温情和敬意，担负起守护和培育它的责任。作为中华传统文化重要组成部分的儒家文化，其所主张的天理、人情构成了中国传统法律制度的精神基础。在人类社会进入生态文明新时代的今天，对其教育理念进行时代的重塑是有利于中国特色社会主义法治建设的。

1.法治精神与法律制度的关系

法治建设不是单纯的制度建设，还包括法治文化建设和法治精神的塑造。在中国传统社会，儒家德治理念就构成了传统制度文明的精神。

晋国大臣叔向反对子产“铸刑书”，他认为先王遇到事情是详细度量，而不是事先公布法律；公布的法条是有限的，无法体现仁义忠信等更根本的规范。但孔子则对子产赞赏有加。可以说，儒家所反对的核心在于一断于法，而不反对制度化与法治精神的配合使用。

西方国家也很重视法律制度的精神塑造。“卢梭曾经说过：‘一切法律中最重要的法律，既不是刻在大理石上，也不是刻在铜表上，而是铭刻在公民的内心里。’……‘规章只不过是穹窿顶上的拱梁，而唯有慢慢诞生的风尚才最后构成那个穹窿顶上不可动摇的拱心石。’习近平总书记曾引用法国思想家卢梭的话，其意也是在强调法治精神与法治思维的重要性。”①曾担任英国大法官的芬奇被称为近代衡平法之父，他曾指出衡平法所强调的“良心”绝非法官个人的良心，而是以往判例中传承的法律精神。

德国法学家萨维尼更是将法学教育上升为培养法律人才的民族精神的高度。他在《论立法和法理学的现代使命》一书中系统地陈述了法律是民族精神体现的观点。当时海德堡大学法学教授A.F.J.蒂鲍从民族主义出发，强烈呼吁德国各邦利用当时战胜拿破仑的机会，从速制定一部全德国适用

① 张利英.让法治精神内化于心[J].红旗文稿，2014(22):41.

的，包括民法、刑法、诉讼法在内的法典。萨维尼对此强烈反对，他认为法律与语言一样，是民族的共通的确信的产物，与民族共命运，随着民族的成长而成长，随着民族的壮大而壮大，当这一民族丧失其个性时，这个民族的法也就趋于消逝。法学家固然有独特的知识，但这仅是法的技术成分，法主要是“民族精神”的体现，是民族意识即共同体的一个部分，它是法的政治成分。因此，萨维尼主张学理法的研究，试图通过法学教育提炼德国习惯法的民族精神，并指导立法工作。

耶林在《罗马法的精神》著作中批判了历史法学派关于“法的素材源自存在于国民自身和其历史之间最深层的本质”的观点，认为应从正面来认识法的继受和同化的可能性。他在《不同发展阶段上的罗马法精神》中说：“如果科学不决心把普遍性的思想与民族的思想作为同质之物一视同仁、并行不悖，就无法把握科学自身所处的世界。”在《法的目的》中，他承认法律制度中有一部分是根植于历史的，但是他否认历史法学派关于法律只是非意图的、无意识的、纯粹历史力量的产物的论点。根据他的观点，法律在很大程度上是国家为了有意识地达到某个特定目的而制定的。

结合萨维尼和耶林的观点，我们认为法治精神不仅需要从民族精神的角度解释，还需要从时代精神方面来建构。可以说，萨维尼试图在法学教育领域探寻法治建设的“民族精神”，耶林则试图在法学教育领域探寻法治建设的“时代精神”。可见，法治精神不能脱离一定的文化，不能过于功利化而失去了对理念信仰的追求，同时，一个时代的民族精神和文化也需要发展，二者是辩证统一的。法治精神不仅是民族精神的体现，还与时代精神息息相关。

2.法治精神与法律制度融合的文化基础

中国有着悠久的环境法律文化，但体系化、部门化的环境法则是移植了西方法律。在清末改制以前，中国没有自然法与实在法（人法）的区别，但有天人之分、礼法之分。中华法系制度化的过程就是引礼入法的过程，或者说是天人合一逐步在实体法中得到强化的过程，因此，中华法系与西方国家将自然法与实在法截然分开的法律体系结构不同，中华法系较好地体现了法治精神与法律制度的衔接。当然，天人合一的传统理念与现代的法治精神是不同的，对其还需要结合时代精神进行创造性转化。

天人合一教育理念就是天人合一的传统理念与科学发展观、绿色发展观等时代精神结合起来的产物，是天人合一宇宙观的核心内容。与西方生态主义者将环境保护的终极目的定位为保护大自然不同，中国作为发展中国家认为环境保护的目的是为了人类发展。党的十八届三中全会提出，建设生态文明，必须建立系统完整的生态文明制度体系。环境法律制度要具有合理性，首先就应该尊重本民族优秀的文化传统，这是生态文明法治建设必需的文化资源，生态文明法治文化的建设以及传统生态文化制度化建设也就成为生态文明法治建设的重要组成部分。生态文明制度体系是一个复杂的系统，不仅包含环境资源法这样的“硬件”，也包含传统生态文化这样的“软件”。将天人合一观进行社会主义生态保护价值观的改造，这是传统环境法律体系向中国特色社会主义生态文明法律体系转化的关键。

法治精神是社会主义法治文化建设的核心要件，生态文明法治建设必须弘扬社会主义法治精神，而法治精神需要从民族精神中提炼生成。古代中国的“礼”和“法”对应着现代化的法治精神和制度化，在中国传统文化中就始终存在着“礼治”与“法治”的持久争论，这也说明了法治精神和制度化之间难以相融共生。

中国是一个具有五千年生态文明史的古国，中华法系源远流长。中华法系的特色之一是引礼入法，形成了“礼为本、法为用”的伦理法体系。1840年鸦片战争后，中国逐渐沦为半殖民地半封建社会。为了改变国家和民族的苦难命运，一些仁人志士试图将近代西方国家的法治模式移植到中国，以实现变法图强的梦想。西方有关法治的概念与中华法文化中的法治概念是不同的，我们不能简单照搬西方的法治模式还需要将儒家的德治思想融入法治的内涵中。法治的前提是良法善治。1949年中华人民共和国的建立，开启了中国法治建设的新纪元。然而20世纪六七十年代，特别是“文化大革命”时期，中国社会主义法制遭到了严重破坏。20世纪70年代末，我国实行了改革开放政策，中国共产党总结历史经验，逐步明确了法治国家建设的理想目标。

传统文化与生态文明有契合性，中国传统文化中的天人合一思想发展至今即为人与自然和谐统一的观点，但天人合一的传统文化是否能与法治融合则令人怀疑。因为中华法文化中天人合一理念有天人感应的迷信元素，皇帝也就以天之名义行专制之实。德国著名的学者马克斯·韦伯在《中国的宗教：儒教与道教》中认为，法律就是通过一定的强制规定使人们的社会行为符合特定社会秩序的要求。他将法律合理性分为形式合理性和实质合理性两类，认为现代西方的法律体系具有形式合理性，而中国古代法没有达到现代法治的水平，因为中国传统法还没有从“个人权威”或“传统”走向“理性”，同时，中国的法律实践尚未从“实质”的伦理法走向“形式法治”。

在中国，传统文化中天人合一的观念有其合理性的一面，但中国古代“以刑为主”的“法治”与西方“契约神圣”的法治观念是不同的。中国古代的“法”多指刑法。中国神话传说中战神蚩尤是中国最早的法官，他严格实行法治从而树立了威严的形象。《太平御览》卷七九引《龙鱼河图》说：“蚩尤没后，天下复扰乱不宁，黄帝遂画蚩尤形象以威天下。天下咸谓蚩尤不死。八方万邦皆殄伏。”《周书·吕刑》说：“蚩尤对苗民制以刑。”法律与兵、刑联系在一起，这是中国法律文化的特色。而在西方国家，希腊神话中的正义女神忒弥斯和罗马神话中的司法女神朱斯提提亚都是在眼睛上蒙着布条或者是在紧闭双眼时裁决的，以显示正义。因此，西方形成了良好的公民守法文化。近代以来，随着西方工业文明的推进，欧洲各国城市化速度加快，市民阶层在法治建设中的作用更加明显。而在中国，为了维护封建统治，古代中国农耕社会的户籍制度将农户固定在一定的土地上，他们虽然比商人更有地位，但没有参政议政权。所以，有学者认为中国传统文化的“法治观”与当代法治建设是有矛盾的。

笔者认为，如果仅从制度形式上看，中国古代社会的“法”与正义关系不大，倒是“礼”与西方法文化中的正义法较相似。如果割裂中华法系中“法”与“礼”的关系，简单地以西方制度化形式的法治建设模式来衡量中国法家的“法治”，那么中国古代的“法治”确实是与西方法律文化中的法治观念相互矛盾。但是，中华法系是伦理法体系，“礼”和“法”是交融的。天人合一的“天道”是通过“天人之分”“定分止争”“奉法为公”的制度化“法”来实施的。而且正是中华民族天人合一的整体性思维，使得中华法系的“法”与“礼”形成了水乳交融的状态，而没有像西方法律文化中自然法和实在法那样二元对立，这在我国传统环境法律制度中体现得相当明显。

将传统文化天人合一观转化为天人合一教育理念，并使之与当代生态文明教育和法治建设衔接起来，这使我们不仅有制度优势，也有文化优势。中华民族天人合一的传统环境法文化，不仅体现在儒家思想之中，也被法家制度化，这种经验可为当代借鉴。生态保护作为一种社会正义，可为中国传统文化天人合一的思想所包含，而西方社会将其纳入自然法理念是在20世纪60年代以后。当然，中国天人合一传统文化与时代精神之间也存在着一些矛盾，生态文明建设中有利的传统文化资源不一定是适宜进行法治建设的文化资源，这就需要结合时代使命对传统文化与生态文明法治建设的关系进行新的阐释。我们在生态文明法治建设中需要对中国天人合一传统文化进行扬弃，使之与现代化的时代精神相吻合。

综上所述，生态文明建设是总目标，生态文明法治文化建设是保障，将传统的天人合一教育理念改造为当代社会主义制度下的天人合一生态教育理念，这不仅是生态文明建设的需要，也是法治建设的需要。

三、天人合一教育理念创新的理论路径

天人合一理念是基于传统农耕文明提出的，它与现代生态文明是否对接，与现代法治文化是否相容，是一个有争论的话题。提炼传统天人合一话语体系中有利于当代法治建设的优秀成分，对天人合一话语体系所指向的规律性和超越性价值理念进行创造性转化和创新性发展，使天人合一不仅成为“浅层”生态环境保护领域的话语体系，更成为“深层”文明转型

社会的法治核心理论，从而使天人合一蕴含的生态理念和王道追求价值与西方法学话语体系中的“自然法”思想相对接，这不失为一种理论创新的路径。

（一）从“浅层”环境法治教育寻找突破口

环境法就是人类为预防和解决环境问题，为实现人类社会的可持续发展而制定的行为规范的总和，属于实在法。而天人合一教育理念创新是人类以实在环境法律制度的建构为基础，追求人与自然和谐相处的文化观念的发展过程。

1.“浅层”古典自然法的生态环境理念形成

在中国，自然法具有某种客观规律的含义，是人的一种自然而然的生活样态。在中国诸子百家学说中，道家是推崇人在不加雕饰的自然状态中生活的，其认为这是“天之道”。老子《道德经》第二十五章：“人法地，地法天，天法道，道法自然。”这里的“自然”是自然而然的自然，即“无状之状”的自然。从这里可以看出，老子主张听天由命，“无为而无不为”，否则就会“法令滋彰，盗贼多有”。老子说：“我无为，而民自化；我好静，而民自正；我无事，而民自富；我无欲，而民自朴。”（《道德经》第五十七章）从这里可以看出老子的自然法思想就是主张“道法自然”，休养生息。

在西方对自然法的诠释中，有两种趋势。一种是从神性、人的理性角度理解，认为自然法是独立于政治上的实在法而存在的正义体系；另一种则认为自然法就是宇宙的客观规律。最早提出“自然法”一词的是赫拉克利特，在历经柏拉图和亚里士多德后，斯多葛派哲学最终完成了对“自然法”概念的塑造。斯多葛派哲学以“自然”为核心，强调自然法是支配性原则，其本质是一种人的理性，自然人的本性也是宇宙本性的体现，因此，自然法就是理性法。按照自然生活，就是按照自己的本性和普遍的本性生活。以自然法为理念，罗马创设了丰富的私法制度，产生了以土地、水、森林为对象的物权制度。因此，在西方，古代自然法是一种主客观混合的自然法。在资本主义工业文明时期，古典自然法学进一步从强调人性普遍性、人的主观权利方面阐述了人与自然之间的关系，主张自然法就是人的理性法。古典自然法学强调天赋人权、社会契约等观点，凸显了法律主体，也就是社会生活的实践主体——人的价值，但忽视了社会生活的“客观法”对人性需求的决定作用，将“人法”抽象为彰显人性的理性法，与客观规律性的“自然法”分离开来①。

2.“浅层”实在环境法律制度的形成

在中国传统文化中，不同学派对实在法认知不同。儒家主张“为政在人”，法家提倡“法与时转则治”。儒家和法家的不同是，儒家的“礼治”“德治”强调道德教化的作用；法家的“法治”强调严刑苛法的实在法作用。

所谓实在法，就是现实的法律规则，是“白纸黑字”的法律条文，而不是写在心坎中的理性法。在西方法治理论中，实在法是与自然法相对的。现代社会科学技术的发展，使得万物有灵、神学或唯心主义的当代自然法发生了质的蜕变，以抽象人性为基础形成的古典自然法作为“理性法”的科学性也受到挑战。分析实证主义否定古典自然法以抽象人性和人权为基础的立法价值追求，主张以功利主义为立法原理，运用科学实证方法分析现有的人与自然的关系。英国学者奥斯丁、边沁都认为法律是主权者的命令，否定形而上学的自然法的存在。哈特批评了奥斯丁、边沁把法律视为“主权者命令”的学说，他坚持实证主义法学的立场，认为法律是由第一性义务性规则与第二性授权性规则组成的规则体系。保护有限资源是第一性义务性规则，权威机构将其作为法律对待则是承认规则，将“有限资源保护”转化为一定制度规范体系构成的实在法。

分析实证主义法学将应然与实然分开，也就是将法律规范与法律价值分开，否认普遍性正义价值的客观性和科学性，使实在法从人的理性规范蜕变为与道德无涉的形式法律制度。与古典自然法重视“人法”不同，分析实证主义法学重视“物法”的科学证成。美国学者伯恩斯坦认为，判断

① 张宏生，谷春德.西方法律思想史[M].北京：北京大学出版社，1990：398.

一个理论是否属于科学，要看其是否符合逻辑的、经验的、社会学的和历史的四项标准，缺一不可[①]。西方分析实证主义法学试图将法律制度建立在逻辑的、经验的、社会学的和历史的基础上，但忽视了人作为实践主体的主体性特征，其科学性也是存疑的。

3."深层"的生态教育理念变革

波尔·盖茨、罗伯特·V.珀西瓦尔等环境法学家回顾了环境与资源保护法律制度的发展史，认为环境法律规范主要是20世纪60年代后随着生态伦理学的发展而发展的，环境与资源保护法建立在生态伦理学的基础上。

在20世纪50年代以后，西方国家建立在人权、正义、道德基础上的新自然法学复兴，但这种新自然法学与古典自然法不同。新自然法学派主张建构"道德法"与"实在法"相融合的整体性法律秩序，主张通过道德改造现实的实在法律制度。美国大地伦理思想的倡导者奥尔多·利奥波德认为：人的道德观念是按照三个层次来发展的，最早的道德观念是处理人与人，以及人与社会这两个层次的关系。这两个层次道德观是为了协调各部落之间的关系，从而达到共生共存的目的。随着人类对生存环境的认识，逐渐出现了第三个层次：人和土地的关系。但是，长期以来，人和土地的关系却是以经济为基础的，人们在习惯和传统上都把土地看作人的财产，认为人只需维持一种特权而无需尽任何义务。奥尔多·利奥波德首次提出土地共同体这一概念，认为土地共同体不光是土壤，它还包括气候、水、植物和动物；而土地道德则是要把人类从以土地征服者自居的角色，变成这个共同体中平等的一员。土地共同体这一概念暗含着对每个成员的尊敬，也包括对这个共同体本身的尊敬，任何对土地的掠夺性行为都将带来灾难性后果。他试图寻求一种能够树立人们对土地的责任感的方式，同时希望通过这种方式影响到政府对待土地和野生动物的态度和管理方式[②]。

与西方国家生态伦理学主张去人类中心的制度设计不同，中国环境保护法律制度的产生，其渊源常常不是自然而然的结果，也不是主张自然界

① 王利明.法学是一门科学[N].人民法院报,2013-02-08(7).

② 奥尔多·利奥波德.沙乡年鉴[M].侯文蕙,译.长春:吉林人民出版社,1997:194.

与人类的平等权利，而是发轫于人类在改造自然中对科学技术的合理运用，深化于人们对天人合一教育理念的创造性改造与创新性发展。天人合一教育理念创新的方向，应该是环境法治与德治的结合。在中国特色的生态文明制度体系中，它既包含有人类从自然界中获得物质生活条件的法治规范，又包含有人与自然打交道中产生的对自然真、善、美认识的道德教化规范。

（二）“深层”的天人合一教育理念创新的难点

在西方法文化话语体系的建构中，人与自然的关系主要是自然科学的研究范围而与法学无涉。直至20世纪70年代，西方学界出现了一种以生态伦理主义思想为代表的批评“控制自然”的理论，一种以哈贝马斯等为代表的研究主体间性问题的西方马克思主义流派，二者呈现出对“主客二分”法学话语体系的纠偏趋势，但如何使生态环境保护从“浅层”的生态环境保护话语叙述上升到“深层”的生态文明整体性建设的法治话语体系，还缺乏系统论证。

1.西方环境法治中的良法观念

现代意义的法治源于西方，最早可追溯至古希腊。亚里士多德认为，法治制定的法律是良法，而且这种良法得到人们普遍的服从[①]。

什么是良法？斯多葛学派认为，良法是普遍存在的和至高无上的“自然法”，也就是神的命令。这种神权自然法观点得到教会法学者阿奎那的认同和发展。而古典自然法学者格劳秀斯、霍布斯、洛克、孟德斯鸠、卢梭等则以抽象的人性、社会契约论为理论基础，设想一种人类在自然状态下的生存规则或理想状态，进一步将神权自然法发展成为具有人文主义精神的自然法。古典自然法学派将法律分为自然法与人定法，强调自然法的核心是人的理性、人性、人的权利（包括私有财产权），认为人定法归根结底渊源于自然法，并认为根据自然法可以制定出详尽的普遍适用的人定法。

古典自然法学并不是关于自然规律的科学，而是以人为中心的社会规则的设想。在古典自然法学者看来，自然法是永恒的公平、正义、理性的

① 亚里士多德.政治学[M].吴寿彭，译.北京：商务印书馆，1965：199.

体现，法治建设就是通过实在法而实现向自然法趋同的过程。戴雪在历史上第一次明确提出了“法的统治”，孟德斯鸠提出的立法、行政和司法的法治运行体系，他们分别奠立了形式法治与实质法治的两种理论模式基础。

古典自然法学派的法治建设观点在资本主义社会产生之时发挥了重要作用，但资本主义进入自由发展阶段后，这种带有革命性的思想与资本主义在这一时期的稳定发展需求不相适应，因此，资本主义社会又产生了一种实证主义的法治建设理论。实证主义法学学者以科学理性为依据，将道德和法律分离开来，主张法治就是严格的规则之治，法治建设也就成为一种纯粹的制度化过程。但将法律作为一种自足的规范体系是难以适应自由资本主义向垄断资本主义过渡后社会发展的法律需求的，由此西方国家产生了社会法学派等法治建设理论。与自然法学派强调法治是价值导向、实证法学派强调法治是形式规则之治不同，社会法学派认为法治是一项系统的社会工程，不同自然环境、社会制度和文化背景都影响着这项社会工程的成效，因此对法律建设有着不同的观点。例如，庞德在《通过法律的社会控制》中提出法律是一项社会工程，是理想、技术和律令的结合体，涉及各种社会控制主体的参与和社会控制方式的运用。律令是理想的制度化和形式表现，它从法适用技术中获得生命，法的理想则是律令和法适用技术的精神导向。良性的标准是以法治的成效来判断的。

不同的理法观念的形成表明，在不同历史阶段，法的理想和良法的标准是不同的。西方国家在工业革命以前，也是较长时间处于农业文明时期，人与自然的关系并不复杂，人对世俗制定法的衡量标准是理想的自然法。没有出现大规模的生态立法，但有关土地、森林、野生动植物保护的法律也是很多的。在西方法文化发展中，农业文明时期是人畏惧自然的时代，风雨雷电、日月星辰都被塑造为人格化的神。如德墨忒尔是希腊神话中司掌农业的谷物女神，阿尔忒弥斯是狩猎女神，这些神灵具有人性的特征和超自然的能力，因此古希腊神话一方面反映了古希腊自然法的人性基础，另一方面也反映了人对自然的畏惧。神谕（神法）也就是自然法，人类制定法必须服从相应的神法。在西方自由资本主义工业文明时期，古典自然法和实证主义法学代替了神权自然法，人的功利主义主宰着现实的法律制度，这一时期相应的立法夸大了人的理性，过分相信人类可以征服自然，人的功利主义主宰着现实的法律制度，这也就导致大量的环境污染和生态破坏的问题。直到20世纪60年代，西方工业发达国家才开始重视生态文明法治建设，出现了一些生态保护方面的重要法律制度。例如，美国《国家环境政策法》就被人们视为环境保护宪章，拉开了生态文明法治建设时代的序幕。

在西方国家自由资本主义时期，政府只是守夜人，因此，环境资源的利用方面是民法的时代，法治的核心要义是意思自治。在西方国家进入垄断资本主义时期，以美国的《国家环境政策法》等为标志，法治的核心要义转变为政党和国家政策的法治化，法治需要对公共政策进行回应。美国《国家环境政策法》规定了对联邦立法、政府规划和项目进行环境影响评价制度，是一部重要的行政程序法，是20世纪70年代以前生态文明法治建设的代表性法律。

2.现代环境法治建设的几种理论模式

在第二次世界大战中，法西斯政权对法治进行了摧残。战后，西方法治理论得以复兴。出于对法西斯主义的检讨，以及对西方社会进入现代化工业社会后出现的生态危机等社会问题的思考，资产阶级理论学者对法治进行了系统阐述，出现的代表性法治建设理论有以下几种。

（1）拉兹的“合法性的法治模式”

早期的法律实证主义试图运用自然科学的方法来构建法学的话语体系，对古典自然法所阐述的“自然状态”“社会契约”“自然法”进行了批评，指出这些话语只是理论虚构而不是事实。但是，早期的法律实证主义将道德和法律简单切割开来，试图以功利主义的量化模式对人性进行绝对定量的描述和制度引导，这种法治模式忽视了法学作为人文科学的精神价值追求。英国实证主义法学家约瑟夫·拉兹弥补了早期法律实证主义的不足，他一方面坚持了法律实证主义的立场，另一方面则诉之实践理性来构建新的法治话语体系。他认为，如果法治是良法之治的必然结果，那么法治建设就失去了存在的意义。法治应该是一种理想，指“人们应该服从法律并受法律的统治”。关于法治与“良法”的关系，拉兹认为：法治是一个政治理想，不能将法治等同于“良法之治”，法治的基本含义是法律必须能够指引人们的行为，人们可以据以评判法律制度的优缺点。在任何一个愿意实行法治的法律制度中，法治都只是一个程度的问题，也就是说法治不是天然的法律教义，而是可以建设的内容。

拉兹还提出了形式法治的八项原则，将法治建设纳入制度化的实证主义轨道，要求制定的法律具有：不溯及既往、公开明确、相对稳定、保障司法独立、遵守自然正义、省时省钱、不得滥用自由裁量权等规则。他认为这种制度化的模式就是一种法治建设①。从拉兹的“合法性法治模式”推断，环境保护作为一种“公共的善”，其实现不仅是环境法治建设的目标，也与环境教育有很大关系。拉兹反对绝对的法律自洽，认为只有相应的保障“公共善”的文化预设，才能实现法治理想。

（2）罗尔斯的“形式正义的法治模式”

新自然法学派与古典自然法学派不同，他们不认为存在先验的理性法、正义法。他们与实证主义法学也不同，认为法律不仅是权威性的制度形式，更主要是正义的体现，还具有道德性。新自然法学派罗尔斯将法治称为“形式正义”，即有规则地和无偏见地执行公共规则。罗尔斯指出，正义原则既不是上帝赐予的，也不是从历史规律、宇宙结构和人类的永恒理性中推论出来的，它们是人类选择的产物。法律正是对理性的人所发出的公共规则的强制命令，目的在于调节人们的行为，提供社会合作的结构，正义是通过建设而获取的。不能将法律看作是为争夺权益而制定的产物，而应将它看作是试图实现正义原则而规定的最好的方针，使之具有道德的功能。

罗尔斯的“形式正义的法治模式”意味着法治建设可以用指标来衡量，这种法治模式要求法制建设形式上需满足四个律令：一是应当的行为意味着可做的行为；二是相同的案件必须以相同的规则处理；三是没有法律规

① 约瑟夫·拉兹．法律的权威：法律与道德论文集［M］．朱峰，译．北京：法律出版社，2005：187-189.

定则不构成犯罪；四是用以界定自然公正的一些律令。因此，罗尔斯虽然重视“形式正义的法治模式”，但追求的却是社会正义的法治理想[①]。按罗尔斯的论证，通过“无知之幕”过滤掉人们的经验的或教育的背景，然后来解决正义标准的问题，这显然也忽视了特定社会制度和文化背景对正义准则形成的影响。

（3）塞尔兹尼克的“自然的法治理想”

20世纪50年代以后，越来越多的法学家开始关心实质法治建设问题。二战后社会法学者塞尔兹尼克提出“自然的法治理想”，对西方以人性为基础的新自然法学派的法治观进行了改造，将自然界和人类社会合规律性的运行状态作为法治的目标，限制政府对政策和法规的专断。塞尔兹尼克认为，法律秩序创建的推动力是一个实际问题。从统治者的角度来说，权力在合法时比较可靠；从被统治者角度来说，法治意味减少对压迫的畏惧。所以法治的核心是减少专断。

塞尔兹尼克认为，任何事物都有其理想功能和理想状态，例如人的肾脏，其理想的功能是排除人体内的废物，如果一个肾脏未能排除人体的废物，它就没有很好地发挥功能。与此相似，法也有其理想功能和状态，即建立秩序和控制，使社会变得更文明、持久且最大可能地满足人类的福利，唤起理性和正义等。法的这种理想功能和状态，就是检验法的自然标准或自然法。在法的理想中，法治理想属于核心。法治就是一个包含着评估和批评法律决定的各项标准的一个复杂的理想。因此，法治是一个程度可变的现实，是不断努力的结果[②]。

不管是拉兹的“合法性的法治模式”还是罗尔斯的“形式正义的法治模式”，在他们的法学话语体系中，法律主体始终是社会中的人，而不是自然界中的人，但塞尔兹尼克注意到了人的自然性，但其法治模式仍是以社会中的人为法律主体设计的，忽视了教育在协调社会中的人与自然界中人的理想追求差异时的功能。

---

① 张文显.二十世纪西方法哲学思潮研究[M].北京：法律出版社，1996：620-621.

② 张文显.二十世纪西方法哲学思潮研究[M].北京：法律出版社，1996：614-615.

由于“自然的法治理想”等西方学者的法治建设理论还局限在制度方面，基本上只涉及规则的制定、解释和适用，而不涉及观念改造和文化多元问题。为此，1959年印度德里法学家大会所通过的《德里宣言》试图赋予法治的概念以更广泛的内容，将东方文化和发展中国家的要求反映到现代化的法治内容之中[①]。这次会议把法治概括为三条原则：立法机关的职能就在于创设和维护使得每个人保持“人类尊严”的各种条件。这种尊严不仅要求他的社会和政治权利，而且要求确立个人充分发展其个性所必需的社会、经济、教育和文化权利；法治原则不仅要对制止行政权的滥用提供法律保障，而且要使政府有效地维护法律秩序，借以保障人们具有充分的社会和经济生活条件；司法独立和律师自由是实施法治原则不可缺少的条件。可见，《德里宣言》确认法治是一个“能动的概念”。法治不仅是对既有公民权利的保障，而且是对权利的创设和维护。《德里宣言》虽然反映了发展中国家争取法治话语权的意图，突出了教育在法治中的作用，但还是没有突破西方法学话语体系的范式结构，其中的一些法治概念、教育理念和制度设计还是西方法治的模式。

（4）哈贝马斯的“程序主义法治观”

重视法治建设中人的主体性，始终是西方法学的主流话语体系。西方马克思主义学派代表人物尤尔根·哈贝马斯的交往理性理论，将法学中人的主体性理论发展为主体间性理论。哈贝马斯认为，产生权利法律保障体系的民主程序是现代法治的精髓，因此他把自己的法治观形容为“程序主义法治观”。在哈贝马斯眼中，产生法律的程序不单包括在立法机关的正式程序，也包括在公共领域进行理性讨论的程序性前提，即上述对于讨论的公开性、自由性、平等性和不受权力的扭曲等程序性保障。他又以程序主义的概念来阐释司法裁判的正当性，他指出，法院对案件的判决的正当性取决于司法审判程序的公正性，例如，公开审讯，法官必须大公无私，诉讼当事人有陈词和辩论的机会，法院必须解释其判决理由等[②]。

---

① 张文显.二十世纪西方法哲学思潮研究[M].北京：法律出版社，1996：614-622.

② 高鸿钧，马剑银.社会理论之法：解读与评析[M].北京：清华大学出版社，2006：257.

哈贝马斯关于法治建设的思想是以一种不同于西方传统的实证主义科学研究方法为基础的。面对工业文明时期科学技术的发展带来的环境保护等问题，他把科学技术也作为一种意识形态来反思。哈氏提出，法治建设应以交往理性为核心，是一种具有人本主义哲学意味的制度构建。在哈贝马斯看来，科学技术的发展给人类生活带来了巨大变化，人类在享受科技带来的方便舒适的同时也承受着科技带来的负面效应，即对人的理解集中在个人如何利用外界的资源满足个人目的之层面上，忽视了人的交往存在，这样他就不得不提出建立在沟通理性基础上的法治原则。哈贝马斯关于法治建设的思想也与自然法学派不同，他并不是将法治建立在抽象的人性基础上，而是将其与一定的社会、经济、文化等条件相联系。不过，在其法治思想中，哈贝马斯主张“去阶级化”“去经济基础化”“去意识形态化”，并将“阶级冲突论”软化为“文化冲突论”。哈贝马斯虽然注意到法制建设中主体之间的价值观协调问题，但他忽视了不同主体之间不同文化背景对交往理性形成的影响。所以，哈贝马斯倡导的协商理论难以实现。

3.移植西方环境法治模式的困境

从上述几种法治建设理论模式可以看出，不同法治建设理论对法治实现的路径设计是不同的，但发展动向是将法治建设和文化建设结合起来了。解释人类学学者格尔兹在《地方性知识：事实与法律的比较透视》一文中指出法律事实非自然生成，乃社会之产物。因此，法治建设被视为是一种地方性知识和文化现象。

（1）法律文化学者的法治建设观念

美国法学家劳伦斯·M.弗里德曼认为：“法律文化一词泛指一些有关的现象。首先，它是指公众对法律制度的了解、态度和举动模式。人们的感觉和行为是否认为法院是公正的？他们什么时候愿意使用法院？他们认为法律的哪些部分是合法的？他们一般对法律有多少了解？这种态度各人不同，但是我们可以谈一个国家或集团的法律文化，如果有能把它与其他国家或集团的文化区分开的模式。一种特别重要的集团法律文化是法律专业人员的法律文化，即律师、法官和其他在法律制度的神奇圈子里的工作者的价值观念、思想意识和原则。”[①]将法律文化视为法律意识的学者还有很多，如我国著名法哲学学者张文显教授就认为，法律文化是法律现象的精神部分，“即由社会的经济基础和政治结构决定的、在历史进程中积累下来并不断创新的有关法和法律生活的群体性认知、评价、心态和行为模式的总汇”[②]。

在法律文化学者眼中，法治建设涉及一个非常重要的法哲学问题，即法律意识与法律制度的关系问题。他们认为法律意识是客观存在的各种法律现象在人们头脑中的反映，但对于将要制定的法律制度来讲，法律意识，尤其是统治阶级的法律意识，也会成为促进新法律产生的要素之一。法律文化，就其本质上讲是一种精神财富，它不仅表现为法律意识，也表现为外显的法律制度[③]。如我国学者武树臣就认为：“法律文化是支配人类法律实践活动的价值基础，和这个价值基础被社会化的运行状态。”[④]该定义将法律文化定位为人类社会现象，使法律文化成为连接社会法律观念与制度的纽带，而不仅仅指法律意识。法律文化学者认识到：只有法律文化和法律制度相匹配，才能称为法治建设。可是，法律制度和法律文化是否匹配这种理论难以落实到实践中。具体而言，就是用什么法治指标来衡量法律文化和法律制度契合的良善，法律文化论并没有给出一个实践的路径。

（2）国际社会生态文明法治建设的多样性文化保护问题

20世纪70年代以后，生态文明法治建设成为国际社会关注的内容。1972年联合国环境会议是一次国际社会广泛关注的盛会。会议最重要的成果体现在与会国一致通过了两个重要文件，即《斯德哥尔摩人类环境宣言》和《人类环境行动计划》。该宣言阐明了与会国和国际组织所取得的7点共同看法和26项原则，其中第一条原则就是：“人类有权在一种能够过尊严和福利的生活环境中，享有自由、平等和充足的生活条件的基本权利，并

① 劳伦斯·M.弗里德曼.法律制度——从社会科学角度观察[M].李琼英，林欣，译.北京：中国政法大学出版社，1994：226-227.

② 张文显.法律文化的释义[J].法学研究，1992(5)：10.

③ 刘作翔.法律文化理论[M].北京：商务印书馆，1999：99.

④ 武树臣，等.中国传统法律文化[M].北京：北京大学出版社，1994：32.

且有保证和改善这一代和世世代代的环境的庄严责任。”这一原则蕴含着一种新的人权——环境权。

但《斯德哥尔摩人类环境宣言》主要考虑的是工业化发达国家的生态文明法治建设问题，没有顾及还处于农业文明时期的非发达国家的发展问题，因此其内容是不全面的。1980年由世界自然保护联盟（IUCN）、联合国环境规划署（UNEP）、野生动物基金会（WWF）共同发表的《世界自然保护大纲》声称：过去经常不能把资源保护与开发很好地结合起来，为弥补其不足，大纲初步形成了可持续发展的理论。1983年联合国成立了世界环境与发展委员会（WCED），以挪威首相布伦特兰夫人为主席。联合国要求该组织以“持续发展”为基本纲领，制定“全球的变革日程”。1987年该委员会将著名的报告——《我们共同的未来》（也称“布伦特兰报告”）提交给联合国大会，正式使用了“可持续发展”概念。在该报告中，“可持续发展”被定义为：“能满足当代人的需要，又不对后代人满足其需要的能力构成危害的发展。”该报告指出，一个经济发展的时代必须推行使环境资源得以持续发展的政策，使越来越多人贫困化及环境恶化的发展将难以满足下一世纪的需要，我们需要有一条新的发展道路，不是一条仅能在若干年内在若干地方支持人类进步的道路，而是一条到遥远的未来都能支持全球人类进步的道路。

1992年的《里约环境与发展宣言》特意将环境问题和文化多样性保护结合起来，又重申：发展中国家、特别是最不发达国家和在环境方面最易受伤害的发展中国家的特殊情况和需要应受到优先考虑。环境与发展领域的国际行动也应着眼于所有国家的利益和需要。在环境领域这一最重要的国际宣言中，不仅再次明确提出了发展要考虑发展中国家的特殊情况和需要，而且其中还有多项原则与之有关。一再强调发展过程中要考虑发展中国家的特殊情况和需要，表明了国际社会将环境保护问题与文化多样性保护联系起来这一观念变化。

（三）习近平总书记关于生态文明的论述

国外占主导地位的法学话语体系以功利主义哲学为依据，将人与生态环境作为法律主体和法律客体分离开来，在这种“主客二分”思维方式影响下产生的自然法与实在法、人法与物法等背景预设的法律范式长期抑制了中华法文化学术话语的生产和创新。在人类社会向生态文明的转型发展中，挖掘天人合一教育理念所蕴含的人与自然和谐共生的整体主义思维方法、“修身齐家治国平天下”的义利观，以及天理、国法、人情相协调的思想精髓，这对中国特色社会主义法治建设具有重要的理论意义和实践价值。

自1992年里约联合国环境与发展大会取得可持续发展共识以来，全球可持续发展前进的步伐非常缓慢。作为世界上最大的发展中经济体，中国与世界各国面临着同样的环境问题和生态破坏的严峻挑战。解决全球环境问题，需要各国共同推进全球环境治理法治化，采取一致的行动，创造共同的未来。

2017年1月，习近平总书记在联合国日内瓦总部发表题为《共同构建人类命运共同体》的主旨演讲，回答了“中国为何要推动构建人类命运共同体”“要构建一个什么样的人类命运共同体”，以及“怎样构建人类命运共同体”三大基本问题。这一演讲所贡献出的中国方案植根于公认的国际秩序原则之中，产生了广泛的世界影响。当年，“构建人类命运共同体”理念陆续被写入联合国决议，这彰显了中国对全球治理的重要贡献。习近平总书记关于人类命运共同体的思想为天人合一教育理念的理论创新指明了方向，下一步就是我们如何用行动来落实的问题。

习近平总书记认为，中华优秀传统文化中蕴藏着人类解决当代难题的重要方案。在2018年5月18日全国生态环境保护大会上，习近平总书记指出，中华文明历来强调天人合一、尊重自然。他在弘扬中华民族传统文化的基础上，以马克思唯物主义思想为理论基础，提出了山水林田湖是一个生命共同体。习近平总书记提倡人类只有一个地球，各国共处一个世界，要倡导人类命运共同体意识。何谓人类命运共同体？习近平总书记在十九大报告中强调指出，构建人类命运共同体，建设持久和平、普遍安全、共同繁荣、开放包容、清洁美丽的世界。持久和平、普遍安全、共同繁荣、开放包容、清洁美丽就是人类命运共同体的价值内涵。

在国内的生态文明建设方面，习近平总书记提出了建构最严格的生态文明制度体系的法治思想。党的十八届四中全会通过的《中共中央关于全面推进依法治国若干重大问题的决定》指出：全面推进依法治国，总目标是建设中国特色社会主义法治体系，建设社会主义法治国家。在国际生态文明建设层面，2017年10月18日习近平总书记在十九大报告中提出，坚持和平发展道路，推动构建人类命运共同体。2018年3月11日，第十三届全国人民代表大会第一次会议通过的宪法修正案，将宪法序言第十二自然段中“发展同各国的外交关系和经济、文化的交流”修改为“发展同各国的外交关系和经济、文化交流，推动构建人类命运共同体”。

关于如何构建人类命运共同体，习近平总书记不仅重视法治，还很重视教育。他强调，教育兴则国家兴，教育强则国家强；教育决定着人类的今天，也决定着人类的未来。习近平总书记在全国生态环境保护大会上详细阐述了生态文化体系、生态经济体系、目标责任体系、生态文明制度体系、生态安全体系等五大生态体系。习近平总书记指出，要加快建立健全以生态价值观念为准则的生态文化体系。习近平在中共中央政治局第三十七次集体学习时强调，法律是成文的道德，道德是内心的法律，要坚持依法治国和以德治国相结合。

综上我们可以看出，习近平总书记关于生态文明建设的论述是结合国际和国内生态文明制度体系建构的趋势，是对传统文化天人合一理念进行创造性转化和创新性发展的结果。我们应该将环境保护与文化多样性保护，法治与道德教化结合起来，推进新时代生态文明制度体系的创新发展。

第五章　新时代天人合一教育理念创新的法治价值

法律人才培养和法律制度建设构成了法治的“一体两翼”，生态文明法治建设不仅需要环境教育的环境改善，也需要完备的法治体系的保障和法治人才的支撑。新时代天人合一教育理念的创新，不仅指文化方面环境教育的建构，也指制度文明方面德治和法治的有效结合。而德治和法治的有效结合，有利于“浅层”环境保护法向“深层”中国特色生态文明法治体系的转变。

第一节　天人合一教育理念创新的立法价值

环境立法是生态文明法治建设的开始，立法主体应该遵循科学立法、民主立法的原则，制定符合生态规律、满足人民可持续发展和权利保障需求的生态文明法律规范体系（或称生态文明法律体系）。有良法才有善治，生态文明法治建设需要立法先行。中华民族天人合一观念蕴含着人与自然和谐的良法理念，将此理念融入生态文明法律规范体系的建构中也就成为中国特色社会主义生态文明法治体系建设的首要环节。

一、不同文化预设中法律移植的观念创新问题

从中国生态文明法治建设的历史进程来看，生态保护方面的法律大多是移植西方法律制度的结果，例如环境影响评价制度、国家公园制度等。

这些法律制度与中华民族天人合一的传统文化有相通之处，但由于中西生态保护法产生的自然环境与文化背景不同，它们之间也有冲突。因此，在环境立法理论上，产生了“法律移植肯定说”和“法律移植否定说”的两种针锋相对的见解。

“法律移植肯定说”认为，法律作为普遍性的“自然法”是可以移植的。环境资源法律规范很多是科学技术规范，其可移植性更是不言而喻。而“法律移植否定说”认为，法律作为一种民族文化，其移植是否可行是存在疑问的。早在18世纪中叶，法国启蒙学者孟德斯鸠在《论法的精神》中指出，法律与生态环境、文化样态等因素密切相关，一个国家和民族的法律若能适合另外一个国家或民族是非常凑巧的事。萨维尼更是从法是一种民族精神的角度阐述了法律不具有可移植性。与萨维尼等人“法律移植否定说”的观点一样，我国学者夏勤认为：所谓法治，必须自然而成长，决不能望移植以成就，换言之，必其基础建筑于全国民众之上，庶几可以根深蒂固，不畏破坏，历百年而不弊也。

拉德布鲁赫是德国20世纪影响最深远的法哲学家之一，他对法律移植持折中的态度。他反对古典自然法意义的“超国家的、超时代的永恒律令”，而主张法律是一种内容可变的自然法，在不同的时代针对不同的人而变化。拉德布鲁赫虽然否定了普遍性“自然法”的存在，但并不否定法律的伦理学价值和科学性价值，主张应将二者联系起来。因此，拉德布鲁赫认为法律具有可移植性，但应该结合当地文化进行调整。

笔者认为法律是可以移植的，但要与各地文化结合起来，生态环境法律移植更是要求如此。法律的科学理性，即西方法律文化中的“自然法”或中国传统文化中的“天理”具有同一性，这是法律可以移植的原因。但是法律还是地方性知识，需要与不同环境中人的生活方式结合起来。天人合一在立法方面的指导思想就是将普适性的“天理”与具体化的“人情”结合起来，建立健全生态保护的就地保护原则。所谓就地保护原则，不仅是对自然环境的原真性的外在保护，还是促进社区民众对传统生态文化的自觉保护。

正处于高速发展阶段的中国需要借鉴西方国家的发展经验，但也要吸取其中生态破坏的教训。由于中国生态保护法律主要是从西方环境保护法律移植的，因此，学者多主张立足于本土资源的“法律移植肯定说”。生态环境法具有很强的地域性和文化性特征，作为一种文化的生态保护法律，其移植就必须植根于本土资源，这就是说，移植西方的生态保护方面的法律不能简单地照抄照搬，必须考虑法律生成的自然和文化环境。一些在西方国家行之有效的法律，在中国则很难实行，这是因为生态文明法治建设的自然和文化环境是不同的。

美国的生态保护立法是比较前沿的，创造了环境保护立法方面的多个第一，美国的《国家公园法》《荒原法》《国家环境政策法》中有许多值得中国借鉴和学习的经验，但不能简单照搬。美国国家公园主要是在通过强行迫使美洲印第安人迁居的方式制造出来的“荒原”基础上建立起来的[①]。在中国，就不可能有这样的“荒原”。中国几千年的历史文化演变，形成了丰富多样的农耕文化与土地资源保护制度、森林文化与森林保护制度、草原文化与草原保护制度、海洋文化与海洋保护制度等，形成了视土地、森林、草原为家园的村落、族群等社会组织。我们割裂不开这种文化和自然的联系。改革开放以来，由于工业和城镇的快速发展，环境污染问题加重，中国出台了大量的环境资源保护法律，但其中许多是移植发达国家生态保护方面的法律并通过行政权力推动，环境资源保护法的实施效果不佳。古村落的衰落就是一个典型例子。古村落是中华民族农耕文化的缩影，在这里沉积着人与土地、水资源的历史文化记忆，土地立法、水资源保护立法如果割断了这种文化与环境的联系，立法就难以“接地气”。例如，在农村土地的开发利用过程中，人们往往更加关注农村山水林田湖草的自然属性，而忽视了它们的文化属性。古村落有社会和文化属性，如果简单移植西方的农村环境资源保护制度，就会割裂其与中国天人合一传统文化的密切联系。所以，我们需要通过天人合一生态理念重塑现代环境资源法的德性和

① 托马斯·韦洛克，史红帅．创建荒野：印第安人的移徙与美国国家公园[J]．中国历史地理论丛，2009(4)：146-154.

理性精神。

综上所述，作为科学技术规范的生态保护法律规范是可以移植的，但由于各地生态环境和文化本土资源不同，法治建设的模式也是多样化的。终结生态文明法治建设制度设计的简单移植，开启生态文明法治建设的历史文化和教育意义的反思，追求生态保护法律的真、善、美，这是我们通向理想法治的必由之路。

二、为什么立法总呈现碎片化的局面

科学分析方法的应用，是近代西方自然科学和分析实证主义法学取得巨大进步的基础。西方法律科学分析的范式是把整体分解为部分，把复杂事物分解为各个要素并对这些部分或要素进行认识和研究，因此西方形成了土地法、水法、森林法等多学科构成的环境与资源保护法学。

西方法律科学分析方法将主客体分立、自然法与实在法二元化，将生态环境保护作为“物法”或“财产法”。在西方传统分析实证主义法学范式影响下，不管是大陆法系还是英美法系，生态保护立法总是难以摆脱碎片化的局面。自工业革命以来，人类对生态系统的破坏前所未有，20世纪60年代后，生态系统的恢复与重建已经成为一个重要课题。西方传统的法治文化以人本主义为核心，将资源视为权利客体而加以占有、使用、收益和处分，随后环境法对土地、森林、水等自然环境加以保护，但相应的法律规范多为科学技术性的规范，缺乏解决环境问题的人文关怀。而20世纪60年代兴起的生态主义又走入另一个极端，其过分强调自然界的权利而贬损人本主义。因此，从西方移植的生态保护法律与中国文化难以衔接。

我国现有的环境资源法律体系是移植西方环境法律体系的产物，且存在立法分散的问题。例如，《中华人民共和国环境保护法》主要由环境保护部门形成法律草案，《中华人民共和国水法》是由水利行政主管部门负责的法律草案，《中华人民共和国大气污染防治法》《中华人民共和国水污染防治法》的主管机构也是环境保护部门，这些法律制度的设计和内在逻辑没有什么不同，且呈现一种立法重复和管理碎片化的现象。出现这种现象，一方面是由于立法过程中简单地移植西方环境法律制度，忽视了对法律生成的文化资源的考察和理性思考，导致一部部环境法律匆匆出台，实施效果不佳；另一方面也是由于法律草案出自不同主管机关，出现了部门立法的现象。部门立法的弊端之一是每部法律都追求自己的自足性，缺乏法律体系的整体审视，导致结构体系的重复性、管理制度的冲突性。比如说，环境保护法中规定的环境影响评价制度、“三同时”制度、环境行政许可制度、环境标准制度、环境限期治理制度、清洁生产与循环经济制度、排污收费制度、环境事故应急制度等，在环保法、水法、水污染法、大气污染法中都有体现，四者中相似性条款较多。

生态系统保护需要整体性的思维，不仅要根据自然科学的方法从环境要素方面分开立法，还要根据人文科学的方法来整合各种生态文明法律制度；不仅要考虑法律制度设计的形式理性，还要考虑法律制度设计的文化适宜性。我国传统法律体系是按照法律保护的对象来划分的，这种按照各环境资源单个要素的单独立法造成了传统生态保护法律体系的碎片化以及法律体系缺乏系统性。

根据法律所调整的对象，确定某一领域法律规范的部门法归属，这是长期以来我国法学理论研究的一个基本出发点，也是我国长期以来法律体系划分的一个基础性的研究范式①。将我国法律体系这种研究范式应用于立法实践中，就形成了部门立法的问题。法律体系碎片化的出现，不仅是法学研究和教育部门化、固定化的结果，也是行政主管部门各自为政的结果。打破这种藩篱，就需要树立整体性思维。我们应该将山水林田湖草人作为人类生命共同体，促进各立法主体之间的协商，加强各部门法之间的协同性，这是化解立法碎片化的有效办法。例如，关于传统生态文化的法律保护，其归属于知识产权法还是环境资源法，法学界为此争论不休，而这种争论对立法实践毫无指导意义。笔者认为，在生态文明法律体系的分类上，不能仅从西方自然法学与分析实证法学的思维范式中找答案，还应该从中

① 张璐.部门法研究范式对环境法的误读[J].甘肃政法学院学报,2009(3):23.

国传统文化天人合一的角度考虑生态保护立法的文化因素，将文化和自然环境结合起来保护。

有关山水林田湖草人生态立法的和谐之美，不仅要求各立法部门之间协调一致，还要求自然法与实在法、纸面上的法与行动中的法能够协调起来。因此，仅仅从生态系统平衡的价值角度论证人保护生态的法律责任是不充分的，从单一环境要素立法对生态整体保护也是不足的。自然界不在社会之外，而在社会之中，它是人类生态系统的组成部分。人类生态系统作为科学概念，其核心思想是反映人与环境的统一，人对自然环境的责任就是对自身存在的责任。所以，生态文明法治建设应该将自然环境与人文环境整合起来。即便将文化与自然环境分别进行立法保护，也需要考虑它们的融贯性。生态文明法治建设不是纯粹的规则之治，其中应具有价值判断和文化元素。因此，生态保护法的文化性与科学性的思考有利于将所有法律制度、法律规则组在一起，理清其脉络关系。立法的整体性研究要求我们不能将法律部门的区分绝对化，将农田水利、森林草原保护，以及文化与环境问题简单分割开来，而应将它们作为一个法律整体看待。和谐之美良法标准的提出，就需要将资源、环境和文化结合起来，构建中国特色的社会主义生态文明法律规范体系。生态文明法律规范体系不应是土地法、水法、森林法、草原法、海洋法这样的分散“物法”，而应该将人的形象渗透在其中，形成整合天、地、人整体性生态系统的规范体系。

三、天人合一教育理念有利于良法生成

改革开放40多年来，我们虽然在物质方面取得了巨大进步，但人心失衡、环境污染等问题令人担忧。张岱年先生在《文化通诠》中提出文化系统包含着“正德、利用、厚生、致知、立制”五个要素。所谓“立制”，即建立合理的或合时宜的群体制度。要使传统文化成为滋养社会主义核心价值观的深厚土壤，必须使其与当今社会建立制度性的联系。否则，即使非常优秀的传统也只能是当代社会的“游魂”，即只是一种论说，而与当代现

实社会关系甚少[①]。将有利于当代生态文明建设的天人合一传统文化制度化，就可以促进其内化于心、外化于行，使之真正扎根在我们灵魂深处，并为我们成长、成熟、成功注入正能量。

通过天人合一环境教育的制度建设和话语体系的创新，将传统文化中天人合一理念改造为中国特色社会主义制度背景下的天人合一生态理念，可以将文化与环境整体性保护结合起来，从而达到立法的和谐之美。例如，当代城镇化发展的过程中，农村生态、生活环境发生了重大变化，土地污染、水污染等问题较突出。

古村落是中国乡村的缩影，作为中国传统文化的载体，传统村落保护已不是个新鲜的话题。然而，传统村落的保护模式却一直处于探索之中。"传统村落是物质与非物质文化'双遗产'，具有物质与人文'双形态'，失去了原住民及其生产生活方式，传统村落就失去了灵魂。"[②]然而，古村落活态保护也面临两难选择。我们不能让农民回归喝湖里水，以秸秆烧火做饭的旧日子，而应该让他们在农村城镇化发展变化的情况下传承一些传统生态文明。

1969年，美国制定的《国家环境政策法》，内容除自然资源、生态环境的保育及污染防治外，还包括社会性的种类环境侵害，如人们的休闲、美感上之破坏，交通大众运输系统之过度负荷等。这说明环境法的"物法"属性逐渐在消退，而其"文化法"属性在增长，这体现了资源、环境和文化的整体性生态系统管理的发展变化趋势。但是，由于西方文化始终存在主体与客体二分，环境与文化融合保护还是很难。

天人合一教育理念的创新，必然促进环境和文化整体保护的制度创新。将文化与环境保护联系起来进行整体性研究，国外已经开始行动。一般学者认为，于1931年在雅典召开的第一届历史古迹建筑师及技师国际会议通过的《雅典宪章》，要求所有国家都要通过立法解决历史遗迹的保存问题，

① 陈卫平.儒学制度化的得失[N].光明日报,2015-07-06(16).

② 陆娅楠.人民日报探访20余个传统村落:活态保护 做起来挺难[N].人民日报,2014-09-24(12).

重视教育在历史古迹保护中的作用。1964年5月在威尼斯召开的第二届历史古迹建筑师及技师国际会议通过的《威尼斯宪章》，规定“各国在各自的文化和传统范畴内负责实施这一规则”，这标志着历史性纪念物保护方法的确立和历史环境保护思想的萌芽，奠定了文化遗产保护的基础原则——原真性和完整性[①]。1975年，欧洲理事会通过的《建筑遗产欧洲宪章》确立了自然和文化遗产的“整体性保护”方法；1976年11月26日联合国教育、科学及文化组织大会在内罗毕通过的《关于历史地区的保护及其当代作用的建议》（《内罗毕建议》）和1987年10月国际古迹遗址理事会第八届全体大会在华盛顿通过的《保护历史城镇与城区宪章》（《华盛顿宪章》）都更加明确了这种将文化遗产保护纳入区域与城市规划的整体性方法。

环境法调整对象的广泛性决定了环境教育对象的整体性。因此，坚持天人合一的文化与环境整体性保护原则和立法价值导向是中国特色社会主义生态文明法治建设的必然方向，我们不能将环境问题从它产生的生产生活背景中割裂出来进行研究，否则这种研究就是只见树木不见森林。我们应该从环境问题的文化根源寻找解决方法。习近平总书记在中央城镇化工作会议中指出，推进城镇化是解决农业、农村、农民问题的重要途径，是推动区域协调发展的有力支撑，城镇建设要体现尊重自然、顺应自然、天人合一的理念，依托现有山水风光，让城市融入大自然，让居民望得见山、看得见水、记得住乡愁。

中华传统文化天人合一和谐之美的价值追求与当代西方主客关系一体化的系统科学范式有相通之处。天人合一教育理念促使我们不仅要重视法律规范、法律部门、法律体系等硬件建设，也要重视法律文化的软件建设；不仅要重视法律规范的静态研究，也要重视行动中法的动态研究。庞德是一位主张将法律作为一门系统工程来进行整体性研究的学者，他将法律定义为对各种利益进行协调的工具。可在庞德等西方学者的立法思维理论中，忽视了人类生态系统工程的软件部分——文化的功能。各民族文化是各国

① 马炳坚.从《威尼斯宪章》到《曲阜宣言》——罗哲文的文物古建筑保护思想与实践[N].中国艺术报,2012-09-07(3).

法治建设的重要资源，当今世界各国对自身的文化资源也越来越重视。如美国总统在做具有重大影响的决策时强调必须加强文化协调，认为在涉及全国文化事宜决策时需要高层的警觉和重视。但在美国，还没有成立文化事务办公室，仍不能有效地协调各方，环境治理与文化教育的协调机制没有形成。

与美国相比较，我国具有协调文化与生态环境整体保护的教育管理体制和立法机制。例如：将承载天人合一传统文化的古村落等载体进行活体保护，作为传统文化教育题材纳入旅游教育、学校教育的内容，这可为实在法注入精神之魂。因此，笔者认为，将教育体制改革与生态环境法治建设协调起来，建构中华民族非物质文化遗产保护的家庭、学校和社会的全面教育学科体系，有利于中国环境法从行政管理法提升为环境教育法。

四、将人文环境纳入环保法调整范围的意义

改革开放以来，我国制定颁布了一系列环境保护法律，这对中国特色社会主义法律体系的形成和完善具有积极意义，但是现行环境法律的实施效果还不理想，这种情形迫使我们思考如何寻找适宜的环境法治道路。为此，我们要继承和发扬中国传统文化中的天人合一教育理念，将体现生态美的人文环境纳入环境法的调整范围，完善生态文明法律规范体系。

（一）将人文环境纳入环境法调整范围的法学教育意义

德国历史法学家萨维尼在其著作《现代罗马法的体系》中详细阐述了完善法律体系的重要性，提出法律的体系化研究，认为如果想真正发挥法律的作用的话，就必须为一个统一体构造内在关联。为此，它必须为法治建设、为整个立法提供一般内容与一般任务。

在萨维尼的法治建设观念中，法律的体系化研究相当重要。所谓法律体系化，是指由若干有机联系的法律规范构成一个整体。他认为，如果想要体系化哲学观念为法治建设发挥作用的话，就必须为一个统一体构造内

在关联，通过完全的演绎才能够确定一般任务的整个范围。

可是，西方国家体系化思维方法是有局限性的，那就是主观与客观相分离，人与自然相对立。受古希腊罗马文化、基督教文化等自然法思想的影响，西方国家环境法的调整范围主要是以土地、水、森林为保护对象的“物法”。而中国传统法律文化以天人合一为理念，形成了不同于西方法律文化的以“家”为法律主体单元的“修身齐家治国平天下”的古代田制、水法等生态法律体系，如《唐律疏议》中户婚律、厩库律、擅兴律、贼盗律的分类排列与罗马法中人法、物法的分类排列就不同。中国在近现代法治实践探索中，虽然也曾借鉴西方法治模式对中国传统法律体系进行了变革，但法律实施效果总离不开传统文化的制约。与西方法文化相比较，中国传统文化不仅讲究整体，还讲究和谐。这说明建构中国特色社会主义生态文明法律体系，我们不能照搬或模仿西方法治模式，而应该通过弘扬中国传统文化中天人合一的生态理念，将历史文化作为人文环境融入环境法的调整范围，将环境立法放在完善中国特色社会主义法律体系的高度来构建，使环境法与教育法等重要部门法协调起来。

联合国《人类环境宣言》提出，人类有权在一种能够过尊严和福利的生活环境中，享有自由、平等和充足的生活条件的基本权利，并且负有保证和改善这一代和将来的世世代代的环境的庄严责任。其中，“过尊严和福利的生活”就是一种文化标准。美国《国家环境政策法》中讲到了需要“确保所有美国人享有安全、健康、富饶及文化和艺术方面都令人愉快的环境”。“文化和艺术方面都令人愉快的环境”说明了环境保护的精神性。1992年，里约热内卢举行的环境与发展大会通过的《里约环境与发展宣言》，陈述了原住民族的文化对于环境管理与发展的重要作用，将文化多样性纳入环境权的调整范围，进一步说明了环境权的本质。文化多样性是人类在生存和发展中积累的与自然和谐相处的各种区域群体的知识体系，是人的主观性的整体表现，对文化多样性保护才是环境权的真正要义。我国宪法第26条规定：国家保护和改善生活环境和生态环境，防治污染和其他公害。但是，《中华人民共和国环境保护法》中所称环境，是指影响人类生存和发展的各种天然的和经过人工改造的自然因素的总体，环境要素是分开列举的，不是整体性的大环境。

国际法和国内法的变化趋势说明，将人文环境纳入环境法调整范围有利于改善生态文明法律规范体系，而在这方面，我国具有天人合一生态理念的价值导向优势，以及具体的法学教育体系作为支撑。

（二）扩大环境法调整范围对环境基本法制定的影响

扩大环境法调整范围，就需要将现行的侧重行政管理的环境保护法升格为环境与发展综合决策的环境基本法，形成环境、资源和生态文化整体性保护的法律体系，增加优秀传统文化保护和环境教育法律制度，为目前“虚位”的环境教育实施提供必要的法律依据。

传统的环境法律体系根据环境法调整对象将环境法律体系分成污染防治法、自然资源法和特定区域保护法，环境保护法始终难以脱离以污染防治法为主的特色，这忽视了生态保护的整体性原则，将环境保护的灵魂，也就是与环境保护有关的文化要素排除在外。在中国传统文化中，法律制度是以家园为生活环境而设计的，土地及其定着物是家园而不是物权客体，将土地、水资源、森林资源作为“物法”而与“人法”分离开来的西方法治文化不适合中国国情。因此，将人文环境纳入环境基本法调整范围，有利于从家国关系上建构具有中国特色的“修身齐家治国平天下”的社会主义生态文明法律规范体系。

什么是基本法？党的十一届三中全会以后，特别是1979年七个法律的制定和对1978年宪法的修改，使中国再次进入大规模立法时代。1980年，彭真在《关于七个法律草案的说明》中称“刑法是国家的基本法之一”，这是“基本法”一词第一次出现在全国人大常委会的工作报告中。1982年宪法将制定和修改“基本法”都归为全国人大职权，这意味着“基本法”概念在我国法律体系中的定型。

2015年3月8日，第十二届全国人民代表大会第三次会议举行第二次全体会议，听取全国人大常委会委员长张德江关于全国人民代表大会常务委员会工作的报告。张德江表示，环境保护法是环境领域的基础性、综合性法律。新的环境保护法被定位为环境领域的基础性、综合性法律，主要是因为其规定了环境保护的基本原则和基本制度，试图解决整体性的大环境问题而不是单个领域的环境问题。为此，新环境保护法依照《国务院关于落实科学发展观加强环境保护的决定》以及《国务院关于加强环境保护重点工作的意见》确定的总体要求，在总则中进一步强化环境保护的战略地位，将环境保护融入经济社会发展。新环境保护法增加了“保护环境是国家的基本国策”的规定，并明确“环境保护坚持保护优先、预防为主、综合治理、公众参与、污染者担责的原则”。

由于环境保护法涉及许多政府主管部门和公众的利益，它实质上就是一部综合环境治理的基本法，但是从学理上分析“基础性、综合性法律”与“基本法律”，两者的法律效力还是不同的，环境保护部门作为新环境保护法这种“基础性、综合性法律”的实施机构，还难以落实其中的一些责任条款。为此，还需要通过人大主导立法，扩充环境保护法的调整范围，将具有中国传统文化特色的天人合一自然教育理念纳入环境保护法，变更“环境”概念的内涵，树立“大环境法”的理念，将文化环境包括在内，增设“环境教育”专门规定，将原来的环境保护法升格为基本法，并依法授权监察机构行使追究“党政同责”的权力。这样才能使环境保护法从行政管理法转变为环境治理综合决策与教育法，才能从实体内容上将“基础性、综合性法律”变为“基本法律”。因此，制定中国特色的环境基本法对谋划整个国家的环境治理格局具有重要意义，但需通过教育理念的重构整合各单行环境法律，克服法律碎片化的现象。

第二节　天人合一教育理念创新的执法价值

生态文明法治体系建设的核心要义是什么？是管制还是服务，是标语还是行动？这需要法学理论来回答。“徒法不足以自行”，国家主动介入是生态文明法治建设的关键环节。这对国家来讲不仅是法律意义上的执法责任，也是伦理意义上的职责。在生态文明法治建设中，作为执法主体的行政主管部门不仅应该在发展创新中依法执政、依法行政，还应该做到谁执法谁普法。普法责任制度的出现是环境行政法向教育法转型的结果，是对西方法治观念和中国传统文化中天人合一教育观念的扬弃，体现了新时代中华法文化的法治精神。

一、西方法治文化中执法观念的演变

在罗马法中，责任不是一个心理学的概念，它与“债”的概念融合在一起，是使他人为一定给付的法锁。不像中华法文化中“人情”高于债权，在西方，欠债还钱是天经地义的，是市民社会的基本规则，是西方契约法文化精神的一部分。债之关系有两方面：一方面系要求对方履行约定或法定之义务，另一方面系向对方尽履行之责任。近现代各国民法典将责任与债务两个概念区分开了，例如德国民法典始将债务与责任区分开来，将债务作为应为给付之义务，责任为此义务之财产的担保。债务人不为给付时，债权人得以强制执行之方法，以实行其债权者。德国民法典在概念上将债务与责任区分开来，为法学理论上“法律后果说”的法律责任理念的构建创造了条件。

中世纪时期，教会法的信义保证、罪孽思想促进了教育心理学上法律责任制度的诞生。作为西方法律文献经典的罗马法正是通过教会法的桥梁作用在中世纪得以复兴。在大陆法系的刑法理论中，“责任”又称“有责性”，是从主观上分析行为人应否受到非难。“没有责任就没有刑罚”是近代刑法的基本原则，只有当行为人存在主观的责任、个人的责任时，其行为才有可能构成犯罪。

至于西方法律文化中政府责任的来源，应该可以追溯到罗马法中的公犯制度。罗马法中的公犯行为是指渎职、贪污等职务违反行为或公民违反国家公共利益的行为，但这种责任还是个人责任。政府责任始于罗马法中

“团体具有独立人格”的理论。罗马法中，生物学意义上的“人”与法律意义上的“人”是有区别的。根据罗马法的规定，并非一切生物意义上的人都可以成为市民法上的权利主体，从前者到后者必须具备某种要素、条件、资格。罗马帝国时期，罗马法开始承认某些特殊团体，如商业团体、地方政府乃至国库等，在法律上享有独立的人格，可以享受权利、承担义务和责任，此时，责任的心理与伦理的意义又被减弱。以此理论为渊源，大陆法系产生了行政法律中的公法人制度。法国是行政法的母国，法律承认三种行政主体，即国家、地方团体和公务法人（属于公法人的一种类型）。他们是为了公共利益建立的、能够行使公权力的组织。无论公法人作出什么样的决定，比如修建高速公路、地铁、铁路，政府提出的城市规划方案，公众都会期望通过行政法院审查政府行为的合法性，存在违法行为时要求追究政府、地方团体和公务法人的法律责任。

责任也是英美法系国家司法实践中的基本范畴。与大陆法系责任理论不同，英美法系仍坚持着法律责任和伦理责任的区分。美国法学家韦斯利·纽科姆·霍菲尔德在《司法推理中适用的基本法律概念》中从逻辑角度对“权利—义务”关系、“特权—无权”关系、“权力—责任”关系“豁免—无能”关系作了分析和论证。英国著名法理学家哈特进一步提出了一种法律意义上的责任以及职责伦理意义上的责任。所谓法律意义上的责任，哈特认为是指某人应当在法律上对某种事件承担不同于职责意义上的责任。但法律意义上的责任和职责伦理意义上的责任并不矛盾，政府责任就是两者的交集。在生态保护法中，英美法系学者认为土地、森林、水资源等是公众信托给政府的公共物品，政府不仅应该承担管理、分配和改善的法律责任，还应该承担环境教育责任等。

因此，从西方法律责任概念的演化来看，政府责任的出现是法治发展的结果。英国学者哈林顿最早在《大洋国》中提出实现“法治共和国”的目标，其理论依据就是自然法中社会契约论，人们将一部分自然权利交给政府，政府应该承担管理的责任。在《布莱克维尔政治学百科全书》中，责任型政府是指一种需要通过其赖以存在的立法机关而向全体选民解释所做的决策并证明这些决策正确合理的行政机构。因此，政府不仅具有执法管理责任，还具有执法教育责任。而英国法学家威廉·韦德从法治的核心是依法行政的角度提出政府责任的定义："政府必须根据公认的规则、原则办事，对政府行为是否合法的争议应当由完全独立于行政之外的法官独立裁决，政府不应当在普通法律上享有不必要的特权和豁免权。"[①]综上所述，西方法文化中法治意义上政府责任的强调，是建立在对政府不完全信任的文化基础上，由此导致伦理意义上政府责任的减弱。

二、天人合一教育理念对替天行罚的解构

在中国古代汉语中，并无"责任"一词。"责"在六种意义上使用，即"索取""要求""谴责""处罚""负责""债"。"任"的含义也很丰富，其中包括"任用""职位""职责""承担"等。在现代汉语中，"责任"一词有三个互相联系的基本词义：分内应做的事；特定人对特定事的发生、发展的助长义务；没有做好分内应做的事[②]。与国外民事责任、刑事责任、行政责任相比较，中国古汉语中的"责任"具有职责的本义，与西方法律文化中的政府的行政责任更为相似。

中国古代统治者极力宣扬"王权神授"和"代天行罚"的神权法思想。夏王启时期（约公元前21世纪），启率夏军在甘（今陕西户县境，一说河南今郑州西，或说今洛阳西南）与有扈氏军交战，启在交战前，对军、政六卿及部队下达动员令进行誓师，借口"威侮五行，怠弃三正"，宣布"天用剿绝其命，今予惟恭行天之罚"（《尚书·甘誓》）。而君主是否承担责任，则是一个长期争议的话题。主张君主应该承担责任的依据是"天命"。在中国历史上，"天"被视为最高意志和绝对本体的代表，服从天的意志是人间凡众包括君主的绝对义务。在西周以前，主要通过占卜的方式来感知"天"的意志。西周时期，开始将天意与德紧密联系起来。《尚书·康诰》

① 威廉·韦德.行政法[M].徐炳，等译.北京：中国大百科全书出版社，1997：42.

② 张文显.法理学[M].北京：法律出版社，2004：142.

中有："天乃大命文王，殪戎殷，诞受厥命，越厥帮厥民。"孟子从民本主义观点出发，提出了："民为贵，社稷次之，君为轻。"（《孟子·尽心章句下》）否认君主应承担责任的也大有人在。韩非子说："抱法处势则治，背法去势则乱"（《韩非子·难势》），法、术"不可一无，皆帝王之具也"（《韩非子·定法》）。

而对于封建官吏而言，"替天行罚"不仅是"奉法为公"的理论依据，也是他们承担法律责任的理论依据。根据《诗经·小雅》中"溥天之下，莫非王土，率土之滨，莫非王臣"的思想，作为君主任命的地方官，应该对洪涝等自然灾害负责。在中国法制史上，也有人质疑"替天行罚"理论，例如子产反对"天罚"，他认为："天道远，人道迩，非所及也。"（《左传·昭公十八年》）王充反对君权神授更是激烈，他说："《诗》三百，一言以蔽之，曰：思无邪。《论衡》篇以十数，亦一言也，曰：疾虚妄。"（《论衡·佚文》）"天罚"实"虚妄"，"夫人不能以行感天，天亦不随行而应人"（《论衡·明雩》）。

汉唐时期，天人合一的思想从谶纬神学中脱离，变为了天道与人道、圣与人的关系，从儒家伦理上包装"替天行罚"，于是天罚具有了伦理教育作用。当然这种伦理是封建社会的伦理，封建官员主要承担的是伦理责任，而在法律上则享有许多特权。如议请减赎和官当制度被纳入律令典章，这为官员行使封建特权提供了法律依据，协调着君臣的关系。明朝时期"重典治国"，《大明律》规定官吏贪赃超过六十两的就要枭首示众，与唐律和其他时期的律法相比其刑罚之重历史罕见，但《大明律》强调"明刑弼教"，在"重典治吏"的同时"重典治民"，其目的是为了维护封建君主专制而不是民生。顾炎武看到明代高度集中的君主专制的弊端，提出了"庶人议政，百官分治""严治吏，刻贪赃""疏法宽刑，以礼治民"等观点。王夫之在《读通鉴论》中也认为，"严者，治吏之经也；宽者，养民之纬也"，这进一步解构了封建官吏"替天行罚"的神秘性，加强了吏治的责任①。

① 张国华. 中国法律思想史[M]. 北京：法律出版社，1982：389.

清末改制时期，沈家本提出了“法律平等、一体同科”的思想，反对“刑有等级”。光绪三十二年（公元1906年）颁布《宣示预备立宪先行厘定官制谕》，开始官制改革，还仿造西方国家枢密院、参事院的体制，设立弼德院。虽然其实际未发生作用，但政府责任制度正式产生。清末改制以后，西方的法律责任制度对中国的“法律责任”制度产生了很大的影响。法律责任可分为民事责任、行政责任、刑事责任，其含义不仅包括职责，还包括刑罚等不利法律后果。不同的责任类型、归责原则和法律后果将法律分为了民法、刑法、行政法等法律部门。民国时期，章太炎主张“恢廓民权”，认为政府应当“专以法律为治”，至此，中国法律文化实现了从亲亲尊尊到法律平等，再到政府（法律）责任的蜕变。

目前政府（法律）责任通说认为，政府（法律）责任是行政主体因违反法律职责、义务而由专门国家机关依法追究或主动承担的否定性法律后果。行政主体是依法行使行政权力、在法律上具有独立人格的组织体，权利能力、行为能力和责任能力伴随其始终，因此，在其承担法律责任的情形中无需考虑责任能力问题，但行政主体在进行违反行政法律义务的行为时存在过错。

三、生态环境法律责任的发展动态

法律基本原则是整个法律体系或者某一法律部门所适用的、体现法的基本价值的原则。从我国现行的生态保护法律体系来看，政府监管的法律规范占据着大量的篇幅，因此，可以说责任政府是生态文明法治建设的基本原则。

生态环境法律责任是一个综合性的法律概念，它包括环境刑事责任、环境民事责任、环境行政责任等。对生态环境法律责任内涵的揭示需要综合法理学、刑法学、民法学、行政法学等学科知识，因此，这既是一个开拓性的课题，又是一个陈旧的话题。在我国，刑事责任、民事责任与行政责任研究分布在部门法学中，关于责任与构成要件、违法行为、法律后果等范畴的关系呈现出多元化的争论，责任理论始终没有占据重要地位。我国法理学界对法律责任的界定又过于宽泛，法律责任理论对部门法的实施没有指导价值。环境法学作为一门综合性学科，其中的环境法律责任也应当是刑事责任、民事责任与行政责任的综合体，需要有生态环境法律责任的整体性理论。因此，中国生态环境法律责任理论可以吸收法理学与部门法学关于责任理论的成果，构建中国环境归责模式。

传统的环境法律责任是从民事侵权法领域出发而展开的理论，如法国民法中的“近邻妨害”，德国民法中的“干扰侵害”。其中《德国民法典》第906条规定：土地所有人对于瓦斯、蒸汽、臭气、煤烟、音响、振动等的侵入，以及其他来自邻地的相类似的侵入，如果该种干扰并不妨害其对土地的利用，或其妨害仅系不重大者，则不得予以禁止；如系重大的干扰，且系他土地利用人以当地通行做法利用土地而引起的，而且该干扰是他土地的利用人（即加害人）依其经营上可期待的措施所能加以防止的，土地所有人应予以容忍；如果该干扰所造成的妨害超过预期程度，土地所有人可请求他土地利用人以金钱做相当的补偿。这一规定用以调整不动产相邻关系责任。

在环境污染案件中，由于水资源、大气具有流动性，与民法中相邻关系相比，污染侵权行为主体、被害人范围都扩大了，而且因果关系难以判断，大多污染行为是通过“中间介质”作用于受害人或财产，即先污染环境而后再通过环境作用于人或财产。由于污染行为具有潜伏性、隐蔽性、长期性等特点，即使确定了某种规则也很难甚至可能找不出原因。于是，环境民事责任开始向环境行政责任延伸，出现了环境影响评价责任、环境监测责任、举证责任和环境损害赔偿质量担保责任等多种政府法律责任形式。

当今国际社会，为预防生态破坏行为的发生，环境保护从末端治理转向源头治理。法律意义上的生态环境法律责任与伦理意义上的环境责任交叉，导致出现了一种风险预防理论。生态破坏是指人类不合理地开发、利用自然，造成森林、草原等自然生态环境遭到破坏，从而使人与自然的关系恶化。生态破坏往往需要很长的时间才能恢复，有些甚至是不可逆的。因此，我们要加强政府对环境的监管，预防生态破坏的风险。而所谓风险预防原则是指，“为了保护环境，各国应按照本国的能力，广泛适用预防措施，遇有严重或不可逆转损害的威胁时，不得以缺乏科学充分确实证据为理由，延迟采取符合成本效益的措施防止环境恶化”①。风险预防原则有利于将政府责任纳入生态文明法治建设的核心内容，从预防的角度防控生态破坏行为的发生。但是，风险预防原则的过度使用对发展也是不利的，毕竟发展本身是有风险的。因此，将风险预防原则运用于生态环境保护，还必须坚持教育预防原则。

四、环境执法者普法责任的重构

在改革开放和现代化建设的新时期，全面贯彻落实依法治国和以德治国相结合的原则，重点是协调好环境教育与环境执法之间的关系。2014年的新环境保护法中第9条规定了政府环境教育内容，但其中缺乏落实性的具体措施。

执法者普法责任的建构，有利于从法律责任和伦理责任的双重角度保障环境法治教育的实施。法律要为人所周知，作为执法者是应该承担普法责任的。行政执法是推行法治政府建设的核心，执法者需要更新执法理念，改变传统的“管制型”执法思维。执法中要尊重群众的主人翁地位，落实权力清单制度，充分发挥他们参与城乡社会管理的主动性与积极性，努力提升人民群众法治获得感。权力清单制度是推进权力运行的有效杠杆，目前从上到下开展的权力清单制度，是实现职权行使法制的有效方式，抓好权力清单制度这个杠杆能够有效规范权力的运行。行政执法各部门在推进权力清单制度中，可以通过以案释法的教育方式促进法治社会的法治文化建设。对正在执法的案件，行政执法人员可依照相关法律规范向人民群众进行有效的释法说理。在搞好以案释法的同时，积极拓展教育对象，精心

① 胡斌.试论国际环境法中的风险预防原则[J].环境保护,2002(6):17.

筛选以案释法的内容，满足不同对象学法需要，真正把以案释法工作在基层、在民众中开展起来。落实基层执法人员以案释法的制度，对于基层执法部门既是挑战也是机遇，普法方式应由传统的单一性、大水漫灌式的法制知识传播转向由具体法治实践中阐释法理。以案释法这种双向性、参与式的执法普法过程，不仅要求基层执法人员在执法方式上进行转变，更要求基层执法人员在执法观念上进行转变。从以往的单一性执法过程转向释法说理式执法，及时消除相对人及社会的疑惑，也及时接受相对人及社会的监督。如果在以案释法行为过程中及时量化考核人民群众法治获得感，可以达到内外双向促进的良性循环，推进人民群众法治获得感的科学评估体系建立。随着基层管理型政府向服务型政府的转变，基层执法与人民群众的关联性不断增强，基层群众学法与守法的意识不断增强。要让基层群众提升法治获得感，就需要建立科学评估体系。科学的法治指标评估，不仅能让人民群众知晓法律、学习法律、遵守法律、崇尚法律，加强对法律的认识和了解，增强法律的社会公信力，而且可以引导人民群众自觉守法、遇事找法、解决问题靠法。让法律信仰牢牢扎根在人们的心底，这是我国法治宣传教育的首要任务。当下，人民群众法治获得感的评估大多只是停留在形式意义上的程序规则，缺乏对执法评估背后深层次利益诉求的分析，这在一定程度上影响着执法评估的规范化行使。为此，可引入专家学者第三方参与基层执法评估的机制，科学制定人民群众法治获得感的评估指标。

政府是否应该承担执法的普法责任，还与信息公开和公众参与密切相关。近些年来，涉及环境与资源保护的行政人员违法案件数量呈上升趋势。执法者自身不能依法行政，就不能将权力运行过程放在阳光下让群众监督，也就难以实施普法教育。2014年修订的环境保护法新增了专章规定“信息公开与公众参与”的内容，规定了国务院环境保护行政主管部门统一发布国家环境综合性报告和重大环境信息，政府及其环境保护行政主管部门应当依法公开环境信息的责任，以及公民、法人或者其他组织可以依法申请获取环境信息的权利。这是从制度上对政府环境普法责任的落实，有利于在环境执法中对政府环境普法责任的判断。因此，落实政府的环境普法责任，可以将环境保护法中规定的“信息公开与公众参与”扩展为“信息公开、公众参与与环境教育”，将环境教育渗透到信息公开和公众参与的各个环节。执法公开公正就是最好的普法行为，如果执法者执法信息不能公开公正，就应该被追责。

第三节　天人合一教育理念创新的司法价值

传统天人合一文化与现代生态文明法治建设的衔接，还需要环境司法的守望。司法工作是社会主义法治建设的重要环节，生态文明法治建设还需要司法人员树立正确的观念。公正为民，是中国特色社会主义司法正义的体现，将老百姓视为“天”，对中国传统文化天人合一理念进行时代性的改造，从而促进环境司法价值理念的改革。

一、中国传统天人合一的司法理念

在古人看来，“天”是一个具有和谐秩序的完整实体，法律这种界别“天人之分”的规范体系，当然不能与自然秩序相违背。在司法正义的追求方面，司法者的良心应该符合天理人情的传统，天人合一理念也成为传统司法的最终价值追求。

在中华传统法律文化发展中，“天讨”“天罚”的神权思想在商代发展到高峰。《礼记·表记》说：“殷人尊神，率民以事神，先鬼而后礼。”在“天罚”思想掩盖下，商朝的刑罚严峻。“弃灰之法”就起源于商朝。《韩非子·内储说》载：“殷之法，刑弃灰于街者。”意思是商朝的法律规定，凡是把灰倾倒在大街上的人要被砍掉手臂。子贡认为这种处罚过于严重，向孔子讨教原因。孔子说：“知治之道也。夫弃灰于街必掩人，掩人，人必怒，怒则斗，斗必三族相残也。此残三族之道也，虽刑之可也。且夫重罚者，人之所以恶也；而无弃灰，人之所以易也。使人行之所易，而无离所恶，此治之道也。”（《韩非子·内储说》）在这里，孔子不是通过神法而是运用儒教的道义来解释“弃灰之法”的合理性，将殷商时期神权法意义上的天人合一司法理念转化为了儒家天理、人情的天人合一。

“天讨”“天罚”的方式是“大刑用甲兵”。“刑起于兵”意味着中国古代法律更倾向于属刑事法律规范。周设司寇，秦汉至北齐设廷尉掌刑狱，这些主管司法的最高官吏都是军官身份。西周继承夏商时期的天命鬼神思想观念，提出了“皇天无亲，惟德是辅”（《尚书·蔡仲之命》），通过“以德配天”将天人合一的神权思想转化为“明德慎罚”的司法思想。秦朝以法家理论作为司法的指导原则，司法上奉行一断于法，造成司法过于严苛，矫枉过正。汉朝时期，董仲舒等人提倡以春秋大义作为司法裁判的指导思想，将阴阳学说与儒家思想结合起来，形成了司法上天人合一的恤刑、秋冬行刑等制度。

以春秋大义作为司法裁判的思想又称“经义决狱”，即用《诗》《书》《礼》《乐》《易》《春秋》六经中的思想来作为判决案件的依据，这是西汉中期儒家代表人物董仲舒根据天人感应理论提出来的一种审判案件的方式。董仲舒在《春秋繁露·精华》中阐述了“天人感应”观念对司法的影响，他说：“春秋之听狱也，必本其事而原其志。”春秋决狱对中国封建司法产生了深远的影响，推动了儒家思想与法家创制的法律规则的结合。董仲舒在《春秋繁露·四时之副》中说道：“天之道，春暖以生，夏暑以养，秋清以杀，冬寒以藏，暖暑清寒，异气而同功，皆天之所以成岁也。”董仲舒不仅通过天人合一理论来论证秋冬行刑，还通过其他儒学经典来佐证。其中，《左传·襄公二十六年》载：“古之治民者，劝赏而畏刑，恤民不倦。赏以春夏，刑以秋冬。”《礼记·月令篇》载：“仲秋之月，乃命有司，申严百刑，斩必当杀。”董仲舒的理论也为后世封建统治者提供了统治的理论基础，唐律中规定“立春后不决死刑”，明清律中的朝审、秋审制度也源于此。

恤刑最初见于《尚书·舜典》：“惟刑之恤哉”，指用刑慎重不滥，不仅对人，也包括对自然的态度。这一法律规范在历代皆有反映。司马迁《史记·殷本纪》中记载："汤出，见野张网四面，祝曰：'自天下四方皆入吾网。'汤曰：'嘻，尽之矣！'乃去其三面。"汉景帝曾下诏：年八十以上，八岁以下以及孕妇、盲人、侏儒症患者，在监禁时可给予优待，不加桎梏。明代及清初，中央派官员前往各地审录刑囚、清理冤滞，常被称为恤刑。清代将恤刑扩展到水旱灾害的救济，进一步扩大了恤刑制度的范围。在董仲舒"春秋决狱"及桓宽等儒生思想的影响下，汉宣帝本始四年下诏书曰："父子之亲，夫妇之道，天性也。"（《汉书·宣帝纪》）"亲亲相隐"虽然不是恤刑制度的内容，但也是恤刑制度的延伸，也体现了仁政思想。

司法指导思想的儒家化，使得天人合一的内涵发生了质变，不仅包含着人类与自然的关系，还包含着天理与人情的关系。北齐以大理寺为官署名，"大理"一词历史悠久，古谓掌刑曰士，又曰理，凸显了司法裁决之真谛。"寺之言侍也，取亲近侍御之义。"①这也表明封建社会的司法机构主要是维护王权统治的。唐代形成了京师案件由大理寺卿负责审理、判刑，由刑部复核的制度。元代不设大理寺，审判由刑部直接进行。明代恢复大理寺后，受元制影响，又改为京师案件之审判归刑部，大理寺卿仅负责复核的制度，地方上所呈报的重罪案件也是先经刑部评议，再经大理寺卿最后复核。清制与明同。司法机构职能虽不断变化，但本质一样。

儒法结合的司法模式使法家的严刑苛法具有了情感性，但也造成一些封建司法官吏"原心定罪"的弊端。在中国封建社会，司法官员与行政官员没有区分，都是君主的臣子，法官不能只服从法律，也要考虑情理。"礼为本、法为用"，构成中国传统司法文化的特色。

二、英美法系环境司法观念变迁的启示

英美法系又称普通法系。普通法是中央王室法院（后来是普通法院）的判决，通行于全国而普遍适用的先例。其源起于英国，1066年诺曼征服后，亨利二世即位并对司法进行改革，创设了巡回审判制度。这种巡回审

① 沈玮玮.庭院之称与中国传统司法的渊源[N].人民法院报,2015-07-31(7).

判制度塑造了英美法系司法机构“自然公正”的形象。

自然公正原则起源于自然法。由于生态保护方面的制定法出台较晚，早期英美法系国家环境司法的法律渊源是按照普通法、衡平法分类的。与儒家文化主张天人合一是为了论证君权的合理性、古代圣人的崇高性一样，英国人开始是通过神学自然法理论来论证国王统治的合法性。国王管理世俗土地分封，教会管理教育和人的精神世界。诺曼征服后，国王拥有了全国土地，并将其中的一部分分封给亲属和随从。1067年，威廉的一次法令将教会法院与世俗法院分开，建立了王室法官巡回审判制度，专门处理涉及领主间土地等资源争论的案件。如：依据水资源的生态规律，处理上下流、左右岸之间的关系，构成了自然公正原则的内容。亨利二世时期，巡回法院制度走向常态化、制度化，普通诉讼法院的新法院永久地设置在威斯敏斯特。亨利二世的庭审制度改革促进了通行于全国的普通法的产生。

英美法系虽然在理论上声称“遵循先例”，奉行公平正义，但法官在司法活动中是以国王的名义审判，实质是为王权服务的。在英国，到亨利二世时期，如果案件不进入诉讼程序，权利就得不到保护，因此形成了“无令状则无权利”的状况。令状是由大法官以国王名义颁发的，是要求接受令状者履行某种行为的命令。普通法诉讼程序僵化，当事人的许多权利得不到救济，这促进了衡平法院的产生。衡平法院由国王秘书处演变而来。遵循“自然公正”是英国衡平法院审判案件的基本原则。在衡平法发展前期，大法官具有很大的自由裁量权，可以根据“公平”“正义”“良知”作出判断，因此，人们形容早期的衡平法是“大法官的脚”，可大可小，具有很大的伸缩性。后来，先例原则逐步在衡平法院确立起来，衡平法院也要像普通法院一样严格遵循先例①。

英国国王为了培育王室法官，办起了牛津大学、剑桥大学，学习罗马法。罗马法对英国的影响也主要体现在衡平法上。衡平法是法官制度的法律，一些山林产权纠纷在没有普通法救济的情况下，通过衡平法救济。英国土地受益制、信托制就是典型的衡平法。文艺复兴、宗教改革以后，随

① 林榕年，等.外国法制史[M].5版.北京：中国人民大学出版社，2014：111.

着培根的经验主义科学观的产生，神权自然法逐渐被世俗的古典自然法理论替代。古典自然法主张的理性相当于中华法文化中的“天理”，但这种“天理”是建立在经验主义的人性基础上的。培根的秘书霍布斯以培根的经验主义为依据，建立了古典自然法理论，认为自然法是建立在人的衣食住行经验理性之上的普遍法则和社会契约，反对君权神授。霍布斯从人的理性和经验中研究自然法，他认为，自然创造人类之初，由于争夺生存资源而产生了战争，人们通过订立契约，把一部分权力托付给某一个人或多人组成的集体，和平和保障由此而生。因此，对土地等自然资源的财产权是人的天赋权利，遵守契约是正义的源泉。司法部门就是秉承契约精神来裁判当事人的权责，这就是“自然公正”。正是由于英国职业法官的坚守，英国的普通法系法律文化对西方制度文明的影响很大。

牛津大学的学者布莱克斯通在其《英国法释义》中充分阐述了普通法系的自然法学说，确认一切法律应遵守自然法和神法，法官只是发现和运用法律而不“造法”。其话语体系表面上是否决法官依良知的自由裁判，实际上司法伦理是对自然法的坚守。1772年，布莱克斯通的《英国法释义》在费城出版后，美国开始学习英国法律。1787年5月，美国在费城举行了制宪会议，同年9月通过宪法草案，交由各州批准，颁布了《美利坚合众国宪法》，根据宪法规定，国家机关按三权分立和制约平衡机制的原则建立，其理念也是维护古典自然法的公平、正义伦理。1803年，法官约翰·马歇尔在具有划时代意义的“马伯里诉麦迪逊一案”中，开创“司法审查制度”，这建构了三权分立中司法权的地位。与英国法官奉“自然公正”为核心价值观相似，美国法官以正当法律程序作为自己行为的标杆，相比实体正义更重视程序正义。联邦法院的“司法审查制度”，也使得美国成为普通法系的一员。

在推进普通法系在美国的建立过程中，美国的法学教育也发挥了重要作用。美国的哈佛大学、耶鲁大学都是按照英国剑桥大学的教育理念兴办的，开始是一种绅士教育，以培养法律职业精英为目标。后来，受“杰克逊式民主主义”的影响，这种绅士教育模式为人们所反感，职业教育理念开始流行。1870年，哈佛大学法学院院长兰代尔开始了案例教学法的改革，通过设立法律博士学位，促进了美国法学教育的发展，为美国司法界提供了坚守程序正义的法律精英。但实际上，法官的司法理念深刻影响着程序的正义性。在著名的“小鱼诉大坝”案件中，司法审查制度的生态伦理价值观变化得到充分体现。

环境保护虽然大多是制定法，如美国《国家环境政策法》是一部环境保护基本法，它规定联邦政府机构的一切重要行为都必须考虑环境后果，联邦政府机构在作出项目建议、立法法案以及其他联邦重要行为之前要进行环境影响评估，编制环境影响报告书。但由于美国对程序正义的重视，美国法官的职业伦理常常决定着环境案件的判决结果。在北卡罗来纳州地方管理服务机构诉弗勒尔克的案件中，原告提出诉讼要求法院对美国工程兵团建大坝的行为发布禁令和确认赔偿请求。考虑到《国家环境政策法》主要是程序法而不是实体权利法，法院只对联邦行政机构是否按照《国家环境政策法》的程序运行审查，而不对实质性的内容进行审查，因此驳回了原告的诉讼请求。而在1971年卡尔弗特·克利夫协调委员会诉美国原子能委员会案中，法院不仅对联邦政府机构美国原子能委员会在环境问题上是否认真执法进行了司法审查，而且审查标准也从程序运行扩展到了实质性法律内容，其要求政府部门在决策时必须考虑环境收益与环境损失两方面的因素，要求该委员会要在“最大可能的程度”上按照环境政策法的程序办事，按照该法的意图和价值观采取行动，这表明美国法官的价值观的某种变化。

综上所述，在环境司法的价值理念方面，英国的“自然公正”与美国的“正当法律程序”虽然具有相同的历史文化渊源，也都以体现“天理”“人情”的自然法理论为基础，塑造司法主体的伦理观。但二者也有区别。美国当代政治学家阿尔蒙德和小鲍威尔认为，在维持或改变政治文化方面，英国的法院和执法机构相对来说是消极的，而美国法院对议会立法和政府行为进行司法审查则是积极的[①]。

三、大陆法系环境司法观念变迁的启示

法国、德国是典型的大陆法系国家，其环境司法观念经历了从保护个人权利本位的“私法”到社会权利本位的“公法”的价值观转变。法官逐渐从“严格规则主义”转向“自由裁量”方向，这促进了环境法的发展。

从总体上说，大陆法系国家一般实行严格权力分立的主张，这导致了法官在司法理念方面对一种“严格规则主义”的追求，形成这一传统的历史背景似乎是立法上的法典化对司法体制的影响。法国有关司法制度的立法始于封建时期，其目的是为了限制大贵族在其领地上的领主裁判权，从而确立了从中央到地方的国家统一控制的司法体制，并在各地设立了国王代理人，为维护国王利益而参与诉讼。1302年，法国国王腓力四世发布敕令：国王代理人宣誓后可以代表国王参加涉及国家利益的民事和刑事诉讼。自14世纪始，法国设立了一些专门的森林法庭、河川法庭，受王命处理一些森林、河流纠纷案件。可是，由于受封建领主裁判制和法官世袭制度等因素的影响，法国的法律结构体系极为分散，几乎每个城市、领地或庄园、村落都有自己的地方自治的习惯法。

法国大革命时期，革命政府颁布的废除封建土地制度等法令受到法院抵制，资产阶级以三权分立反对司法对行政的干预，倡导人的理性至上的启蒙思想。法国大革命后，实行严格三权分立制度。1791年，法国宪法确立了君主立宪政体，主张在管理国家的形式上实行三权分立原则，这一方面确立了司法独立和自由心证原则，另一方面确立了司法不得干涉行政的原则。这一规定使得法国形成了独具特色的行政法院系统，树立了以《人权和公民权宣言》为纲领的司法理念。1799年，拿破仑上台后，设立国家参事院，后来演变为法国最高行政法院。为了约束法官的司法权，拿破仑

① 阿尔蒙德，小鲍威尔.当代比较政治学——世界展望[M].朱曾汶，林铮，译.北京：商务印书馆，1993：232.

开始草拟民法典。1804年颁布的《法国民法典》中规定："审判员借口没有法律或法律不明确、不完备而拒绝受理者，得依拒绝审判罪追诉之"，该条规定在赋予法官充分自由裁量权的同时，也树立了司法裁判在民事矛盾和纠纷处理中的权威地位。

《法国民法典》是农耕社会的产物，法典围绕着"人"这个中心，形成了"近邻妨害"即相邻环境侵权案件的法律渊源，但还不能作为"生态损害"的法律渊源。关于"生态损害"的案件，属于行政法院管辖[①]。由于没有立法规定，行政法院处理的"生态损害"的案件也是判例法。但法官也不能自由地解释法律，而是必须以国家利益和社会公共利益为价值导向，这样也导致法国环境保护以公法为主。

拿破仑曾试图将《法国民法典》推广到他所征服的地区，但却受到德国的抵制，主要原因就是其以个人权利为本位，与日耳曼民族的团体主义不符合，因此德国法学家主张从体现民族精神的历史文化中寻找法律适用的渊源。萨维尼、耶林等法学家对中世纪罗马法的整理为德国制定有自身民族特色的民法典打下了学理基础，而柏林大学等高等教育对法学的重视也为立法和司法提供了具有严密逻辑理性、能处理各种复杂法律关系的法律专业人才。1871年德国统一后，程序法方面适用1877年颁布的《法院组织法》以及《民事诉讼法》《刑事诉讼法》，可实体法方面还继续沿用1794年的《普鲁士邦法》。普鲁士还在1872年建立了专门的行政法院，也就是说普鲁士的土地、水、森林等环境资源是通过民事诉讼、刑事诉讼和行政诉讼处理的。

1900年正式实施的《德国民法典》中，有关环境侵权损害赔偿的法律依据主要是第906条（相邻关系）和第823条（侵权行为）。法典虽然体现了所有权社会化、团体主义等原则，为环境司法提供了某些法律依据，可环境问题当时还没有被纳入法律。后来，随着环境问题的加剧，德国又出台了《水平衡管理法》等单行法律。在《德国刑法典》中，还专门规定了环境犯罪一章。

① 王明远.法国环境侵权救济法研究[J].清华大学学报(哲学社会科学版),2000(1):15-21.

以《法国民法典》和《德国民法典》为代表的大陆法系立法是资本主义发展时期的产物，其还没有关注生态环境的保护，何以在环境法律发达的今天还具有生命力，司法部门对法律的实质解释发挥了重要作用。随着资本主义工业社会化的发展，许多环境问题和环境法律规范得以产生，这就需要改变大陆法系法官的“严格规则主义”价值取向。在《罗马法的精神》一书中，耶林通过分析权利概念，进一步指出了权利在司法中的重要价值功能。萨维尼将权利定义为“意思的力”，耶林主张法官应该对法律进行目的解释，公民应该通过司法程序为权利而斗争。这些理念也促进了环境司法价值观念的改变。

在18世纪60年代以前，西方科学研究基本是按照笛卡尔的主客体二分法进行的。随着环境恶化，科学家才发现，有的复杂问题无法分解，必须以“综合性的方法”来对待。人有生物和精神两种属性，当人的生物本能需求基本满足后，就会产生精神的需求，二者是统一的，而不是笛卡尔主张的二元存在，这也从哲学基础上动摇了西方国家主张的普适性人权保护的司法伦理观念。1960年，原联邦德国一位医生向欧洲人权委员会提出控告，认为向海洋倾倒放射性废物的行为违反了《欧洲人权条约》。此案引发了环境伦理的讨论。“七十年代初，诺贝尔奖获得者、著名的国际法学者雷诺·卡辛向海牙研究院提交了一份报告，提出要将现有的人权原则加以扩展，以包括健康和优雅的环境权在内，人类有免受污染和在清洁的空气中生存的相应权利。卡辛认为，环境权具体应包括保证有足够的软水、纯净的空气等，最终保证人类得以在这个星球上继续生存。”①如果从宪法上引入环境权概念，就会给三权分立的司法伦理观念带来冲击，因为从三权分立、司法独立理论出发，司法部门是不能从实质内容上界定公民是否具有环境权的。

1973年，维也纳欧洲环境部长会议上制定的《欧洲自然资源人权草案》将环境权作为新的人权，并认为应将其作为《世界人权宣言》的补充。2003年6月25日，法国政府内阁会议通过了由古生物学家伊夫·考蓬领导

① 吕忠梅.论公民环境权[J].法学研究,1995(6):60.

的宪章委员会起草的《环境宪章》草案，其中第1条规定“人人都享有在一个平衡和不妨碍健康的环境里生活的权利”。在司法实践中，承认和适用环境权的成功案例也存在，但大多数大陆法系国家的法院对环境权是持保留甚至否认态度，这说明由于大陆法系司法价值观念的限制，环境权的司法运用还存在很多障碍。

综上，大陆法系的司法伦理建立在理性主义基础上，有关环境保护的制度集中体现在公法的变迁中。法国和德国二者环境司法观念的不同之处在于：法国将环境保护与文化结合很紧，环境权与启蒙时期的人权理念一脉相承；德国更重视环境保护的科学理性和司法裁判的学理法依据，将环境保护更多与经济发展、团体利益维护联系在一起。

四、用天人合一理念改造司法职业伦理观

在中国传统法文化的职业分层中，并没有将司法职业和行政职业分开，司法官员和行政官员都是皇帝任命的，他们需要在天理人情的平衡中适用国法。由于天理人情的非制度性，封建官吏在司法裁判中有很大的随意性。根据“春秋折狱”，虽然可以将酷吏变为“青天老爷”，但也容易“原心定罪”。清末改制以后，司法与行政开始分离，法官只是适用法律还是可以在一定价值观支配下自由裁量，就成了有争议的话题。清末以来，中国法律界对司法的角色如何设定，是否像西方国家那样搞司法独立进行了探索，但没有成功。我国的历史经验证明，在中国共产党的领导下，树立人民司法公正为民的价值观对中国特色生态文明法制体系建构具有重要意义。中国古代并没有将司法与行政分开，司法官员和行政官员都有自由裁量权。根据儒家经义决狱，虽然可以将酷吏变为“青天老爷”，但也容易“原心定罪”。清末以来，司法与行政开始分离，法官不再只是适用法律，还可以补充法律的不足。清末以来，中国法律界对司法的角色如何界定，是否能像西方国家那样搞司法独立进行了探索，但没有成功。历史经验证明，在中国共产党的领导下，树立司法公正为民的价值观对中国特色生态文明法治

体系建构具有重要意义。

在中国近代化的发展中，我国借鉴西方司法职业制度是被动的。19世纪中叶发生了中英鸦片战争，西方侵略者打开中国闭关自守的大门后，清政府被迫签订了一系列不平等条约，被迫承认外国领事裁判权、会审公廨中的司法审判权，西方的司法独立法治理念与中国传统法文化人情司法理念产生了激烈的碰撞，也刺激了清末的司法改革。1902年，修订法律馆奉旨建立，由沈家本、伍廷芳担任修律大臣。1906年，在沈家本主持下编成刑事诉讼法以及民事诉讼法，奏请试行。1906年，清廷在进行官制改革时，将刑部改为法部，主管司法行政，不参与审判；大理寺改为大理院，为全国最高审判机构。1907年，通过法部奏准修订的《各级审判厅试办章程》，各省审判厅局陆续成立。清末司法改革是中国司法近代化的开端，司法权从权力体系中初步独立出来。然而，清末新政是以尊重皇权为基础的，清末修律所留下的形式恢宏的法律制度背后，隐藏着的仍然是西方殖民主义和中华法文化旧有制度所留下的种种调整的痕迹。

中华民国是一个充满矛盾的集合体，这一特征在北洋政府时期表现得最为明显。辛亥革命胜利后，民国初期的《中华民国临时约法》确立了司法独立制度。但是对于司法独立这样一个“中国化”时间不长的制度，在现实中是难以实现的。因为当时司法独立的主体——法院基本上没有建立，我国没有完整的法院体系，也就谈不上统一的审判制度。政权的高层尚且没有得到稳定，基层政权的建设更是艰难，县知事兼理司法制度是近代司法改革中向传统回归的最有代表性的做法。在北洋政府时期，推动并实施了众多法律近代化的具体内容，如大理院造法与司法统一、司法考试与法官专业化、法政教育与法学社会化、辩护制度与律师职业化、收回法权运动与司法主权等。可器物和西方法律制度的引进却加深了旧中国半殖民地半封建社会的矛盾，催生了五四新文化运动。南京国民政府时期，领事裁判权最终被当时政府废除，并制定了“六法全书”，但西方独立制度通过在中国实践中接受检验被证明是行不通的。在南京国民政府时期，虽然制定了土地法、水法、森林法等自然资源法律，但并没有解决土地等基本民生问题，环境问题多归于自然灾害而未能进入司法程序。

新中国成立后，环境司法制度开创了新篇章，但其形成初期也经历了一个曲折的发展历程，最终逐步形成了中国特色的人民司法制度。人民司法体制的建立，是随着土地改革、农田水利建设而发展的，促进了社会主义土地、水资源等生产资料的国家所有制改变，为解决人民群众的生产生活环境提供了司法保障。传统社会中的“天理”“人情”，在社会主义制度中得到新的发展。公平正义是当代司法者的“天理”，“秉公办事”“以百姓满意为标准”是“人情”。

现代社会随着农耕文明向工商文明的发展，环境污染问题突出，人民司法作为生态文明法治建设的守望者，应当秉承公正为民的司法理念，保护好人民的生产生活环境，为子孙后代留下“绿水青山”。可是，法院的很多环境司法案件的判决饱受诟病，原因之一是我们没有将绿色发展的理念贯穿到人民司法的价值准则之中，环境公益诉讼没有法律保障。同时，受中国传统厌诉观念的影响，公众在我国环境司法中的参与度和参与积极性不高。近些年来，随着经济、社会和法治的发展，面对越发严重的环境污染现状，公众参与的积极性开始被调动起来，但由于缺乏制度保障，我国环境司法还举步维艰。2014年2月20日，河北省石家庄市市民李某某因不满当地环境现状向石家庄市裕华区法院提起行政诉讼，状告石家庄市环境保护局，并提出了请求环境保护局依法履行治理环境污染的职责和赔偿原告10000元的经济损失等诉讼请求。面对全国首例公民因环境污染向人民法院提起的环境诉讼案，河北省高院、石家庄市中院均未受理，裕华区法院也仅是作了初步审查，对公民提起的环境公益案件不予立案。

2014年新修改的《环境保护法》确立了公益组织提起环境公益诉讼制度，2017年《民事诉讼法》《行政诉讼法》和2018年《刑事诉讼法》的修改，规定了检察机关应积极承担环境民事公益诉讼、环境行政公益诉讼、环境刑事附带民事公益诉讼，至此，环境司法案件逐渐多了起来。随着社会经济的不断发展，在越来越多的案件中出现法律关系杂糅的现象。由于环境法律调整范围广泛，这就使得环境纠纷案件散布于民事、刑事和行政案件中，形成了环境案件与民事、刑事、行政案件交叉的现象。在处理此类案件时，应该明确哪一种法律关系是基础法律关系，处理好环境公益与私权保障之间的关系。

当下，不管环境司法是否专门化，其指导思想应该绿色化，法官应有保护公民环境权的生态意识，在环保公益诉讼案中秉公司法。在中国生态文明法治建设过程中，环境司法应该树立司法为民的司法伦理观念，真正让环境公益诉讼实至名归。

第四节　天人合一教育理念创新的公众教育价值

公众是生态文明法治建设的主导力量，如何激发人民群众的公民意识，使其能够积极参与生态文明法治建设，也是生态文明法治建设必须解决的问题。受中国传统文化天人合一的哲学思想的影响，中国人形成了“以法为公”，对待“天理”与“人情”的不同态度。中国特色社会主义生态文明的法治建设，应该扬弃中国传统文化中“去私存公”“德主刑辅”的法治教育功能，对公民进行文明、法治、和谐等社会主义核心价值观的教育，实现绿色发展背景下的天人合一。

一、中西法文化中的“公”“私”之区别

在中西传统文化中，“公”与“私”的关系是不同的，反映在法律文化方面，中国天人合一文化主张的是“天下为公”“奉法为公”“立公去私”，无论是“礼”还是“法”都是弘扬舍利取义；而在西方文化中，“公”与“私”是并存且界限明确的，但私法中的契约精神渗透到公法领域，形成了社会契约论的民主法治模式。

（一）中华法文化中“天理人情”的公法规

在中国法律文化中，春秋时期的吴起最早提出了法是“公器”，其作用在于“使私不害公”（《战国策·秦策三》）的观点。战国时期的法家人士慎到从老子的“道法自然”理论出发，将法归为“至公大定之制”，系统阐述了“立公”而反对“行私”的法治观念。他说：“天道因则大，化则细。因也者，因人之情也。人莫不自为也，化而使之为我，则莫可得而用矣。”（《慎子·因循》）在这里，慎到是从人情中引出天道，从“以道变法”论证“法者，所以齐天下之动，至公大定之至也”（《慎子·佚文》）。慎到并不反对人的“自为”之心，但是主张通过法律来“定分”。他曾形象地举例说：“一兔走，百人追之，分未定也。积兔满市，过而不顾，非不欲兔，分定不可争也。”（《慎子·佚文》）因此，他认为法的最大作用是“使私不行”“有法而行私，谓之不法”（《慎子·威德》）。

慎到将法律归为“立公去私”的观点得到了后期法家、儒家等学派的继承。商鞅说：“故法者，国之权衡也”（《商君书·修权》），他主张“任法去私”，而不能“释法任私”。他说：“世之为治者，多释法而任私议，此国之所以乱也……公私之分明，则小人不疾贤，而不肖者不妒功”（《商君书·修权》）；“为法，必使之明白易知”（《商君书·定分》）。《礼记·礼运》中的“大道之行也，天下为公”，隋朝杨坚的“以公执律修德，慎狱恤刑”（《隋书·高祖本纪上》），宋朝陈亮的“以法为公”，王夫之的“体天无私”等都体现了“立公去私”的思想。

中华传统法律文化“以法为公”，法无“私法”“公法”之分。至于环境法律规范，商朝就有“弃灰于公道者断其手”（《韩非子·内储说》）的条款，意指由于遗弃在道路上的灰烬中可能有火，可以复燃而酿成火灾，因此要处以“断其手”的刑罚。周朝规定：“凡国失火，由有毗屋延烧之忧；野焚莱，则有焚及山林之害，大则有刑，小则有罚。亦权罪之轻重耳。”

“礼”也是环境法律规范的重要组成部分。以宗法关系和“亲亲尊尊”

为渊源的礼，是世俗社会行事的基本准则，这就形成了中国公与私、国与家之间关系调整的行为规范。中国有句古语："一屋之不扫，何以扫天下"，说明了中国古人也是很讲究清洁和礼仪的，很多家庭卫生和公众场所的卫生是通过"礼"来约束的，也说明了礼与法的统一性。

在中国传统法律文化中不区分公法和私法，只是封建社会的"法"常常局限于刑法规范，其作用主要是惩戒，而"礼"的作用主要是教化。"己所不欲，勿施于人"属于"礼"，显然"礼"直接参与了民事法律纠纷的解决，扮演着私法的角色，但其与现代意义上的私法是不同的。定分止争是法的功能，对于"出礼"的行为法律会介入。

（二）西方法文化对公法和私法的明确界分

由于西方法律文化中存在着自然法与意定法的区分，所以西方与中国对待"公"与"私"的关系明显不同。由古罗马法学家乌尔比安最早提出了公法、私法与自然法的划分。按照乌尔比安的解释，公法是以保护国家（公共）利益为目的的法律，私法是以保护私人利益为目的的法律。罗马的另一个法学家盖尤斯不同意乌尔比安把罗马法划分为三部分的观点，而主张将自然法和万民法视同一体。罗马人将实在法划分为公法与私法，是以古希腊以来的自然法思想为依据的。不管是公法还是私法，如果与自然法（也就是中国传统文化的天理人情）不符合，就谓"不法"（也就是中国传统文化的"私法"）。

因此，西方传统法律文化中的私法与中国传统文化中的法律概念是不同的。在西方文化中，私法是平等主体的意思自治法；公法则是公民参与城邦管理的组织法。"公民"一词的英文citizen来自拉丁文civis，citizen显然和city有直接的关联，英语中city也指希腊的"城邦"。英文citizen，本义是属于城邦的人或组成城邦的人，中文译为"公民"，也有"公人"、有权参与公共事务的人的意思。亚里士多德认为，公民的本质是凡得参加司法事务和治权机构的人或凡有权参加议事和审判职能的人。在古希腊，城邦既是国家又是社会，二者尚未分离开来，而是融合在一体的，公民身份意味着公民权，公民是享有公民权的法律资格的概念[①]。在罗马法中，civilitas正是指“罗马公民权”。公民权是城邦公民才具有的权利，他们可以参加公民大会选举执政官、保民官，有不受拷打和向集会上诉的权利，非公民的平民和奴隶则没有这些权利。因此，罗马早期的市民法并不是完全的私法，只是在后期与万民法融合后才成为私法。公元212年，罗马帝国的卡拉卡拉皇帝颁布《安东尼敕令》，授予罗马帝国境内全部外来人以公民权，真正意义的罗马私法才得以产生。

西方中世纪时期，最有权威的经院哲学代表阿奎那将法律分为永恒法、自然法、人法和神法，将人对自然资源的占有、使用、收益、处分制度归于人法的内容，但没有明确人法就属于私法。基督教教义将信奉基督教的世界称为“文明”的世界，而与“野蛮人、蛮族”或“野蛮的”区分开来，主张人类的行为不仅受人法引导，还应该受神法的指导，因为人类的法律不能规定和指挥人们内心的活动。因此，在西方中世纪时期，法律的公法、私法之分并不重要，人法的地位在自然法、神法之下。

资产阶级革命时期，古典自然法学派孟德斯鸠、卢梭、康德等学者强化了西方法律文化中的公法和私法分类，并将私法中的契约精神渗透到公法的建构之中。卢梭将法律分为政治法、民法、刑法和习惯法，他认为政治法是公法，调整主权者与国家、政府的关系，在根据社会契约产生的国家中法律才能体现公意；民法是私法，调整平等主体的公民之间以及公民与集体之间的关系。所以，梅因在《古代法》中指出，人类社会进步运动的规律是从身份到契约，契约精神渗透到公法和私法各领域。身份的本质就是讲究差别、亲疏、尊卑、贵贱，契约的本质是当事人意思自治。将契约精神贯穿到公法领域，就可以形成公共事务管理的契约文化。

在国外，环境相邻关系处理常常涉及公德，而侵权责任则是私法，因此，生态保护是公法与私法的统一。国外的环境污染防治法可以看作民法中相邻关系的公法化。由于西方国家公法领域渗透着私法中的契约精神，

① 郭道晖.论公民权与公权利[M]//刘兆兴.比较法在中国(2006年卷).北京:社会科学文献出版社,2006:5.

因此，从法律上培养公民的公德意识相对较迟。例如，黑格尔认为，市民社会就是由私人生活领域及其外部保障构成的整体。将市民社会的法界定为私法，是为了防止按政治国家成员的标准来要求市民社会的人，就是要把民事活动与政治活动区别开来。20世纪美国著名法学家庞德将利益分为个人利益、公共利益和社会利益，他认为法是一种社会工程，一种社会控制的工具。法的目的和任务在于最大限度地满足、调和相互冲突的利益。

综上所述，由于中西方文化对法的概念理解不同，形成了对公法与私法的不同理解。在中国，公法有道德含义；在西方，公法和私法是不同领域的人法，设有道德性的兜底。中西方文化的法律价值追求还是有相通性的，那就是重视法律的道德性和法治的教化功能。只不过，中国传统文化是通过礼的教化来补充“法治”的不足，而西方国家是通过自然法的塑造来对实在法进行改造。而且，中国天人合一传统文化比西方古典自然法思想更具有环境法的教育功能。

二、公众环境教育对“深层”生态文明制度体系建构的影响

生态保护的公众教育萌生于20世纪60年代发达国家的“生态复兴运动”，1972年，在斯德哥尔摩召开的联合国环境与发展大会正式在《人类环境宣言》中将“环境教育”确定下来。1975年联合国教科文组织和环境规划署国际环境教育规划司的《贝尔格莱德宪章》，1992年联合国环境与发展大会发布的《21世纪议程》等文件强调了环境教育在生态文明法治建设中的意义。伴随上述过程，一个在世界范围内普及重视环境教育、营造公众参与生态文明法治建设的热潮勃然兴起，各国逐步形成了独具特色的生态文明法治建设模式。

（一）法国模式

通过教育构建公民的法治精神，在这方面法国一直走在西方国家的前列。1789年8月26日颁布的《人权和公民权宣言》（简称《人权宣言》）

是在法国大革命时期颁布的纲领性文件，它是1804年《法国民法典》和1810年《法国刑法典》等法律制定和施行的法律渊源。拿破仑要求《法国民法典》能像《圣经》一样让人们都爱读，对《法国刑法典》的制定有重大影响的意大利刑法学家贝卡利亚也说，法国人所写的书塑造了他的法治精神。他说："法国人的这些书唤起了我心灵中的人道情感。我完全相信这些哲理，并且成为孟德斯鸠的《波斯人信札》的信徒。促使我完成头脑中革命的第二本书是爱尔维修的著作。是他猛然把我推向追求真理的道路，他第一次唤起我对人类的迷惘和灾难的注意。"①

法国人向来以浪漫著称，他们的生活和工作环境中充满文学的气息和法律的理性精神。法国不仅有引领时尚的巴黎时装，还有紫色浪漫的普罗旺斯薰衣草，以及举世闻名的充满艺术文化气息的古迹。法国文学从司汤达的《红与黑》、巴尔扎克的《人间喜剧》、雨果的《巴黎圣母院》《悲惨世界》，到大仲马的《基督山伯爵》、福楼拜的《包法利夫人》、小仲马的《茶花女》等，反映了法国社会的历史和环境变迁，记载了法国人追求人权、法治的历史进程。法国传统文化源远流长又与时俱进，多姿多彩，引人入胜。法国的生态保护之所以能够享誉世界，我们不得不承认法国文化在法治建设中发挥的作用。

由于法国人相信孟德斯鸠关于法治精神是从法律与文化、自然环境之间的联系中产生的观点，所以法国的生态文明法治建设也具有文化性。法国是世界上最早制定文化遗产保护法的国家。1840年，法国颁布了《历史性建筑法案》，这是世界上第一部关于文物保护的法律。1913年12月31日颁布的《保护历史古迹法》，则是第一部文化遗产保护法，根据这一法案，国家可以在不得到资产拥有者同意的情况下，将该资产列为历史遗产或文物进行保护，这就为将来惩处无视遗产保护法的行径提供了法律依据。1930年颁布的《景观保护法》将历史建筑保护拓展到景观地的列级保护和注册登记。1962年颁布的《历史性街区保护法》（又称《马尔罗法》）使得遗产保护的对象首次扩大到城市的整个街区，并和1973年《城市规划

① 黄风.贝卡利亚及其刑法思想[M].北京：中国政法大学出版社，1987：23.

法》一起确立了文化遗产的整体性保护原则。除此之外，1984年法国设立“文化遗产日”，使其成为最早提出设立“文化遗产日”的国家[①]。将文化纳于环境法的调整范围进行整体性法律保护，法国是走在世界前列的。

（二）德国模式

德国也非常重视从教育制度上加强公民的环境教育。1988年，德国联邦教育部发表题为《未来的任务——环保教育》的报告，该报告指出环境教育必须从小学开始，到20世纪90年代，德国大多数州的小学课程中都渗入了环境教育的内容。

德国人很注重规矩和理性思考，他们从来不触碰明令禁止的东西，也总是很注重衣着打扮的得体，他们很珍惜时间，总是会按时做事。这些生活的习惯和礼仪与德国传统文化的深远影响是分不开的。德国也是一个热爱艺术的国家，每年总要举办很多次音乐节，音乐形式丰富多彩，你总能找到自己喜欢的类型。大大小小的剧院展示着这个国度的艺术风采，遍布全国的博物馆是这个国家的文化掠影，那些艺术品静静讲述着那片历史的天空。德国拥有很多见证历史的名胜古迹，如勃兰登堡门、无忧宫、科隆大教堂等。

萨维尼在《论立法和法学的当代使命》一书中提出的法是“民族精神”的体现，影响了德国民法、刑法、诉讼法等法典制定。德意志民族具有日耳曼传统文化的团体精神和民族意识，看重本民族的传统文化和生态环境。因此，德国环境法与文化法治被自然地联系在一起。德国生态文明法治建设的思路非常具有整体性，它强调保护工作不是独立进行的而是多元的，保护体系涉及制度、管理、资金等多个环节，包括文化与环境的相容性，这些为生态文明法治建设提供了重要基础和保障[②]。

德国生态保护的公民教育和文化建设，奠定了德国厚实的生态文化基

① 王眉.法国文化遗产保护的立法之路[N].中国文化报,2013-12-26(10).

② 陈兴中,郑柳青.论世界遗产保护与发展的核心问题——从德国与四川世界遗产业的比较分析谈起[J].西华大学学报(哲学社会科学版),2007(5):80-83.

础。1902年德国就制定了保护优美景观的法律，1971年古迹保护的内容已被纳入联邦建筑基本法。为了保护具有历史文化的建筑，德国对新建的高层建筑都要进行环境评估。“摩天大楼和高架桥在德国也不是没有，如柏林的波茨坦广场附近、法兰克福的银行区。不过，高楼都选址在远离城区的郊外，或者集中在城内一隅，使其不影响城市的整体风格。这样，古色古香的城区与高楼林立的现代商务区彼此独立，自成一体。”[①]德国人认为，生态文明法治建设首要关切的是如何使发展与历史环境、生态环境三者之间有最恰当的平衡。所以，德国的《风景保护法》《森林法》等都有一些环境教育的提倡性法律条款。从某种角度讲，正是由于像德国这样重视环境教育的国家的国内法制的成熟，才促成了1972年联合国教科文组织《保护世界文化和自然遗产公约》等国际相关公约及法律的诞生。

（三）英国模式

英国是一个尊重传统和绅士的国家，这是因为英国的传统文化在英国法治建设中发挥了很大的作用。1215年，贵族与国王签署的《大宪章》，为英国人提供了一种用法治来解决社会问题的途径。英国法治文化的一个重要特点是其历史演变的连贯性，这种连贯性必然导致英国人崇尚蕴含传统的制度和生活方式。加上英国历史上属于农耕社会，乡绅观念影响深远，必然造成英国人对古村落的崇敬。为保护传统文化和生态环境，1877年，英国民间就成立了古建筑保护协会，制定了一些古迹保护规范。英国历史文化遗产的保护法律有如下几种：1882年的《古迹保护法》及其1900年的修正案，1913年的《古建筑加固和改善法》及其1931年的修正案。对大多数英国人来说，传统文化，包括其普通法文化是一种资产，而不是负累，远古的乡村文化和环境也是一样。时至今日，许多古老的制度和观念在英国仍然盛行，如王室、贵族制度，公学，绅士风度等。

英国政府很重视教育和环境保护的协调发展政策，并在正规教育中开展可持续发展的环境教育。在英国中小学课程大纲中，可持续发展教育是

① 青木.德国重视环境因素 摩天大楼建得少[N].环球时报,2004-12-20(14).

其重要内容[①]。英国通过环境教育，使公民形成了许多良好的有利于环境保护的日常生活习俗。例如：英国民众的饮食习俗不尚浮华，他们一般的正式宴会也不过五六道菜，一般家庭正餐只在晚上，也不过三四道菜，其余为快餐或早餐，加上西餐需要配套使用刀叉，不太适合用一次性餐具，也有利于保护环境；普通英国人在穿着方面也以节俭、方便、实用为宗旨；在居住方面，英国人尚绿不尚大，房屋前后常留出一些空地用作前后花园，对建筑空间布局是尚实用不尚奢华，这种心态对环保也有积极的影响[②]。

英国政府文化遗产保护工作的最高权力机构是文化、媒体与体育部。在传统文化保护方面，英国注重整体保护的理念，不仅保护传统文化本身，而且保护与文化耦合的自然环境、生活方式。现在，英国已经制定了几十种相关文化和环境整体性保护法令、条款，比如，1944年的《城乡规划法》及其1968年、1972年的修正案，1953年的《古建筑及古迹法》，1967年的《城市文明法》及其1974年的修正案。保护对象涉及古建筑、保护区以及乡村环境。环境部规定的五个全国性保护组织都在一定程度上介入了乡村环境等生态保护区的法律保护程序。1967年的《城市文明法》将生态保护区定为“其特点或外观值得保护或予以强调的、具有特别的建筑和历史意义的地区”。总体上讲，英国对登录建筑建立了由地方规划部门、地方文明团体、公众法定保护团体、环境部门构成的层层保护制度体系。地方当局对登录建筑的审查、保护和维修也有相当的权力，可以随时停止一项它认为对周围环境有损的工程。

（四）美国模式

美国是世界上最早对环境教育立法的国家，早在1970年就根据《环境政策法》的精神制定了《环境教育法》，美国由此成为世界上第一个以法律手段促进并保障环境教育发展与实施的国家[③]。1990年11月16日，美国修

① 李清.英国可持续发展教育的理论与实践——WWFUK教育项目印象记[J].环境教育，2005(3)：7.

② 申富英，李珩.英国人的日常生活习俗与环境保护[J].民俗研究，2006(2)：259-265.

③ 王小龙，史嵩宇，周珂.我国环境教育立法刍议[J].法学家，2006(4)：58-64.

改了《国家环境教育法》，该法案再次明确了政府对公众进行环境教育的责任和义务，为培养有环境保护责任感、有环境保护知识和技能、有较高环境决策能力的高素质公民提供了法律保障①。

美国是一个由众多种族和移民构成的国家，这里有着世界各地的文化，可以说是一个名副其实的“民族文化大熔炉”，最后凝聚成自己独特的民族精神，这种民族精神在美国法律与文化之中处处都有体现。

在美国的法治文化中，实用主义法学曾一直居于重要地位。众所周知，《统一商法典》的起草人卡尔·卢埃林教授，是美国现实主义法学运动的领军人物。美国《统一商法典》的制定是美国各州为了便于通商、追求实用所开展的一项民间立法活动。它原是美国法学会向各地推荐的商法典的一个范本，后来基本上为美国各州所接受。20世纪60年代以后，由于生态主义观念的鼓励与呼唤，美国人的价值观念有了很大变化，不仅重视商业化，也注重生态保护。可是，由于美国历史不长，其文化和生态环境之间的关联性不多。

美国虽然是世界上最早出现《国家公园法》《荒原法》的国家，但在文化和环境整体性保护方面，却落后于西欧国家。1966年，美国公布了《国家历史遗产保护法》，而在此之前，文化遗产保护主要是由私人提供资金支持。《国家历史遗产保护法》通过后，这种状态发生了改变。从此，文化和环境整体性保护的观念取代了单纯的自然环境保护政策，公共领域更加强烈地关注生态保护领域的公众参与②。1969年，美国通过的《国家环境政策法》，就明确将文化和环境保护结合起来，通过立法保证为全体国民创造安全、健康、富有生命力的优美的环境。

---

① 贾峰，田烁，沈海滨．美国环境教育法发展历程回顾：下[J]．世界环境，2013(6)：72-73.

② 穆尔塔夫．时光永驻：美国遗产保护的历史和原理[M].3版．谢靖，译．北京：电子工业出版社，2012：3.

三、天人合一教育理念中“天下为公”的再阐释

通过环境教育，促进生态保护法律的实施和公众参与，是生态文明抓得好的国家的成功做法。在这些国家，我们可见在草坪上享受阳光的人们；广场上的鸽子主动与人亲近，不少人自带鸟食，到公园、广场空地上喂野鸟；市场上销售的产品都贴上了反映产品生产中排放的二氧化碳的“碳标签”等。据此我们应得到启发，环保不是一个短暂的运动，它应是人类一个永恒的生活重心，环保绝不是心血来潮，而应当成为普通人的日常行为。

中华民族是礼仪之邦，文化教育一直在治国理政方面发挥着重要的作用。中华民族传统文化中的“天人合一”“天下为公”等价值观念，可以激发人们对生态美的追求，这本应该是生态文明法治建设的精神动力所在，可在生态文明法治建设中，中国的环境教育却与发达国家存在一些差距，公众参与环境治理的积极性并不高，这就需要我们在现代化语境中重新阐释中国传统文化中“天人合一”“天下为公”等价值观念，重新认识“礼治”与“法治”的关系。

在中国传统法律文化中，重视“天下为公”的“礼治”与重视“秉公执法”的“刑名法术之治”的综合运用是统治者的治国方略。“礼”在西周时期甚至被视为贵族阶层的特权，有所谓“礼不下庶人，刑不上大夫”之说。从荀子引礼入法开始，“礼”才开始普及。但是，“礼”与“法”，是“王”与“霸”的关系，都是统治者治人的手段和方法。“礼治”与“刑名法术之治”的争论，以及由此派生出来的“德主刑辅”的治国理念都是“人治”的体现，而不是现代意义上的“法治”。在封建社会的农耕文化中，不管是儒家的“礼治”还是法家的“刑名法术之治”，培养的不是公民意识和公共精神，而是“君臣”“臣民”意识。主张“无为而治”的道家学说，也并非古代环境保护的理论支撑，而是一种消极避世的观念。墨子虽然提出了“兼相爱”“以天为法”的观点，但其“非乐”“天志”的思想又与世俗人性格格不入。后来从印度传入中国的佛教吸收了道家的“自然

法”，将其转化为不讲治国而注重“治心”的出世思想，这与儒家的“礼治”和法家的“刑名法术之治”的入世观念也是矛盾的。

董仲舒继承了先秦诸子百家之学中天人合一的思想，创造出一套天人感应的学说体系，提出了“大德而小刑”“春秋决狱”的理论，形成了封建社会“德主刑辅”的正统观念。但这种天人感应的思想具有迷信性，遭到后来学者的批评。朱熹集儒、释、道、法等诸子百家学说之大成，提出了“礼”为天理之“节文”，“法者，天下之理”，“存天理，灭人欲”，“深于用法”，“格物致知”等观点，强化了教化人们循理守法的“礼治”观。朱熹的观点被封建统治者奉为正统，经朱熹改造后的“明刑弼教”替代“德主刑辅”，在明初上升为主流法律思想。从董仲舒到朱熹，他们所提出的“礼治”与“法治”的结合是有时代局限性的，都是为君主专制服务。因此，中国古代儒家“礼治”与“法治”结合的观点虽然对农业文明时期的土地、水资源等自然资源保护有其积极性的一面，但对当代生态文明法治建设还是有很大局限性的，需要在现代化语境中重新阐释。

与朱熹同时代的学者陈亮也很重视教化的作用，但他认为君主应该“以法为公”，保障人们“义利双行”。在朱熹看来，所谓道“非人之所能预”（《龙川文集·又乙巳春书之一》）；在陈亮看来，道常见于人伦日用，“常行于事物之间”（《龙川集》卷九），进而提出“立心之本在于功利”（《晦庵集》卷三十六），法深无善治的主张。陈亮的“以法为公”观点得到了黄宗羲、顾炎武、王夫之等人的认同，孙中山先生更是以“天下为公”来概括他的民权思想，这说明中国传统文化天人合一的思想经过改造后有很大的思想教育作用。

中国近现代化的过程受到西方法律文化的影响很大，因此，在生态文明法治建设中也吸收了西方法治文化中的一些先进部分。西方人大事小事都喜欢按照法律办，而中国是礼仪之邦，一些小事喜欢按照道德办。受西方法治文化影响，我国固体废物污染环境防治法中也有很多关于固体废物处理的具体的法律规范，例如对包装物的回收、在指定地点倾倒垃圾等原来属于道德规制的小事，也被纳入法律规制范围。这说明在当代中国，随着人民生活水平的提高，老百姓对生活质量的要求越来越高。很多原属于道德调整范围的事项被纳入法治的调整范围。但是，法律的调整范围是有边界的，法律调整人的行为，道德是教化人心的。因此，法治还要与德治相结合，我国还要加强公民道德素质的教育，培育公民树立绿色发展的价值观，为公众参与生态文明法治建设提供精神动力。

四、主体性环境教育之提倡

中华法文化中天人合一教育理念的创新发展，不仅需要建构德治和法治相结合的制度落实机制，还需要从实体内容上将天人合一理念转化为现代化的绿色发展观念。社会主义市场经济本质上是法治经济，对私人权利法律要加强保护。但生态环境是公共利益，更需要用严格的法律制度来保护。费孝通先生在《乡土中国》一书中指出，中国传统社会结构是一种“差序格局”，即以自我为中心，然后推己及人，像水的波纹那样，一圈圈推出去，愈推愈远，愈推愈薄[①]。要改变这种状况，就需要培育老百姓的生态文明法治意识。

在生态文明法治建设中，我们不能忘记先贤重视教育的这一文化传统。王守仁提出了“致良知”观念，强调了具体的道德主体的自我意愿在道德行为中的作用。“致良知”就要依良知而行，有“礼乐教化之施”“知行合一”。古人这种通过制度化方式强化礼乐教育的方法值得借鉴。但是，“致良知”要建立在良法的基础上，对于推进生态文明建设，只有通过绿色发展的生态理念改造天人合一的实体内容，环境保护法才能够变化为“致良知”的良法。

《中华人民共和国环境保护法》第7条、第9条规定了环境教育的内容，这些条文强化了环境教育在生态文明法治建设中的作用，但遗憾的是，我国目前还没有基本法地位的环境教育法，没有将传统生态文化的天人合一观念、“天下为公”的制度化与生态文明法治建设结合起来。中国传统文化

① 费孝通.乡土中国[M].北京：生活·读书·新知三联书店，1985：21.

很重视通过教育来弥补法治的不足，现在我们国家虽然有了很多关于生态保护方面的法律法规，但实施效果不佳，这说明“徒法不足以自行”（《孟子·离娄》）。因此，还应该强化生态保护的公民教育，改善环境教育的制度体系，扩大环境教育法的范围，建立政府、公民、法人都积极参与的法制保障体系。

公益法人制度是否完善是反映一国环境教育水准的标杆。所谓公益法人，是为解决工业革命中出现的环境问题而产生的，与追求利润最大化为目的的企业不同，它通过征集社会志愿者经营和处理特别公共事务，救助弱势群体，增进社会和谐与文明，因而它是公民意识、公共精神的体现。事实上环境教育比较好的国家，环境公益组织制度就比较发达。例如，德国民间环保组织很多，它们在建设环保意识方面十分活跃，常常有很多志愿者深入民众宣传环保。

环境教育基金会（FEE）成立于1981年，是在世界范围内推动可持续发展教育的最大的国际民间专业组织之一，其主要职责是提高公众环保意识和能力，促进公众参与本国和国际的可持续发展事业。它由各国的非政府组织和非营利组织组成。2007年，我国环保总局宣教中心代表中国加入了环境教育基金会，成为其会员①。环境教育基金会属于民间组织，但我国环保总局宣教中心则属于行政部门。1993年4月成立的中华环境保护基金会，是中国第一个专门从事环境保护事业的公益组织，其已开展多项环保活动，对保护和改善中国环境做出突出贡献。然而，该如何确立该类环境公益组织在法律上的地位以发挥其在环境教育等方面的功能，还值得深思。

环境公益组织在环境教育中发挥着重要作用，但我国不能简单照搬西方的非政府组织模式。因为西方的环境公益组织是否为环境公益服务，还缺乏相应的监督机制和制度保障。美国著名行政学者雷格斯认为，农业社会是融合型行政模式，法律、道德、宗教等社会规范是混杂在一起的，根本就没有纯粹的法治模式；工业社会是衍射型行政模式，社会结构实现了高度的分工与专业化，相应地，法律、道德、宗教等社会规范开始区分开

① 环保总局宣教中心.国际合作拓宽环境教育平台[N].中国环境报,2007-07-24(6).

来，法治成为一种专业化管理模式，但还不能正常运作，还需要道德、宗教甚至是宗法制度等社会规范补充其功能[①]。雷格斯还认为，这两种法治模式并不存在谁优谁劣，只是说法治模式的选择应该结合各种社会结构的经济、政治、文化等实际情况来选择。

费孝通先生指出，中国传统社会的农耕文明不同于西方国家的社会结构，乡土中国以宗法群体为本位，个体之间的关系是以亲属关系为主轴的网络关系。由此，他将乡土中国视为一个“熟人社会”，人与人之间的纠纷解决秉承亲亲、尊尊的社会关系原则，而非单一使用抽象的法律规范来处理，也非作为“陌生人”的公益组织就能替代的。因此，中国特色的环境公益组织建设还需要党和国家有方向性的引领和指导。中国有天人合一的传统文化资源，但多停留在党和政府倡导的保护和传播层次，未成为大众生活实践的一部分。全面推进依法治国，基础在基层，工作重点在基层。发挥基层党组织在全面推进生态文明法治建设中的作用，建立重心下移、力量下沉的法治工作机制相当重要。在中国农耕文明向工商文明、生态文明的转型中，当中国社会从“国”与“家”的结构分化为“国家与社会”的结构后，不仅需要非政府组织来衔接其中的关系，还需要党的基层工作的下移来引领生态文明法治建设的方向。所以，我们要建立中国特色的社会主义环境教育落实机制，培育环境公益组织，健全村民委员会、居民委员会等基层群众自治组织的党支部组织，培养广大人民群众文明守法的生态文明法治建设的核心价值观，提高生态环境保护的主体意识。

① 丁煌.行政学原理[M].武汉：武汉大学出版社，2007：63.

参考文献

一、主要中文参考文献

（一）著作

[1]阿尔贝特·施韦泽.敬畏生命[M].陈泽环,译.上海:上海社会科学院出版社,1995.

[2]阿诺德·汤因比.人类与大地母亲[M].徐波,等译.上海:上海人民出版社,2016.

[3]贝尔.法国法律文化[M].康家昕,等译.北京:清华大学出版社,2012.

[4]伯尔曼.法律与宗教[M].梁治平,译.北京:生活·读书·新知三联书店,1991.

[5]E.博登海默.法理学:法律哲学与法律方法[M].邓正来,译.北京:中国政法大学出版社,1999.

[6]蔡守秋.基于生态文明的法理学[M].北京:中国法制出版社,2014.

[7]蔡耀忠.中国房地产法研究:第2卷[M].北京:法律出版社,2003.

[8]陈朝壁.罗马法原理[M].北京:法律出版社,2006.

[9]弗雷德里克·波洛克.普通法的精神[M].杜苏,译.北京:商务印书馆,2016.

[10]弗里德里希·卡尔·冯·萨维尼.论立法与法学的当代使命[M].许章润,译.北京:中国法制出版社,2001.

［11］费孝通．乡土中国［M］．北京：生活·读书·新知三联书店，1985．

［12］巩固．环境伦理学的法学批判——对中国环境法学研究路径的思考［M］．北京：法律出版社，2015．

［13］公丕祥．法制现代化的理论逻辑［M］．北京：中国政法大学出版社，1999．

［14］G．希尔贝克．跨越边界的哲学——挪威哲学文集［M］．童世骏，等译．杭州：浙江人民出版社，1999．

［15］哈贝马斯．在事实与规范之间：关于法律和民主法治国的商谈理论［M］．童世骏，译．北京：生活·读书·新知三联书店，2003．

［16］胡明．胡适传论［M］．北京：人民文学出版社，1996．

［17］何勤华．英国法律发达史［M］．北京：法律出版社，1999．

［18］何勤华．法治建设与法学［M］．上海：上海人民出版社，2009．

［19］克利福德·吉尔兹．地方性知识：阐释人类学论文集［M］．王海龙，张家瑄，译．北京：中央编译出版社，2004．

［20］理查德·拉撒路斯，奥利弗·哈克．环境法的故事［M］．曹明德，等译．北京：中国人民大学出版社，2013．

［21］李红海．普通法的历史解读——从梅特兰开始［M］．北京：清华大学出版社，2003．

［22］利玛窦，金尼阁．利玛窦中国札记（1583—1610）［M］．何高济，王遵仲，李申，译．北京：中华书局，1983．

［23］罗斯科·庞德．普通法的精神［M］．唐前宏，等译．北京：法律出版社，2001．

［24］李秀清．日耳曼法研究［M］．北京：商务印书馆，2005．

［25］吕友仁．礼记讲读［M］．上海：华东师范大学出版社，2009．

［26］吕忠梅．生态文明法律制度研究［M］．武汉：湖北人民出版社，2014．

［27］梁治平．法律的文化解释［M］．北京：生活·读书·新知三联书店，1994．

［28］刘作翔．法律文化理论［M］．北京：商务印书馆，1999．

[29]孟德斯鸠.论法的精神:下册[M].张雁深,译.北京:商务印书馆,1978.

[30]马克思,恩格斯.马克思恩格斯全集:第7卷[M].北京:人民出版社,1972.

[31]马克斯·韦伯.新教伦理与资本主义精神[M].于晓,陈维纲,等译.北京:生活·读书·新知三联书店,1987.

[32]马克斯·韦伯.经济与社会[M].林荣远,译.北京:商务印书馆,1997.

[33]马立博.中国环境史:从史前到现代[M].关永强,高丽洁,译.北京:中国人民大学出版社,2015.

[34]诺内特,塞尔兹尼克.转变中的法律与社会:迈向回应型法[M].张志铭,译.北京:中国政法大学出版社,1994.

[35]苏力.法治及其本土资源[M].北京:中国政法大学出版社,1996.

[36]苏舆.春秋繁露义证[M].北京:中华书局,1992.

[37]唐纳德·L.哈迪斯蒂.生态人类学[M].郭凡,邹和,译.北京:文物出版社,2002.

[38]汤普逊.中世纪经济社会史(300—1300年)上[M].耿淡如,译.北京:商务印书馆,1984.

[39]汪劲.环境法律的理念与价值追求——环境立法目的论[M].北京:法律出版社,2000.

[40]汪劲.环境法治的中国路径:反思与探索[M].北京:中国环境科学出版社,2011.

[41]威廉·韦德.行政法[M].徐炳,等译.北京:中国大百科全书出版社,1997.

[42]严耕,林震,杨志华.生态文明理论构建与文化资源[M].北京:中央编译出版社,2009.

[43]余俊.环境权的文化之维[M].北京:法律出版社,2010.

[44]余谋昌.环境哲学:生态文明的理论基础[M].北京:中国环境科学出版社,2010.

[45]尹绍亭,秋道智弥,阿部健.人类学生态环境史研究[M].北京:中国社会科学出版社,2006.

[46]尹田.法国物权法[M].2版.北京:法律出版社,2009.

[47]叶孝信.中国法制史[M].上海:复旦大学出版社,2002.

[48]杨一平.司法正义论[M].北京:法律出版社,1999.

[49]张国华.中国法律思想史[M].北京:法律出版社,1982.

[50]中华文化学院.中华文化与生态文明[M].北京:知识产权出版社,2015.

[51]张文显.二十世纪西方法哲学思潮研究[M].北京:法律出版社,1996.

（二）论文

[1]包茂宏.唐纳德·沃斯特和美国的环境史研究[J].史学理论研究,2003(4).

[2]包茂宏.德国的环境变迁与环境史研究——访德国环境史学家亚克西姆·纳得考教授[J].史学月刊,2004(10).

[3]包茂宏.热纳维耶芙·马萨-吉波教授谈法国环境史研究[J].中国历史地理论丛,2004(2).

[4]白瑞斯,王霄冰.德国文化遗产保护的政策、理念与法规[J].文化遗产,2013(3).

[5]陈慧.德国历史上最伟大的法学家——萨维尼的生平与学说简介[J].德国研究,2003(4).

[6]程燎原.晚清“新法家”的“新法治主义”[J].中国法学,2008(5).

[7]蔡守秋,敖安强.生态文明建设对法治建设的影响[J].吉林大学社会科学学报,2011(6).

[8]陈剩勇.中国法治建设的法文化障碍[J].浙江学刊,2002(1).

[9]付子堂.论法治中国的原生文化力量[J].环球法律评论,2014(1).

[10]公丕祥.中国特色社会主义法治道路的时代进程[J].中国法学,

2015(5).

[11]高其才.中国法治建设的几点思考[J].当代世界与社会主义,2014(5).

[12]韩松.农民集体土地所有权的权能[J].法学研究,2014(6).

[13]韩星.董仲舒天人关系的三维向度及其思想定位[J].哲学研究,2015(9).

[14]江必新.司法对法律体系的完善[J].法学研究,2012(1).

[15]康中乾.董仲舒"天人感应"论的哲学意义[J].吉林大学社会科学学报,2014(5).

[16]吕忠梅.论生态文明建设的综合决策法律机制[J].中国法学,2014(3).

[17]孟勤国.常识与事实的距离有多远——关于法国和德国民法典的一个话题[J].法学评论,2009(6).

[18]马小红.法治的历史考察与思考[J].法学研究,1999(2).

[19]马小红.中华法系中"礼""律"关系之辨正——质疑中国法律史研究中的某些"定论"[J].法学研究,2014(1).

[20]沈孝泉.法国从文化大国到政治大国的发展路径[J].当代世界,2012(8).

[21]时显群.略论近代"新法家思想"的特点[J].法学评论,2008(5).

[22]孙佑海.环境法治建设:人与自然和谐发展的保障[J].人民论坛,2005(11).

[23]托马斯·韦洛克,史红帅.创建荒野:印第安人的移徙与美国国家公园[J].中国历史地理论丛,2009(4).

[24]王灿发.论生态文明建设法律保障体系的构建[J].中国法学,2014(3).

[25]吴汉东.论传统文化的法律保护——以非物质文化遗产和传统文化表现形式为对象[J].中国法学,2010(1).

[26]王树义.论生态文明建设与环境司法改革[J].中国法学,2014(3).

[27]王小龙,史嵩宇,周珂.我国环境教育立法刍议[J].法学家,2006(4).

[28]叶秋华.资本主义民商法的摇篮——西欧中世纪城市法、商法与海商法[J].中国人民大学学报,2000(1).

[29]袁曙宏,杨伟东.我国法治建设三十年回顾与前瞻——关于中国法治历程、作用和发展趋势的思考[J].中国法学,2009(1).

[30]应松年.加快法治建设促进国家治理体系和治理能力现代化[J].中国法学,2014(6).

[31]张岱年.天人合一评议[J].社会科学战线,1998(3).

[32]张岱年.中国哲学中“天人合一”思想的剖析[J].北京大学学报(哲学社会科学版),1985(1).

[33]赵吉惠.论荀子“天人之分”的理论意趋——兼答张颂之、杨春梅同志[J].哲学研究,1995(8).

[34]朱景文.中国特色社会主义法律体系:结构、特色和趋势[J].中国社会科学,2011(3).

[35]朱明.奥斯曼时期的巴黎城市改造和城市化[J].世界历史,2011(3).

[36]张文显.法治与国家治理现代化[J].中国法学,2014(4).

[37]张文显.建设中国特色社会主义法治体系[J].法学研究,2014(6).

[38]张文显.全面推进法制改革,加快法治中国建设——十八届三中全会精神的法学解读[J].法制与社会发展,2014(1).

[39]张文显.全面推进依法治国的伟大纲领——对十八届四中全会精神的认知与解读[J].法制与社会发展,2015(1).

(三)报纸

[1]曹方超.伦敦:全流域治理泰晤士河污染[N].中国经济时报,2016-01-22(A14).

[2]陈卫平.儒学制度化的得失[N].光明日报,2015-07-06(16).

[3]曹新明.非物质文化遗产保护模式初探[N].中国知识产权报,2013-08-02(8).

[4]董映壁.切尔诺贝利仍在哭泣[N].科技日报,2004-04-26.

[5]付子堂.马克思主义法学理论的核心观点[N].光明日报,2014-12-08(11).

[6]贾清林,晏景.法国环境资源审判记闻[N].人民法院报,2016-04-22(8).

[7]姜明安.法治中国向法治体系迈进[N].北京日报,2014-10-27(17).

[8]李林.坚持和发展中国特色社会主义法治理论[N].人民法院报,2014-12-03(5).

[9]芦龙军.法国致力于城市“扁平化”[N].经济参考报,2010-01-21(A08).

[10]李平.矿业:随共和国一起成长[N].中国矿业报,2014-09-30(A01).

[11]牟钟鉴.以时代精神弘扬优秀传统文化[N].人民日报,2016-04-25(14).

[12]田然.优秀传统文化需要制度化[N].楚天金报,2014-12-15(19).

[13]吴汉东.传统文化保护制度的法理学分析[N].中国知识产权报,2010-03-12(8).

[14]王利明.法学是一门科学[N].人民法院报,2013-02-08(7).

[15]徐爱国.清末继受大陆法系传统的影响[N].人民法院报,2012-02-24(5).

[16]卓泽渊.法治是国家治理现代化的基石[N].学习时报,2014-10-20(A1).

二、主要外文参考文献

[1]Bakshi T S, Zev Naveh. Environmental Education[M]. New York: Plenum

Press, 1980.

[2] Worster D. The Ends of the Earth: Perspectives on Modern Environmental History[M]. Cambridge: Cambridge University Press, 1989.

[3] Carson R. Silent Spring[M]. Boston: Houghton Mifflin Harcourt Co, 1994.

[4] Percival R V, Alevizatos D C ed. Law and the Environment: A Multidisciplinary Reader[M]. Philadelphia, PA: Temple University Press, 1997.

[5] Steward J H. Theory of Culture Change: The Methodology of Multilinear Evolution[M]. Urbana: University of Illinois Press, 1955.

后　记

从2007年11月我的第一本专著《环境法的文化洞察》一书在广西民族出版社发行之日起，运用文化的研究方法思考法学问题成为我进行学术研究的一种思维范式。从2007年至今，我相继撰写了《环境权的文化之维》《生态保护区内世居民族的环境权与发展问题研究》《与自然保育有关传统知识法律保护制度研究》等以环境与文化为主题的法学著作，并发现环境法的实施与文化教育关系紧密，而中华法文化则蕴含着丰富的人与自然和谐共生的教育法理。于是，我开始构思撰写《中华法文化中天人合一教育理念的重构》一书。2019年我以该书样稿申请了安徽省哲学社会科学规划后期资助课题，2020年该书在安徽师范大学出版社启动出版工作。

2020年1月17日至18日，我从安徽芜湖回湖北天门市九真镇老家过春节，谁知这时节碰上了突发的新型冠状病毒肺炎疫情，1月23日武汉封城、湖北封省。疫情牵动全国上下，随着习近平总书记作出重要指示，1月25日，党中央专门成立应对疫情工作领导小组，并派中央指导组到湖北督阵指挥。1月26日，许多省区市出台公共卫生防疫一级响应方案，湖北与外省的交通基本阻断，我也就选择自行隔离在湖北天门的乡下老家，不料一待就是两个多月。在居家隔离期间，每天都有大量关于疫情的报道，这使得我在修订完善这本著作的过程中增添了一些关于处理人与自然关系的思考和感悟。

2月14日，中国法学会行政法学研究会提出野生动物保护法修改的建议，其中第二条建议中有这样一段话："对更容易引发公共卫生问题的动物（如刺猬、蝙蝠、穿山甲、蜈蚣、毒蛇等）则可以考虑采取特殊保护措施，允许科研利用和生态灭杀，但严禁食用。”“生态灭杀”的建议引起生态学者的激烈批评，认为这种做法不符合生态学的基本原则，也不符合我国天人合一传统文化所蕴含的“民胞物与”的人与自然和谐共生的精神。在立法过程中，应该科学立法、民主立法，在政治家、行政人员、司法人员、法学家、科学家和公众中开展讨论，但野生动物保护法受到这么多人关注还是比较罕见。

改革开放以来，我国高度重视法治工作，出台的环境资源法律不谓不多，可实施效果不佳。尽管很多人不知食用野生动物是否属于违法犯罪行为，但禁止捕杀买卖珍稀野生动物，不仅是法律规定，而且还是法律常识，应该是为人周知的。为什么我们总是在紧急公共卫生事件发生时才想到法治，希望通过法治的力量来平息一切灾难？可是，人祸可以用法治的力量来控制，天灾则主要靠科学预防和人文教育。法律并不能解决一切问题，人与自然怎样和谐共生这一深层次矛盾的解决还需要文化教育的力量。

20世纪60年代初，蕾切尔·卡逊《寂静的春天》出版，引发了美国的环境保护运动和环境保护立法的开展。法治不是外部的法律强制，而是让人们通过内在认同而自觉遵守。中华法文化中天人合一话语体系蕴含着“人与自然和谐共生”的法哲学意蕴和教育理念，我们应该对之进行创造性转化和创新性发展，从而有利于构建山水林田湖草生命共同体和人类命运共同体。

2020年3月14日，湖北天门解封。4月8日，武汉解封。在党中央的统一领导下，中国人民发挥了“集中力量办大事”的制度优势，有效地控制住了疫情，历史将铭记这一刻。现在街道上柴米油盐的购买逐步正常，生活开始重归正轨。但疫情还没有彻底结束，国外的疫情形势不容乐观。新冠肺炎是全球的敌人，任何人、任何国家都难以独善其身。

疫情之下，湖北不缺爱和善意的帮助。湖北有一名护士在高铁下一站就要到家的情况下提前下车，逆行武汉前线；一位天门老乡被困高速公路七天后被人解救。我身处疫情区居家隔离，经历了忐忑度日的煎熬，此书的修改也就写写停停，难以专心。好在这一切都已过去，看着湖北各地隆重送别各省区市支援湖北抗击疫情的医护人员，不禁落泪，感恩党和人民的帮助。因此，在此书准备付梓之时，特对疫情时期给予我关心的领导、同事、朋友和亲人表示感谢。感谢安徽师范大学张庆亮校长、彭凤莲副校长，人事处朱为民处长、校工会主席赵红、法学院马广见书记在疫情期间打电话和发微信慰问；感谢安徽师范大学法学院严宏教授、万尚庆教授、吴俊明教授等同事的关心。感谢安徽环境资源法研究会的同行曹树青研究员、吴椒军教授等领导朋友对我的关照。感谢天门市政协程诗文、刘义宏两位副处长，市规划局文仁军局长、实验高中徐卫华、九真中学韩月映等朋友在我回老家后的接待和照顾；感谢妹夫李红亮、舅兄程少武等亲人代我赡养母亲和看护老家宅院，这才使我有“家”可归。感谢湖北省文联原党委副书记、副主席程远斌，九真财管所原所长、表叔彭怀星等亲朋时刻对我的关爱，我的成长与他们的关心关注密不可分。感谢重庆大学博士生导师陈伯礼教授、西南政法大学博士后合作导师汪太贤教授，中南民族大学硕士生导师郑鹏程教授，不管人在哪里，身处何种环境，他们都是我应该感恩的人。感谢安徽师范大学副校长朱家存教授，科研处戴兆国教授，教育科学学院桑青松教授、李宜江教授、阮成武教授、周兴国教授，以及教育科学学院的博士生王少仁，因为他们的鞭策和期许使我将法学研究和教育学研究结合起来。感谢安徽师范大学出版社社长张奇才教授和编辑们，希望此书的质量不辜负他们的期望。

2020年3月29日于九真园丁中路寓所